海州舊事

徽州许厚文题

马鉴尧 著

江苏凤凰文艺出版社
JIANGSU PHOENIX LITERATURE AND
ART PUBLISHING

图书在版编目(CIP)数据

海州旧事 / 马鉴尧著. — 南京 : 江苏凤凰文艺出版社, 2022.7
ISBN 978-7-5594-6503-0

Ⅰ. ①海… Ⅱ. ①马… Ⅲ. ①文化史－连云港－文集
Ⅳ. ①K295.33-53

中国版本图书馆CIP数据核字(2021)第279921号

海州旧事

马鉴尧　著

责任编辑	白　涵
责任印制	刘　巍
装帧设计	东汉文化
出版发行	江苏凤凰文艺出版社
	南京市中央路165号，邮编：210009
网　址	http://www.jswenyi.com
印　刷	南京文瑞印务有限责任公司
开　本	787毫米×1092毫米 1/16
印　张	20.25
字　数	370千字
版　次	2022年7月第1版
印　次	2022年7月第1次印刷
书　号	ISBN 978-7-5594-6503-0
定　价	128.00元

从昨天走来，向更美好的未来走去

——代序

连云港市古称海州，历史上统辖海、赣、沭、灌四县。距今2万—3万年前就有古人类活动在这里，公元前21世纪，与中华大地众多部族一样进入文明。夏商周为东夷人方之郁夷，春秋战国为“鲁之东境”，秦汉立为东海郡朐县，东魏武定七年(549)建海州，领六郡十九县，自隋唐至明清一直称海州。进入近现代以来，海州顺应历史潮流，历经跌宕起伏，而今已发展成为现代化的海滨港口城市。马鉴尧先生的《海州旧事》写的就是海属地区漫长的历史变迁中那些人和事。

写出一部记录一个城市发展“旧事”的真实可信的作品，听起来似乎容易，做起来却是颇难的。首先作者要以极大的耐心去做资料的收集整理工作。所谓“旧事”至少是一个城市百年以上那些事儿。从那些保存在旧报刊、旧档案、旧书籍浩如烟海般的文字中，海里捞针似的摘取所需要的资料，绝非易事，何况对同一人物、同一事件，往往说辞各异，更需要一番梳理辨析考证的功夫；更多的“旧事”保存在民间记忆之中，要用口述历史的方式进行采集。被采访者一般年龄均在70岁以上，因记忆力和文化水平各异，对过去的人和事，各说各话的多，云山雾罩的也多，无疑为调查取证增加了难度，这就要在大量掌握事实的基础上精准把握，去粗存精，去伪存真；再者，“旧事”涉及的地名街巷特别多，沿革变化纷繁复杂，剪不断理还乱，则必须迈开双腿实地考察，遍访街坊四邻，查阅原始档案；在基本资料完善的基础上，又要分门别类，删繁就简。史论结合，正确结论，方可沁汗爬格，最终完成。凡此等等，我们可以看到马鉴尧先生的艰辛劳苦，这部二十四万字的著作倾注了他一片执着不二的心血。他写这部书，不是奉命而作，完全是出于对家乡历史文化不能忘怀的赤子之心，有一种使命感，出于一种文化自觉。正如他所说的：“今天的发展，是过去的延续，觉得把过去的事写下来，让更多的人知道，也是件有意义的事情。”我想这个“意义”，更深远地看，就是培养连云港人的文化自信，铸就连云港人的城市精神，激励连云港人为建设一个现代化的富强美丽的连云港而不懈努力。

在此之前，作者曾以“市桥人家”公众号发表多篇介绍古海州历史趣闻的文章，博得网上一片好评，阅读量达58万人次之多，固定粉丝3000多人，有的文章阅读量5万，登上头条连云港热榜，获得第1名，这在地方史文章中是不可多见的。应读者之热望，他将117篇文章按史海钩沉、旧事如烟、地名杂谈、地方人物、民风民俗五大章节分别著述。这五大章节基本涵盖了海州的历史递进，经济发展、地域特色，人文内涵。其中的经济发展作者没有独立成篇，而是分散写进各节，几乎每节都涉及民生经济。从新浦电灯公司的创建，到海赣面粉厂的开业；从沈云沛开办海州种植试验场，继之沈云沛、许鼎霖、张謇的苏北垦荒，到云台山树艺公司的运作；从自开商埠到大浦港建设，直到连云港港口建成；从第一家照相馆成立到第一座飞机场的落成，凡此等等，都是与民生经济有关。近现代海州因远离列强控制的苏沪浙地区，西方资本几乎没有染指海州地区，近现代海州的地方经济完全靠投身实业救国的有识之士拔筹而起，加上移民客商抓住商机，奋力而为。

经济的发展必然促进文化教育的发展，新浦民主路上的德发书庄、德平书店、奎文书店、海文书局等开张营业；普爱小学、第二小学、新海中学的设立；天后宫戏台、新新舞台、更新舞台、东海舞台相继经营，乃至第一个篮球队成立，这些文化建设上的成就都是应经济发展而生，为经济发展而服务，反之，文化建设又反哺了经济发展。天后宫历十年而建成，是新浦文化建设中一件大事，对早期新浦的经济建设起到了极大的促进作用，故由刘振殿撰文的《创建新浦天后宫记》说道：“诸父老言，新浦之兴自天后宫始。”这是研究地方经济史值得注意的一个问题。经济基础决定上层建筑，而上层建筑中的制度设计又服务（或制约）经济的发展，这从书中提到的东海县商会的建立、云海关大浦分关的设立、镇级公所建置的确定等可见端倪。

科学严谨地向读者提供真实的历史讯息。作者从距今2万—3万年的东海大贤庄、锦屏山桃花涧旧石器时代晚期的古人类说起，讲到距今4600年的藤花落古城，再到距今3000年的鲁兰古城（焦庄遗址），再到秦汉朐县故址以及后来的海州城墙的历朝修浚，所依据考古学资料、历史文献资料和历代方志，使得文章有确凿的史乘支持而言之有据。又如刘宋明帝失淮北，侨立青冀二州，治郁洲于今南城，刺史刘善明以“此山易固，不峻城雉”这一段历史，依据的是《南齐书·州郡志》《资治通鉴》《宋书·州郡志》《太平寰宇记》以及《隆庆海州志》《嘉庆海州志》等多部史料，可见其治学态度之严谨。

史论结合，寓论于史，分析中允。《辛亥革命后海州时局》一节中说到海州当时的官绅商讨海州出路问题时，引海州知州陈宗雍一句“兄弟也是汉人”，又引贡生杨节庵一句“谁能为我们剿匪，我们就归向谁”。道出了陈宗雍在归附革命军还是死保清廷上的矛盾心理和海州士绅因田产大部分都在“南乡”（今灌云一带）而求自保的心态。后来的事态发展也证明了这一点。时海州当局动摇不定。观望不决，只是因为驻守在碧霞宫的盐防营中的热血士兵奋起响应，鸣枪进城，海州才被迫自行光复，而并非官绅们自觉响应共和。

对于历史人物，作者并不以所谓功过是非来评价之，而是让事实来说话。如对沈云沛，讲了在海州首开小火轮进行海外贸易、主持修建津浦铁路、陇海铁路东延海州、怒斥“津浦铁路租车弊案”，开发新浦洋桥巷，以及作者访问洪门果木试验场旧址等事，让读者从中感悟到海属地区这位杰出的实业家、改革家的事关国计民生的实践活动，以及他的人格品行。写新浦早期开拓者刘振殿和他的长子著名西医专家刘一麟，也都以他们为民造福的所作所为，不屈服日本侵略者的淫威去充当伪职的事情，以及良好的民间口碑来表述之。不加评述，读者自明。

“民风民俗”中，作者似乎没落他人窠臼，而是独辟蹊径娓娓道来那已消亡在现代年轻人眼中的天香庙、女儿墙、打罗柜、嫁女“陪金砖”等民俗趣事，让人读之耳目一新。

《海州旧事》不是一部鸿篇巨制，它只是以叙事的方式尽其所能地讲述了从古至今海州的一些“旧事”，以真实的历史材料，帮助人们从“旧事”的层面了解海州历史。大大小小、林林总总的那些事儿经作者收集整理，润色加工成为一本很有价值的书，令人喟叹。尽管在本书的章节编次上以及材料的选用上还有值得商榷的地方。但瑕不掩瑜，它是我们今天进行乡土教育和爱国主义教育的一本好书。

刘凤桂（原连云港市博物馆副馆长）

2022年4月21日

引子

“秦置朐县”，是海州之地最早的行政建置了，距今2200多年，以“海”命名海州，则是东魏武定七年的事，也即公元549年，初时州城置龙苴。不过只存在了一年，北齐天宝年间，移州治于朐山。

海州位于中国大陆脐部，江苏省北部，与山东省接壤。海州东临黄海，海岸线绵长，北起石臼所南至灌河口，弯曲的海岸形成了天然的海湾，这里是我国三大海湾之一，即以“海州”命名的“海州湾”。

连云港地区最早发现有人类活动的遗址，是1974年的夏天，由南京大学地理系的刘泽纯、潘瑞鸿等教授，在东海县山左口乡前贤村发现的庞大的远古先民聚落群。接着连云港市博物馆考古人员，在锦屏桃花涧发现旧石器时代遗址。这两处遗址距今约1.6万至1.9万年。是远古先民在此聚集生活留下的遗痕，是为连云港地区最早的原居民。至于中云挖掘的“藤花落遗址”，则要晚其七八千年。那东海县鲁兰古城发现稻的粳亚种意义更是非凡，说明早在西周时期，先人已能在此种植水稻。

海州在南北朝时期是东魏与南梁交界处，为南北争夺之地，470年，刘宋朝廷在此侨立青、冀二州，治所就在郁洲岛上，即今云台山。南宋时期海州又是宋金、宋元边界前线，绍兴十年，1140年，金国撕毁盟约，大肆南侵。时海州为金人占领，南宋大将韩世忠组织北伐，攻打金人淮阳军。宋都统制王胜上演了斩断吊桥索，火烧北城门的大戏，攻克海州。到了绍兴三十一年，1161年，宿迁人魏胜，率义军三百，又收复海州。金亡，海州成了宋元战场。宋端平元年，1234年，宋元不断争夺海州，宋军一度退守南城，蒙元占据海州，双方隔海峡相持，史称东、西二海州。

1904年（光绪三十年）7月，沈云沛呈文两江总督周馥，夹附“请行驶小火轮船片”，获光绪帝朱批，以“海州关”名义对外开放，海关设于大浦，自此海州自开商埠拉开序幕。1909年2月8日沈云沛署理邮传部尚书，与徐世昌奏准修筑陇海铁路东段，经过多年争议，终于1921年3月陇海铁路东段，在工程局局长卢学孟主持下，自徐州向东铺筑。1925年铁路通达海州，1933年老窑建港，沈云沛被称为“东陇海之父”。

1921年大浦码头对外开放，1926年，陇海铁路通到大浦，陇海铁路局在大浦专门设立了港务段，负责大浦码头业务。时大浦有铁路轨道5路，码头5座，杂货泊位4个，南小堰灯鼓码头有转运出口日本矿石码头。

最繁忙时，大浦港同时停靠14艘千吨级轮船，贸易转运公司达80多家，年通航船只8000多艘，进出口量14万多吨。进入20个世纪30年代，临洪口开始淤塞，河道多处有浅滩，千吨级大船不能进港，迫使陇海铁路局设法追加投资，打通孙家山隧道，使陇海铁路东延老窑，同时在老窑加速码头建设。1933年（民国二十二年）2月，民国铁道部部长顾孟余核准命名老窑为“连云港”，1936年底一、二号码头建成，第二年连云港港口宣告开业。

海州自开商埠，带动了临洪河岸新浦的发展，铁路通至新浦，外地客商纷至沓来，有山东帮、河北帮、河南帮、江南帮、清江帮等。山东帮商人在各帮商人中，人数最多实力最强，有店铺近百家，长年活跃在新浦的山东人有两三千人。1923年前后，军阀混战，中原大地成为战场，津浦铁路受阻，物流中断，新浦的水陆优势凸显。新浦的商业得到发展，客流繁忙，1933年1月10日中国航空公司沪津飞行航线，由天津改飞北平，在上海与北平之间增加海州航站，海州成为上海至北平五大站点之一，也是该航线上江苏唯一的城市。最初国内只开辟四条航线，即沪蜀、沪平、沪粤、沪昆。1937年1月26日《大公报》的报道说：“新浦，中国航空公司海州站，近以业务日渐发达，搭乘旅客日渐增多，特呈准增加班次。订于每星期一二四五及星期日，南北对过海五次。”可见海州之重要。

海州在清雍正二年，1724年，升格为直隶州，下辖沭阳县、赣榆县及新沂市东部地区。1912年4月11日，北洋政府江苏都督以第十三号令，析东海县为东海、灌云二县。1955年经江苏省政府批准，建立新浦区、海州区，后又合为新海区，2014年新浦区、海州区合并为新的海州区。海州这块古老沃土，旧石器时代便有人类活动，自秦设朐县，海州的历史文化随着朝代更迭，不断发展变化。虽然行政建置在变，可海属之地的人文民俗却是相通的，《海州旧事》记述的就是这块古老大地上的历史。

目录

壹

史海钩沉

沂源人南下海州

连云港地区最早发现有人类活动的遗址，是1974年的夏天，由南京大学地理系的刘泽纯、潘瑞鸿等教授，在东海县山左口乡前贤村西南2000米的马陵山中段山顶、山坡上发现了旧石器时代石制工具，1978年又采集了200多件石制品而命名的“大贤庄遗址”。石片工具多于石核工具，在制作方法上多采用锤击法、砸击法、碰砧法。器形大致可分为石砧、石锤、石球、尖状器、盘状器、刮削器、砍伐器、手斧等。大贤庄遗址总面积约2万平方米，这是一处庞大的远古先民聚落群。

1979年11月12日，连云港市博物馆考古人员，在锦屏公社桃花大队桃花涧清理汉墓时，在地表以下55厘米处的黄土层里，发现了十几块用燧石打制而成的旧石器，其加工方法可以追溯到50万年前周口店北京猿人的加工技术。后来，又在黄土层和基岩之间发现了以石英石为主要原料的100余件旧石器和文化材料。经过专家鉴定，桃花涧是我国东部沿海地区唯一的有明确层位关系的旧石器时代遗址，反映了2万—3万年前古人类的生活情况。

桃花涧旧石器时代遗址，积物厚约2米，总面积约5000平方米。通过采集和试掘，得到的石器标本有舟状石核、两极石核、漏斗状石核，半锥体石核、刮削器、尖状器、人工石片和小石叶等。据中国科学院古脊椎动物与古人类研究所鉴定，这批石器标本为旧石器时代晚期的文化遗存。

这两处遗址距今约1.6万至1.9万年。是远古先民在此聚集生活留下的遗痕，在没有新的考古发现之前，这两处遗址上活动过的远古先民，应是连云港人的祖先。从大贤庄遗址那2万平方米的遗址面积看，在此聚集的先民人数不少，是一处兴旺的聚集群落。也许是这儿的气候适宜，环境条件许可，远古先民在此聚集生活、繁衍，成为连云港地区最早的原居民，那么他们是从什么地方来的呢？

1981年9月18日，山东省沂源县文物普查工作者，在土门镇九会村东北的骑子鞍山根，距下崖洞南约60米处，发现一块猿人头盖骨化石。沂源是山东省淄博市最南端的一个县，地处沂蒙山区。后由北京大学考古系教授吕遵谔与山东大学、山东博物馆、沂源县图书馆等单位组成发掘队发掘，又获猿人头骨1块，眉骨2块，牙齿8颗、肱骨、股骨、肋骨各1段及伴生动物骨骼化石10余种。

中国科学院古人类研究所及北京大学有关教授、专家考证，确认系40万—50万年前更新世中期旧石器时代成年猿人的骨骼化石，经国家有关单位命名为“沂源猿人”。“沂源猿人”也称“沂源人”，是和北京山顶洞人同时期（50万年前）的类人猿，因为一些类人猿牙齿、化石和生活痕迹等先在山东省沂源县境内被发现，所以称为“沂源人”。

穿过我市的郯庐断裂带，北起黑龙江、南至长江边，总体呈南北走向，纵贯中国大陆东部，是绵延2400多公里的巨型深断裂带。而沂沭河流域就处在这条断裂带中段的沂沭河断裂带上，该流域西靠泰沂山区，东隔沿海低山丘陵地区与黄海相邻，它以两头开阔中间狭长的地势连接着东北地区和江淮流域。

旧石器晚期，远古先民为了生存逐日南下，移居沂沭河大平原。现沂河和沭河流域发现的近百处细石器文化遗存，就是1万—2万年前的人类所创造。1万年前的细石器时代，远古先民在沂沭河流域建立了密集的聚落群，开始了最初的原始农业活动。沂沭河流域成为我国原始农业的发源地之一和人类历史上第一次绿色革命的摇篮之一。

有文字记载的东夷人，常泛称东方的民族，这些人最开始的祖先都来自一个地方，那就是山东的沂源，即沂源猿人。从沂源走出来的沂源猿人，为了抵抗严酷的生存条件，不断向各个方向迁徙，南下的一支沿沂沭流域，走临沂至郯城。这是一个漫长的历史过程，以采集为主、狩猎为辅的远古先民，哪里适宜便在哪里生存，靠着两条腿不断南下迁徙，到达大贤庄、桃花涧安顿下来。

古“沂源人”在大贤庄、桃花涧聚集生活，在海州土地上发明了原始农业，在沂、沭河尾间的冲积平原创造颇具地方特色的东夷部族文化，成为东夷文化版图中的重要组成部分。古“沂源人”在大贤庄、桃花涧打制石器，艰苦生活，聚集繁衍，是连云港人的祖先，他们来自山东沂源。

张传藻在他的《连云港地理与经济》一书中说：“黄帝著名的首领……少皞，居曲阜，姓己……是向东发展的一支，与当地的夷族杂居……成为夷族文化的继承者和发展者。”这里说的“夷族”即为东夷族，也即最早在此聚集生活的先民——“沂源人”后裔。经过上万年的演化，又与山东沂源人的后裔，后来的少皞族融合，发展了东夷文化，成为原始农业的推动者。

中云的“藤花落遗址”，则比大贤庄遗址、桃花涧遗址要晚七八千年。1998年南京博物院考古研究所考古队，在连云港市连云区中云办事处西诸曹居委会南部，处于南云台山和中云台山之间的冲积平原上，发掘一处龙山时期至岳石时期的聚落遗址，在时间上，与夏朝的建立重合。通过多次发掘，发现遗址为内外两圈龙山文化时期的城址，内圈城址的营建时间早到大汶口文化晚期的偏晚阶段，使用期延续到龙山文化早期。外圈城址的营建时间约在龙山文化早期后段，一直使用到龙山文化中期偏晚阶段，时间上距今约7000年。

3000年的鲁兰古城

当我们驱车去鲁兰古城遗址时，已是傍晚，气温偏低，天气阴沉。下了国道，穿过集镇，过了鲁兰桥，不远处便是鲁兰古城。遗址上种着大白菜、芫荽和小黑菜，农民正在苫盖塑料薄膜，气象预报今夜有雨夹雪，局部中雪。鲁兰古城东邻鲁兰河，西边埝河，北高南低。遗址边上贴着村庄，地上是菜园，几处农舍压在遗址上。黑色的土地看得出挺有肥劲的，大白菜长势良好，老农像是知道我们的来意，说："是看古城的吧？"看来此地不少人来过。陪同我们的东海县博物馆朱馆长说，1973年这里出土了稻的粳亚种，装在小罐里，据测已有3000多年了，这里可能是先人的稻作区。鲁兰古城能发现稻的粳亚种意义非凡，3000多年前正是我国西周时期，先人能在此种植水稻，说明那时的苏北气候要比现在暖和吧？那近旁的鲁兰河，虽是冬季，但依然流水潺潺，河面宽阔，是能够满足水稻需求的。多年从事考古的朐海书院刘凤桂院长，在黑土地里拨拉着，高兴地捡起一块红色陶片让我看，说上面还有绳纹哩。

鲁兰古城位于东海县驼峰乡鲁兰村，较早对鲁兰古城遗址进行过初次调查，是在1960年5月，由江苏省文物工作队徐州地区分队负责，那时测量古城遗址面积尚有5000多平方米。遗址上散落着大量汉代陶豆、筒瓦、陶缸残片，以及商代绳纹灰陶、罐等器物残片，还采集到穿孔扁石斧。据《隆庆海州志》记载：鲁兰城在州治西北七十里，筑时无考。鲁兰古城建于何时史无记载，从发现的商代残留器物碎片看，至少是商代吧？1973年3月南京博物院对遗址的考古发掘，发现了铁锛、铜鱼钩等生产工具，出土了陶豆、陶碗、陶陀螺、铜环、五铢钱等生活用品，还有铜箭镞、铜弩机等军事器具。在遗址的下层发现有双翼式铜箭镞、圆口矮颈陶鬲等西周典型器物，南京博物院考古队认为是西周早期。考古队还发现一口水井，直径有1米，深约3米。这与西周时多采用土井不同，此井壁用方形石块砌成，形制规整，不仅清洁耐用，而且进步了不少。伴着下层出土的还有石斧、石镰、骨凿等具有新石器时代特征的器物，说明这儿万年前曾有人类生活过。

苫盖塑料薄膜的老农凑过来说：西边曾挖出过古墓，人骨旁有一把子铜箭头，说不定是背箭袋的。朱馆长笑了笑，他说在古城西面确实发现过古墓葬，有7座墓，大概是墓葬区吧？两男四女，还有一座是婴儿墓。埋葬都很简单，用芦席裹尸，头朝东脚向西，仰面直肢，两手放在前面。不过从发掘来看，两男子一个身高190厘米，一个185厘米，平均身高187.5厘米，四女子平均身高也有159厘米。那时生产力低下，食物有限，营养不丰，为什么会有这样的身高呢？是个例吗？值得考古人员研究。也许仅靠发现的7座墓葬，挖掘的两男四女等，难以说明问题。想那鲁兰古城从西周至两汉，至少应有千年吧？千年间有多少人在此生活过？又有多少人在此生生死死呢？历经千载不应就这7座古墓，附近还应有更多古墓葬群，随着时间的推移，也许会有答案。

我问为什么不立文保碑石呢？朱馆长很是无奈，遗址地处村边，古城地上建有民房，城郭破坏严重，难见遗形，上报困难。那位老农过来，指着那约有5米高的老树说，原来古城就有树梢那么高。20世纪60年代无人管，附近村里人建房取土，还有的拉土撒到地里，说是城墙老土有肥性，很快一座城挖没了。东海县现已发现的古城遗址有5处，鲁兰古城是年代最早的。2012年省文物局“苏北地区汉代古城遗址调查与保护”课题组，通过对鲁兰古城勘探调查，发现古城是在城垣四角埋土夯筑，四面城墙用挖掘护城河的土堆垒而成。想那5000多平方米的土城，在那生产力低下的3000多年前，要用多少人力需要多少时间才能建成呢？保存了3000年的古城遗址，历经朝代更迭，战争攻伐，自然风化，直到20世纪60年代城墙还有树梢高，而几十年后荡然无存。

探寻朐县故址

秦东门拓片

翻阅《嘉庆海州直隶州志》，卷二表第一沿革中有：“《江南通志》：海州，《禹贡》‘徐州之域’。春秋为鲁之东境，后属楚。秦置朐县，属郯郡。”《江南通志》是清朝兵部尚书、两江总督赵宏恩等监修的地方志。《禹贡》是中国古代名著，属于《尚书》中的一篇，记载囊括了各地山川、地形、土壤、物产等情况。《禹贡》托名为大禹所作，其实却是战国后期的作品。《嘉庆海州直隶州志》沿用了《禹贡》中海州古建置的说法，指朐县乃秦时所置，且属郯郡。此乃海属地区第一次行政区域设置。朐者，《辞海》说是屈曲的干肉。《辞源》依据中国象形文字解释是“屈中曰朐”，《管子・侈靡》中讲得更是直白：朐弯曲为朐。相传上古时代我国起先有三个大部落，北方黄土高原是黄帝，号轩辕氏。西方姜水之滨为炎帝，号神农氏。东部沿海有东夷部落，其始祖则是蚩尤和少昊氏。古少昊氏族中有佝偻之形，胸部微曲之人，世称句人。句，曲也。《说文》段注：“凡曲折之物，侈为倨，敛为句。考工记多言倨句。”古人“句”“朐”相通。古代的句人，也称朐人。

古朐人居住在山东青州一带，在那环境恶劣的远古时期，为了生存，有部分古朐人南下到了寿光县。又过了多少年，人口繁衍增多，生存困难，古朐人又四处寻找适合的地方。一部分古朐人西去河南，又分支自河南继续南下，走向江西，进入浙江。寿光县的一支古朐人则由山东南下，来到锦屏山地区停了下来，在这儿繁衍生活，留下了叫朐山的山名。

《路史》说：“伏羲后有朐氏，朐以地为氏”，指的就是这件事。《路史》是南宋罗泌撰杂史，采用道家等遗书的说法，再上溯高推旧史所称“三皇五帝”以上的往事，文章华丽而亦富于考证，言之成理。锦屏山麓的将军崖岩画，约有4000—6000年的历史，许多未解之谜引起多少专家学者的兴趣。南京大学民俗艺术专家陈竞教授认为，此画始作于春秋时期，是东夷族的附庸国，少昊氏郯国的巫师为死亡的王族招魂引魂留下的印记。

秦时依朐山地名置朐县，《史记》：“始皇帝三十五年，立石东海上朐界中，以为秦东门。”后废为朐山城，齐时为东莞、琅琊二郡治所。梁改置招远县，东魏武定七年，公元549年置海州后复名朐县，为琅琊郡治所。

到了北周建德六年，577年改名朐山县，在历史上存有近700年。

朐县消失在漫漫的历史长河中，踪迹难寻，它的故城在海州什么地方呢？

《水经注》中提及：“朐山西，山侧，有朐县故城。”这为后人寻找朐县故城提供了方位，也即朐山西侧应有朐县故城遗址，可具体在什么地方呢？《嘉庆海州志》到《太平寰宇记》告诉我们说：“此前朐县，在县西南九十里，故朐城是也。”《续通典》又说：“汉朐县故城，在今州西南九里。”到底是九里位置？还是九十里呢？

若按《嘉庆海州志》到《太平寰宇记》的说法，“朐县故城在县西南九十里”应到东海县房山境界了，离朐山太远，秦依山名置朐县不太合理。《续通典》说的“汉朐县故城，在今州西南九里”正是今锦屏街道办事处的刘顶、原磷矿西山一带，此是位于古称朐山的锦屏山西侧，印证了《水经注》的说法“朐山西，山侧，有朐县故城”。

朐县被废五六十年后，《水经注》成书，它的记载时间上最为接近，应该是最具权威性的。此处离后来的海州古城还不足九里之距，与《续通典》的“汉朐县故城，在今州西南九里”说法甚为接近。《续通典》是记唐后期至明末典章制度的政书，取材多据正史，严核异同以求信实，当为可信。

朐县故城在今刘顶、原磷矿西山一带，那儿曾屡有西汉画像石墓出土，是为古人活动之地。随着古河道的变迁，古地貌变动较大，加之人类活动频繁，古城址有可能被破坏掉，但它的遗痕应该还在，有待专家学者进一步去探索研究。能让这古海州最早的行政区域建置之地——朐阳故城早见天日，是连云港市考古界的盛事，也是连云港人民的幸事。

于公抗案为东海孝妇争辩

《汉书》记载:“东海有孝妇,少寡,亡子,养姑甚谨。姑欲嫁之,终不肯。姑谓邻人曰,孝妇事我勤苦,哀其亡子守寡。我老,久累丁壮,奈何?”说的是东海有个孝妇,婚后无子无女,丈夫年轻去世,孝妇尽心地奉养婆婆十年。婆婆过意不去,劝她改嫁,可孝妇要为婆婆养老送终,不肯再嫁。婆婆对邻居说,我这孝顺媳妇如此细心伺奉我,很是辛苦,念她年轻守寡又没有子嗣。我年纪大了,却这样长时间地拖累年轻人,这可如何是好啊!

在劝说无果情况下,婆婆为了不再拖累儿媳妇,上吊身亡。婆婆的女儿闻听后,认为是孝妇害死了母亲,一纸诉状告至东海县,说是“妇杀我母”。县吏抓了孝妇,孝妇大喊冤枉,在严刑逼供下,她被屈打成招,案子上报到郡里。“郡决曹”于公阅卷认为孝妇奉养婆母十多年,以孝顺闻名乡里,没有杀害婆婆的理由和动机。太守对于公的分析不以为然,于公“数争不能得,于是于公辞疾去吏,太守竟杀孝妇”。于公数次至太守处,抱着他对案卷的分析,为孝妇痛哭争辩,也不能说服太守,无奈只得称病去职。

《汉书卷七十一·隽疏於薛平彭传》载,于公“为县狱吏,决曹掾,决狱平法,未尝有所冤,郡中离文法者,于公所决,皆不敢隐情”。于公下邳人,曾做过县狱吏,后升为郡的狱官副佐。于公断案公正,按律执法,从未有过错案。凡经于公判决的郡中犯案之人,面对如此严吏,都不敢隐瞒实情。东海郡百姓感激秉公执法的于公,在他活着的时候就为他立了生祠,称“于公祠”。

太守不听于公劝告,以谋杀婆母之罪处孝妇以死刑。孝妇死后,东海郡中大旱了三年,百姓遭罪怨声载道。新来太守上任后,求签问卜大旱的原因,于公对新太守说:“孝妇不当死,前太守枉杀之,咎当在此。”太守明了孝妇冤情后,杀了一头牛,为孝妇立墓碑,率众官亲往她的坟前祭奠,以表彰她的孝行。老天感灵,立降大雨,缓解了东海郡旱情,百姓丰收,于是郡中百姓更加感念于公的品质。

元代戏曲家关汉卿根据东海孝妇的故事，创作了《感天动地窦娥冤》，将孝妇改作窦娥，其父窦天章为还蔡婆婆债，不得已将女儿抵给蔡婆婆做童养媳，窦娥的夫君求医不幸身亡，蔡婆婆要求医生赔偿，险遭害死，幸得张驴儿父子相救。那张驴儿要娶窦娥，窦娥始终未肯。张驴儿本想毒死蔡婆婆，结果误毒死了自己的父亲，却诬告为窦娥所害。昏官将窦娥处斩，窦娥刑前发下誓愿，我若冤枉，"血染白绫、天降大雪、大旱三年。"《窦娥冤》是中国十大悲剧之一，是一出具有较高文化价值的传统名剧，民间影响广泛，有86个剧种改编演出过。

《汉书》载，于公家乡的里门坏了，乡亲父老要修理，于公说道："把里门稍微扩建得高大些，使其能通过四匹马拉的高盖车。我管理诉讼之事积了很多阴德，从未制造过冤案，因此我的子孙必定有兴旺发达的。"于公之子于定国从小就跟随父亲学习法律，父亲去世后，于定国做过狱史、郡决曹等官职，后升迁为水衡都尉，迁御史大夫。

海州盐民有种风俗，盐田滩头插有木板，上书"于公"二字，盐民称"于公牌"。以此供奉于定国，感激他在海啸冲毁盐田之际，亲赴盐场放粮救灾，拯救饥苦灶民。《云台新志》有"新滩，亦称于公疃，东海城(南城)北十里，灶丁居之，因于公疃旧池潮废，移居于此"记载。

东海孝妇死后三年，就建立起了东海孝妇祠、东海孝妇冢。北宋乐史《太平寰宇记》指出"孝妇祠在东海县北三十三里，巨平村北"；明张峰《隆庆海州志》载，"在东海新县北二里，孝妇冢前，正祠三间……有司春秋致祠。"东海孝妇祠、东海孝妇冢后被毁，现原址重建了东海孝妇祠。1984年连云港市文物普查中，文物工作者在孝妇祠遗址旁，发现了"汉东海孝妇祠"、明代嘉靖年间海州知州王同撰《哀孝妇》诗刻残碑、民国江苏督学易君左的《孝妇吟》残碑等有关孝妇祠的九块残碑。连云港市"汉东海孝妇祠"已成为弘扬孝文化的民俗场所。

海州古城门

印象中的海州城门已经是很模糊的了，记不清它确切的模样，隐约中城门是高大宽厚，青砖斑驳，城门洞里很是凉快，地面的石板光滑溜溜。对于五六岁的孩童，海州城是四月八会，好吃的糖球、彩绘的大刀，虽步行十二里都不觉得累。父亲带我匆匆走过的城门该是北门吧，从新浦到海州，是该走这个城门的，赶会的吸引力，没能让我留意那古老的海州城门，今天想来朦朦胧胧。待到我上学进了学堂，虽然也去海州赶会，可那城门不见了，没有人提起，也没见有人关心。

海州城筑于梁武帝天监十一年，公元512年，距今该有1500多岁了吧，那时的城是土城，想来当时海州人口少，哪有多余银子筑城呢。用砖砌城门是到了明代，明洪武二十三年，1390年，岛国倭寇来犯，迫使州官加防，花力气固筑城防，说是城墙一丈九尺厚，外镶城砖四尺厚，周长9里，想来小小倭贼，为海州筑城是出了力的。我小时候见到的海州城门应是清代重修的，清康熙七年，也就是1668年，郯城大地震，海州城塌十有二三，后又受水灾，城门毁坏严重，到乾隆年间大修，周长达15里，猜想那时的海州城，城高墙厚，护城河环绕，吊桥拉起，城门巍峨，该是何等壮观，遗憾的是后人只能凭空想象了。

海州是座小城，财力有限，税赋全靠南乡、北乡的粮食土产，不比淮安漕运，银两丰厚。虽说盐斤在淮，可盐商都涌聚扬州，海州人只有出力的份。海州城门有几座呢？有说四门，有说六门。海州城北依锦屏山，东临黄海，西靠蔷薇河，有山有水，安居方便，固守有险，古人在此建城实是理想之地。早期海州是土城的时候，只有城门两座，东面的是东门，在何处不知，城门早已不存。西边是西门，也就是鼓楼，鼓楼是初期海州土城的西门。唐宋时期，老城西面又建了新城，面积增加了，城门由两座就变成了四座。

明朝时海州城高8米，城门四座，东面近临大海，东门曰镇海门，门前甲子桥，城门如雄关隘口。西门侧畔蔷薇河，通连淮河，谓之通淮门，水运漕通。南边是朐山，也就是锦屏山，称之朐阳门。北门地处蔷薇河下游，河道通海，名为临洪门，可见旧时蔷薇河水常有泛滥，故在北门城墙上建有禹王庙，用来镇水。

海州何时出现了六座城门了呢？这已经到了民国时期，税警总团团长黄杰，1935年在城西，今天的西大岭修建练兵场，为交通方便扒开西面水关建起城门。这西面水关原是城内排水出口，本无城门，新建的水关门，海州人叫它新西门，是为有别于西门。海州城是建在东南高西北低的地势上，那州衙即老海师处叫上崖头，城内的水自东南流向西北，古人在西门与北门之间开一出水口，谓之水关。另一座门则是新南门，靠近白虎山，当年黄杰在锦屏山园林寺设有军械库，还是为了进出方便，将十字街南延，破墙开门，百姓叫它新南门。这是清朝以后对海州城最大的改动，但基本上还是保留了海州古城明清时的风貌，用今天的话说，还是建设性的。

海州城北门
来源《记忆中的海州》中国文史出版社，第11页

抗日战争期间，日本为战争需要，一直窥视海州的磷、盐、粮战略物资，故急于从海上攻占连云港。由于在连云港之战不利，遭遇国军抵抗，又绕道先占赣榆，再犯沭阳，从外围挤逼海州。1939年3月4日日军114师团步兵一个大队、日军21师团一个大队、第五师团212联队进占海州，入城式即从东门招摇而过。在进占前，日本空军先对海州进行狂轰滥炸，城内主要建筑均遭毁坏，考棚仅剩断垣残壁，州衙被毁，也即当时的东海师范。从当时的日军画刊上看，海州城门还是完好，那所谓胜利者城门上得意欢呼之景，如芒刺在

背，挥之不去，这也是海州城遭遇的严重损坏开始。

当战争过去，生活要回归常态，拆城却又开始了，有说是建设需要，磷矿要盖职工宿舍，中学要建礼堂，接待要有招待所，盖房要用砖，于是海州城墙便派上了用场。有说城门影响交通，工农业运输不能因城门阻碍。不破不立，旧的不去新的不来，拆城有了根据，于是海州城门被盯上了。大规模成建制的毁城开始于1956年，据传要用城墙砖还须有关方面批准，那几百年的砖头流向了磷矿，拉到了新浦。当时交通还不甚发达，没有多少机械设备运输工具，勤劳的建设者们，凭着满腔热情，用愚公精神，镐刨锹挖，肩挑人背，蚂蚁搬山，9里城墙不是断垣残壁，而是面目全非仅剩墙土，高大城门，砖、瓦、木料各有所需，在大建设中瞬间无影。于是乎脑洞大开者，又在残存墙土边建起了砖瓦厂，物尽其用者将墙土改良农田，养花者用墙土换盆土美化小环境，千年古海州的城墙，在人民战争中荡然无存。历史曾有重合，当八国联军火烧圆明园后，趁势而上的市井游民，劫掠一空，致断垣残壁又成废墟。

千年海州古城，经历了宋金交战，梁山好汉，倭寇侵犯，日军攻占，城墙健在，城门完好，却迈不过1956年的拆城之坎。海州已不古，千年痕迹难觅。

幸好有海州照相馆的林庆燮师傅，1956年闻听拆城，扛起相机，支上三脚架，为我们留下了难得的珍贵照片。还要感谢徐晓飞先生，让我们看到消失的海州古城照片，领略千年古城的风貌，让后人怀念辛劳的古海州人。那9里长的城墙，要烧制多少城砖？ 8米高的城墙要用多少方的泥土？且不说州衙用多少银两，单那高墙峨楼要用多少劳动者的汗水？

海州城墙在国内不算雄伟，城门不是很高大，但那是我们故乡的城，心中的门。我不愿她消失，因为海州城已印在我的记忆中，我不愿看到仿造的水泥城门，因为其与千年海州没有血脉相连。海州城门不倒，我们应该记住她。

海州古城墙土筑改砖砌

《隆庆海州志》载："州城旧有土城，相传梁天监十一年马仙琕筑。"梁天监十一年也即公元512年，州志载说为"相传"，是为听说梁天监十一年，到底是哪一年，史无确切说法，仅此海州有城历史，已是距今1507年了。当初所建之城，算不上建制城市，只是马仙琕为抵御北魏进犯，用土堆筑而成的军事营寨。海州之名至37年后的东魏武定七年，也即549年，才以"海"命名为海州。

海州城池不大，据《嘉庆海州直隶州志》载：州城"高两丈五尺，周围九里一百三十步，女墙共二千四百九十六堞……东西南北四门……吊桥三座，在东、西、北三门外"。水关一处。海州城高8米，周长约4600米。比起淮安城的高二丈八尺，周长约17里，雉堞2960垛，城门5座，水关9处，面积约4平方公里，海州是座小城。

海州古城墙
来源《记忆中的海州》中国文史出版社，第16页

明永乐十六年，1418年，千户殷轼，为了抗倭的需要，首次将海州土城改为砖石城墙，此次城池大小，奠定了海州古城的砖城砌筑规模。时因财力所限，砖石砌筑的城墙，也仅是外墙为砖，墙基辅以石料，内墙仍为土垒，为防内墙倒塌做成梯状坡形。

此时的海州砖城改造，因战时需要，由军队完成。海州的土城历经南北朝、宋金、蒙元，至明永乐十六年，1418年才改为砖城，这906年间，海州古城一直是夯土城墙。

清时海州古城大小没有改变，仅是在明代的古城基础上进行了一些修复。较大的一次修复是清康熙七年，1668年，山东郯城大地震，致海州城倒十分之二三，康熙二十四年（1685）又遭受大水，城墙倒塌十分之六七。海州砖砌城墙自1418年，至1956年海州古城被拆，存在了538个年头。

在这几百年的风雨中，海州古城也是不断修筑，明弘治五年，1492年，州官陈廷珪增修了西城墙。据明裴天佑撰《重修海州城记》记载，自陈廷珪修了西城墙，仅过了60年，到嘉庆年间，海州城"垣圮池湮，径窦交穿，人或履之出之"。此时海州城墙大部坍塌，民众出入州城，图方便皆从坍塌处穿过，以致塌倒之处成为小路，时护城河已淤塞。

两年后新任知州吴必学，面对倭寇侵扰，海防严峻，提出重修海州城。他说："利用砖石易崩，利用灰泥则易散，成大事者，不惜小费，怀远虑者，不急近功，吾将以一劳永逸者遗之民也。"他的修城计划宏大，规格较高，要建成抵御倭寇的永固要塞，故需费巨大财力。工程刚开始不久，吴知州因丁忧去职，工程便停了下来。

1556年到任的新州官王宾接手筑城，面对海州财力微薄，难以完成这样巨大的工程。他认为筑城是为了抗倭，乃是军事需要，驻守军队也应该承担一块。他提出筑城三七分计划，地方出七，军方承三。然而后来经历了杨本俊、周世臣两任州官"次第修之，皆未就"。到了第四位知州李维东到任，四处筹募，发动乡绅，告知筑城有利民众，愿与州民共努力云云。

在知州感召之下，海州进士张朝瑞，捐资四十金，极大地缓解了筑城财拙之困，工程才完成地方应负的十分有七计划。然而因军方"所无储积，而军之力弱且单"，海州筑城成为半拉子工程，没有完成。据《海州新城记》，自知府吴必学宏大筑城计划开始，历经五任州官，20余年竟未完工，可见海州砖城改建之不易。

朱元璋当上了皇帝，徽州儒生朱升献上三个计策："高筑墙，广积粮，缓称王。"因而不少军事重镇新修城墙，并加高、加固、加长，海州古城临海，时遭倭人骚扰，名在其列。明代筑城制砖要求甚严，城墙条砖要刻上匠人姓名，监督责任。且砖的烧制，费时耗钱，那废田取土、制坯、烧制，再经过运输，砌筑，都需要动用大量劳力，在当时的情形之下，实为一项艰巨工程。

时间到了隆庆五年，1571年，郑复亨来海州上任，面对只完成多半的筑城工程，甚是感慨。既是利民之事，又系国家安危，几任州官努力都未能完成，实为叹息。为不使前功尽弃，尽管军力枯窘，但不能以此为由，他愿在其任上想方设法去完成。这位州官以身作则，捐出俸禄八十余金，大小官吏相随。郑复亨又赴台院、道府求援，争取上面拨金，发动地方捐筹，鼓励百姓自愿出工，"故人心感悦，率作忘劳。"

在郑复亨的努力下，海州西面城墙，西南、西北两处得以用砖筑就，并对以往出现倾斜或松动之处又修复加固。据《海州新城记》载，建成的城墙达到“砖厚四尺许，土厚一丈五尺许，共厚可一丈九尺，大约上八分为砖，下二分为石，石取其奠基也”。至此海州古城方成抵御倭寇的永固要塞，坚硬的军事堡垒。

海州古城后又经明清多位州官修复加固，经历了辛亥革命、抗日战争，至“20世纪50年代后期，海州古城被拆，唯剩钟鼓楼下部城洞”，以及东门城墙根一段墙基。

龙苴故城

《海州区地名志》在“古城及城门地名”中载述:“南北朝之北朝东魏武定七年(549年),罢青冀二州,设海州。”可知海州建置始于东魏。南北朝时期是中国历史上的一段大分裂时期,自公元420年至589年,动荡了169年。南朝是指刘宋、南齐、南梁、南陈四朝,北朝则为北魏、东魏、西魏、北齐和北周五朝。北朝属于少数民族政权,史界认为是非中原正统王朝。

东魏是从北魏分裂出来的政权,建都邺地,今河北省邯郸市临漳县,以晋阳为别都,今山西省太原市。国土包括今河南汝南、江苏徐州以北,河南洛阳以东的原北魏统治的东部地区。东魏在北朝中实力最弱,最后被北齐灭掉,只存在16年。

古海州西门后为古楼
来源《记忆中的海州》中国文史出版社,第36页

《魏书·地形志》中说:“东魏武定七年,改治龙苴城,领郡六,县十九。”《海州区地名志》也说“设海州,治龙苴”,可知首次设置海州时,治所是选在龙苴,也即为海州历史上的第一个州城。南北朝时期海州是东魏与南梁交界处,为南北争夺之地,此前龙苴为南梁疆土,萧衍时期设龙苴县,属彭城郡。

早在楚汉相争时期,项羽与刘邦打得不可开交,韩信下齐,威胁楚地,项羽命龙且率兵20万攻打韩信。龙且,又名苴,项羽军西楚将领。秦末为司马,以司马与项梁、田荣大破秦军于东阿。在韩信破齐,欲击楚时,项羽使从兄子项他为大将,周兰为亚将,龙且为裨将,救齐。龙且在与韩信对抗时,选临海战略要地筑建军事要塞,这便是龙苴城的由来。

历史上且、苴通用。《中国古今地名大辞典》"龙且县"条目中有解释,"南朝梁置,后改县为沮,北齐废,唐复置,寻废,故城在今江苏东海县南。有大小二垒,相传韩信下齐时楚将龙且所筑。"该辞典民国时所出,时龙苴属东海县。

龙苴地处苏北鲁南交界,南北朝时濒临黄海,水陆交通便利,曾为海港码头。龙苴阻海连山,南北要冲,其军事地位突显。有"海、泗者,东南之藩蔽,得泗可取淮北,得海可以收山东"之说。549年,东魏鉴于龙苴位置之重要,设州级政权于此,以"海"命名"海州",领郡六县十九。也即龙苴时的海州管辖着六郡共19个县。

时海州之地涵盖东彭城郡所领之三县、东海郡的四县、海西郡三县、沭阳郡四县、琅琊郡三县、武陵郡两县。龙苴作为州城治所,也是龙苴县驻地,是海州第一次行政建置时的州城。在籍4878户,人口22 211人,在南北朝时期,海州的地域可谓广袤,人口也是不少,是为东魏的前沿之地,故东魏朝廷甚为重视,重兵驻守,以防南朝。

龙苴故城,在今灌云县龙苴镇古城村,离龙苴镇驻地一里多地,古城遗址布局,正如《中国古今地名大辞典》所载,"有大小二垒。"大城呈长方形,东面长度475米,墙基宽30米。西面长度285米,墙基宽30米。南面长度362米,墙基宽30米。北面未知。占地300余亩。小城正方形,四面长度均为117米,占地21亩。大城在外,小城在内。护城河宽约30—50米,深约2.8—4米。

东魏权臣高欢死后,高澄成了东魏实际掌权者,高澄是高欢的长子,531年高欢攻下邺城后,将他立为世子。高澄一直不把孝静帝放在眼里,派人监视魏帝的一举一动,549年8月,厨师兰京将高澄乱刀砍死,其弟高洋袭位。高洋废掉了东魏的傀儡皇帝孝静帝,自登皇帝位,国号齐,史称北齐,东魏消亡。龙苴作为海州治所,只存在了一年,北齐天宝年间,移州治琅琊郡,即今海州城。

隋唐以后,大海不断东移,作为海滨之城的龙苴,离海越来越远,以致码头渐废,海边成为滩涂。此时的朐山之北,帆樯林立是为港口。2012年连云港市重点文物保护所,曾组织人员对龙苴古城遗址调查勘探,在古城地表发现汉代陶罐、箭镞、都督府公牌,收集到许多秦砖汉瓦,周边地区发现汉墓。现龙苴古城遗址已为农田,上面种了庄稼,痕迹难寻,只有史书上记载,此地曾是苏北五市历史最悠久的州城所在地。

韩世忠收复海州

1140年,南宋绍兴十年,金天眷三年,南宋与金人对峙于邳州至海州一线。据《续资治通鉴》卷一二三:“韩世忠命胜率统制官王升权等攻海州……夜二鼓,以舟师传城北。山乘城守,而胜命诸军随地而攻,火其北门。”说的就是韩世忠军攻克海州事。

韩世忠(1090—1151),字良臣,自号清凉居士。陕西省绥德县人,南宋名将,与岳飞、张俊、刘光世合称“中兴四将”。绍兴四年,1134年,韩世忠伏兵大仪镇,今江苏扬州西北,击败金军。此后,韩世忠移屯楚州,今江苏淮安,积极发展生产,联合山东义军,以不足三万人的兵力,使淮东成为保卫东南的重要屏障。

绍兴十年,1140年,金国撕毁盟约,大肆南侵,进攻刚被宋军接管的三京,即东京开封府、南京应天府(今河南省商丘市)、西京河南府(今洛阳)。

为了积极进攻,韩世忠组织北伐,攻打金人淮阳军。同年六月中旬,韩世忠派统制官、武功大夫郭宗仪、左武大夫韩彦臣到朝廷研讨攻打淮阳军事宜,确定了攻打邳州城的方针。当月,韩世忠派兵进攻邳州,又派都统制王胜,率统制官王权与王升,去攻打海州,断淮阳军右翼兵力。

金朝廷在海州的知州王山、统兵官花太师得到消息,慌忙率军迎击。在离海州城60里一个叫磨行的地方,两军相遇,双方经过一番厮杀,宋军击退了金兵。为了一鼓作气乘胜追击,宋都统制王胜命令,立即乘船赶赴海州。二更时分,宋军赶到海州城下,金人发觉,急忙登城抵抗。宋军沿着海州护城河,众兵拉舟前行,城头守军瓦砾碎砖乱抛而下,船上的宋军官兵全然不顾,在瓦砾砖雨中继续拉船北行,将近天亮时分方拉到北门。

海州北门面临蔷薇河,不远即为临洪口,称临洪门。这时城门紧闭吊桥拉起,城中金统兵官花太师率兵已往邳州,只剩下知州王山率部众在守城。宋军在营中备下猪肉米饭,官兵们饱食以后,士气大振,在王胜的指挥下,宋军将长刀系在的竹竿上,并备好了攻城用的搭梯以及草卷。王胜一声令下，攻城宋军挥刀斩断北门吊桥的拉绳，吊桥随之轰然落下，宋军冒着城上抛下来的瓦砾，用备好的竹竿卷着的草卷，推至北门口，用火把点着。

海州古城北门护城河
来源《记忆中的海州》中国文史出版社，第14页

三大卷草捆在烈火的作用下，火光冲天，很快烧毁了北城大门，乘着烟火未尽，宋军官兵喊杀着冲进了海州城内，守城的金兵吓坏了，四处逃散。冲在前面的宋军队长周成，高举着旗帜快步登上城头，对着城下兄弟高声呼喊："周成为第一功！"王胜指挥着宋军乘势攻下其他各门，海州被韩世忠的部队收复。

王胜将指挥部设在海州十字街一处民宅里，宋军在城内搜捕金军官兵，知州王山也被俘获。闻讯海州失守，花太师率军来救，看着城头飘扬的宋军旗帜，见大势已去只得北撤。

海州城内父老民众、庙宇高僧闻讯赶来欢迎宋军，众人跪拜致谢，王胜急忙上前扶起老者，让众人起身，高声道："国家以海州久陷伪境，故遣官军收复境上。国家专行仁德，不事杀戮，各各安心。"众人表示愿意募集银两犒劳宋国军队。王胜说："官军入境，秋毫不犯，不须裒敛金银，如有猪肉为谷犒诸军一饭可也。"海州百姓再三表示感谢，大家分头募集猪、羊、牛，并挑来米粮送至军中，王胜即命分给各营。

海州古城的胜利，激励着韩世忠的部队，月末王胜率众进攻淮阳，金军都统周太师率领两千余骑，以及众多船舰。宋军不畏强敌，王胜亲立船头击鼓，号令岸上部队，舟船各兵，水陆并进，杀向金兵，在宋军的猛烈进攻下，金人溃逃。宋军乘机掩杀过去，金兵相互拥挤，跌入河中，水面漂满金兵尸体。邳州一战，韩世忠部队大获全胜，杀伤敌无数，活捉女真、汉军俘虏100余人，夺得战船200余艘。

郁洲岛上侨置的青、冀二州

《嘉庆海州直隶州志》载:“周无徐州,分隶于青、兖。”《尚书·禹贡》中说,华夏有九州:冀州、兖州、青州、徐州、扬州、荆州、豫州、梁州和雍州。在周代徐州被并入青州,“而海州属鲁,仍当在兖州境。”后青州兴盛时地域曾扩展至淮河,涵盖海属之地。青州,地处山东半岛中部,因处东海和泰山之间,位于中国东方,“东方属木,木色为青”,故名“青州”。青州之名,始见《尚书·禹贡》:“海岱惟青州。”上古为东夷之地。

青州现为山东省潍坊市下辖县级市,距今连云港280多公里,在交通甚不发达的古代,路途算是遥远。早在1500多年前的南北朝时,海属之地不仅为青州所辖,还曾是青州置所。海州最早行政建置乃秦置朐县,属薛郡后又归郯郡,南朝刘宋时侨置青、冀二州于此,朐县属东海郡,乃为侨置青州所辖。

466年刘宋王朝内乱,淮北方镇薛安都为求自保,投降北魏。南北朝时淮北属徐州沛郡,郡治在萧县。薛安都来降,北魏甚喜,派出镇东大将军尉元率一万骑兵从东路救援彭城,西路以拓跋石为镇西大将军双方夹击刘宋大军,占据徐州。彭城既失,北面的青州、冀州、兖州也就守不住了。刘宋泰始五年,469年,青州被北魏攻陷,470年,刘宋明帝以郁洲作为抵抗北魏的前沿,侨立青州、冀州二州于此。刘宋尽失淮北、山东半岛。于是有了后来司马光的《资治通鉴》:“宋明帝失淮北,侨立青、冀二州,治郁洲。”

刘宋朝廷侨立的青、冀二州,治所就在郁洲岛上,即今云台山。《汉书·地理志》注云“汉县赣榆原在郁洲,殆即邑于此山之下。”说明云台山一带汉时曾为赣榆县地。《嘉庆海州直隶州志》:“云台山即郁洲山,旧名苍梧山。《山海经》,‘都州在海中,一曰郁洲’……《南齐书·州郡志》青州,宋泰始六年始治郁洲上,郁洲在海中,周围数百里。”

刘宋泰始六年即470年,时郁洲海岛面积数百里,孤悬大海,风高浪急,据险可守,刘宋朝以此侨置青、冀二州。青州刺史刘善明,认为据海可守,以海中易固,“不峻城雉”,乃聚石为之，高可八九尺，以石堆砌成城，可见此时城池并不高大坚固。刘善明所筑州城即在今南城，因城池似展开翅膀的凤凰，古称凤凰城。现留存的南城南门乃清咸丰年间重修，城门上有海州牧黄金韶题“古凤凰城”四个字。

471年宋明帝刘彧立东海。《嘉庆海州直隶州志》:“《宋志》《南齐志》‘南东海郡’有朐县。”相较于魏占郯地东海郡称南东海郡，青、冀二州共一刺史刘善明，管辖着齐郡、北海郡、西海郡、东海郡。朐县属东海郡，故在其辖之内。小小的凤凰城当时是州、郡、县三级政权所在地。侨立之州乃为虚置，人口稀少，所以两州共设一位刺史。

刘宋朝廷为什么要在郁洲岛上侨置青、冀二州呢？从地理位置上看，郁洲岛之凤凰城与朐山大陆仅隔黑风渡海峡，与朐县隔海相望，相距不过2—5里。互为犄角，遥相呼应，进可攻退可守，实为刘宋北端屏障，军事要地，故在此侨置二州，具有重要的战略意义。在此侨立青、冀二州，可收容二州难民，不致涌入南方造成压力。郁洲岛面积大，可耕可渔，重要的是可蓄卤晒盐，可满足难民衣食之需。

《魏书·陆馛传》:“淮西七郡民多不愿属魏，连营南奔。”说明青、冀这已经归于北魏的几州百姓，不想为拓跋鲜卑所统治，而集体流向南方。刘宋朝廷在郁洲侨置的青、冀二州，从地理位置上看正是二州百姓最近最方便的去处。在此收容二州百姓，可以收拢人心，方便给予安抚，巩固边防，成为抵御北魏的力量。并依照他们原来的籍贯设置侨州，另立户籍，能唤起民众收复失地的决心，打回北方去，有利于稳定南方形势。

然而《魏书·陆馛传》又说：“魏遣建安王陆馛宣慰新附民。有陷军为奴婢者，馛悉免之。新民乃悦。”由于陆馛善于宣慰，对于未及附南的民众，给以抚慰，既往不咎，得以民心安于原籍，并影响到已经南逃到南方刘宋的百姓，故土难舍，又纷纷回来许多。那些留在郁洲岛上的二州民众，已经逐渐本土化，习惯了这里生活，对于回归北方则失去了兴趣。

东 西 海 州

古凤凰城门　作者 摄

海州扼海，北拒齐鲁，南依江淮，西达中原，位华夏脐部，南北之要冲。南宋时海州与南城隔海相望，黑风渡海峡风急浪高，舟行困难，时云台山称郁洲岛，孤悬海上，与朐山互成犄角，相成屏障，是为战略重地。南宋朝时期，金兵占据鲁地，蒙军置西，是为三家争夺之地。为防海州遭遇不测，抵御金、蒙势力南侵，南宋朝廷视海州为江淮前沿，派重兵防守。

1161年，绍兴三十一年十月，金兵南下围攻海州，宿迁人魏胜带领义军坚守海州城，宋军李宝率水师战舰驰骋南城，时称东海县，与朐山魏胜义军双方夹击，战败金朝军队。金人不服，次年又组织军队攻击海州，被宋将王刚战败。1982年6月16日下午，海州蔷薇中学校舍施工时，在院内工地出土窖藏银铤，计银铤8块，束腰形状，为宋代流通货币，近30斤。考古人员推测是因战乱，居民逃亡而埋藏，印证了宋金交战下的海州混乱情况。

72年后的1233年4月，蒙古军攻下开封，金哀宗逃到蔡州，今河南汝南。头一年也即1232年金将完颜用安带兵南下，完颜用安原名国用安，降金后，皇帝赐姓完颜，被封为兖王。国用安率军攻下海州，次年渡海又占据东海县。在南城凤凰山巡视留有“兖王国开府记”石刻，文曰：“旹岁次癸巳丙辰月初五日，因领大军收复东海，创立修筑城池，与郡王萧银青、国公刘荣禄同游至此。兖王国开府记。”癸巳年丙辰月初五为南宋绍定六年，也即1233年4月。

到了1234年，端平元年，南宋见金朝势弱，为报金人占地之仇，乘机派孟珙、江海率2

万人马，与蒙军合攻蔡州。多月围攻至蔡州缺水断粮，走投无路的金哀宗上吊殉国，金朝灭亡。蒙古军掠城北撤，南宋急于收复原北宋的京畿地带，其为祖陵所在之地，派兵占领了蒙军留下的几处空城，即东京开封府、西京河南府（今洛阳东）和南京应天府（今商丘）引发蒙人警惕，于是南宋与蒙古之间又爆发战事，是为“三京之役”。

南宋朝廷趁着金朝灭亡，由淮东水陆兵马刘虎、赵楷带领水师围攻东海县，时国用安已投降蒙古人，国用安面对气势汹汹的南宋军队，慌忙迎战，宋军遂任命汲君立摄总管，率300战舰，猛攻郁洲岛端的东海县，国用安不支而走，宋军攻占东海县又进兵海州。海州守将为李全旧将周岊，刘虎便“亟以师次于北张店，夜檄周岊”，周岊不支遂开城门投降。东海与海州均被宋军占领。

东海、海州二地，在蒙古军眼中是为扼南宋重要战略要地，强势的蒙古军怎么能容忍南宋占领？随即组织起强大军力进攻宋军，双方经过激战，南宋军队伤亡惨重，支撑不住，放弃海州，退往东海县，即今南城地界，与蒙古军队隔海峡对峙。此时南宋据守东海，蒙古人占据海州，为日后的东、西二海州埋下了伏笔。

9年后南宋军队曾一度收复海州，占据8年后又为蒙古益都行省李璮所攻占，李璮攻下海州即加固城池，并着手进攻东海，时为南宋朝的海州置所。南宋两淮置使贾似道，忙派涟水军加固东海县城，城“西南二面控海，东北二面抵山，实为重镇，持此以胜北虏”。1256年，宝祐四年，李璮率船舰进攻东海，被涟水军夏贵击败。两年后李璮又积聚力量再度越海进攻，南宋海州通判侯畐据城死守，面对强敌以死相拼，终至城破，全家被害。

蒙古军队攻占南宋海州城，震动了南宋朝廷，失去郁洲战略要地，江淮将危在旦夕。满朝指责贾似道无能，致其因抗章引咎辞职，宋理宗却“以功自赎，特与放罪”未被追究。1259年，开庆元年，南宋朝廷以李庭芝换下贾似道，领两淮制置司，派兵进剿李璮。宋军士气甚浓，誓夺回丢失土地，杀李璮主将厉元帅，夷平南城而去。次年又败李璮于乔村。

1262年景定三年，李璮面对强大的宋军攻势，屡屡战败，蒙古朝中对其指责声起，内外交困。李璮趁忽必烈与弟阿里不哥争夺汗位之际，率部投降南宋，献出所占海州、东海城、涟水军三城。宋理宗赵昀下诏授李璮为保信、宁武军节度使，督视京东、河北路军马，加封齐郡王。并赋诗：“力扶汉鼎赖元勋，泰道宏开万物新。声塈南郊方慕义，恩流东海悉来臣。凯书已奏三边捷，庙算全消万里尘。坐致太平今日事，中兴玉历喜环循。”表达收复东海、海州二城的喜悦之情。

南宋朝廷收复了东海与海州二城后，将海州改为西海州，南城所在之海州改为东海州，这便是南宋朝同期出现两个海州的由来，不过一个叫东海州，一个则为西海州。

孔望山龙洞碑刻与唐伯虎考场案之历史纠葛

海州城区的孔望山因传说孔子登临观海而名，山上有座千年古刹，其西侧有一山洞，口约有1平方米，洞内有五六平方米。古人传说有黄龙在此潜踪修炼，后腾飞而去，民间称龙洞。孔望山早年地处海滨，海水拍岸，常年冲击、侵蚀，形成了海蚀洞，民国时经古刹住持僧修凿，形成今日之山洞，故洞侧古刹称为龙洞庵。龙洞面南朝阳，山体宽阔平整，上有宋、金、元、明、清诸代题刻24处，草、隶、篆、行，风格迥异，大字数尺，小字仅寸，林林总总，令人目不暇接，是难得的一处文化遗存。

孔望山抹字碑　作者 摄

山壁上方有一抹字碑。题为“看龙洞偶成”，诗文：“幻化起溟滚，丹崖一洞空。地灵呼即应，应是讶相逢。”跋曰：“大明弘治十二年，余以工科给事中言□□□□□□□事，谪判海州，重九日登此，闽人林廷玉谨识。”这块石刻字碑的主人林廷玉与明弘治年间考场“鬻题案”有关，其案涉及明代著名画家唐伯虎。

林廷玉字粹夫，号南涧，福建侯官人，成化十九年（1483年）乡试解元，成化二十年，考中三甲进士，后为吏科给事中、工科都给事中。给事中掌侍从规谏，稽察六部之弊误，有驳正制敕违失之权。林廷玉任工科都给事中虽说只是一个正七品的官员，但是权力很大，可以驳回六部奏章。明弘治十二年己未（1499年）是三年一考的会试时间，会试结束，被录取的贡士就可以参加科举制最高级别的考试——殿试，由皇帝在大殿上亲自出题考答，考中者为进士。

这一年的主考官为太子少保、礼部尚书、文渊阁大学士李东阳及詹事府詹事、礼部右侍郎兼翰林院侍讲学士程敏政担任。这二位学问与文章在朝中都首屈一指，并驾齐名，号称“学问该博称敏政，文章古雅称东阳”，弘治年间传为佳话，尤以程敏政才识过人，自负众人，昂首高步难以接近，朝中多有议论。

唐寅，苏州府人，生于成化六年二月初四，字伯虎，后改字子畏，号六如居士、桃花庵主，明代著名的画家、书法家、诗人。28岁那年，在南京参加应天府的乡试，高中第一名，被称为解元，因此人称唐解元。同时中举的还有好友江阴富家子弟徐经，乃著名地理学家徐霞客的高祖。弘治十二年，二人一起结伴进京参加会试。

会试刚结束，结果尚未张榜，发生了一件震惊朝野的重大事件。户科给事中华昶突然给明孝宗上了一道奏疏，说是朝中有议论，主考官翰林院侍讲学士程敏政，涉嫌将考题出卖给江阴县举人徐经、苏州府举人唐寅等考生。现坊间传说沸沸扬扬，呈请皇帝陛下命礼部重新复核考生答卷，凡是程敏政批阅过的，要由主考大学士李东阳会同五经同考官重新审阅，以求公平公正。

程敏政，字克勤，中年后号篁墩，又号篁墩居士，南直隶徽州府休宁县人，原兵部尚书程信之子。10岁时，以“神童”被推荐入朝，皇帝亲自下诏，就读于翰林院，成化二年(1466年)中一甲二名进士，为同榜350人中最年轻者。后历官左谕德，直讲东宫，学识渊博，在朝中声名鹊起，为一时之冠。孝宗嗣位，升少詹，执掌皇后、太子家事，又至御前讲席，时为礼部右侍郎。

华昶奏疏，如一石激起千层浪，令满朝哗然。孝宗虽然看重程敏政才华，但言官的弹劾也是出于对科考取士的直谏，他清楚满朝文武静在观之，不由恼羞成怒，立即着令礼部从速查证处理。礼部查核华昶的奏疏，只是依耳闻而就，并无实据，有捕风捉影之嫌。又经李东阳与其他同考官复校，江阴县举人徐经、苏州府举人唐寅的封卷并不在程敏政所取之列。

到此应该水落石出，孝宗下令锦衣卫将华昶、徐经、唐寅三人送大理寺，要求当面对问，审讯清楚。狱中徐经、唐寅受不了拷打，徐经招供用重金贿赂了程敏政家人卖题。唐寅承认在考前用金币买了程敏政一篇文章，送给去年主持应天府乡试的主考官吏部右侍郎梁储。其实徐经与程敏政两家系世交，来京时虽然皇上还未任命主考官，但徐经照例携礼拜访了程敏政并听其指点一二，唐伯虎乃是沾了好友之光进了程家门，程也爱其才华。

就在此时工科都给事中林廷玉出面为华昶抱不平，同为言官惺惺相惜，挺身而出给孝宗上了奏疏。言为朝廷公道所在，自身同为考官，分析案卷在出题，阅卷，取人等六个方面存在问题，程敏政脱不了干系，要求追究程敏政责任。并言谏官就该为皇上探得风声而言事，若事事定要出示证据，还有谁敢直言相谏？不如将程敏政罢归田里。

狱中徐经、唐寅得知消息双双翻供，程敏政要求和华昶当庭辩论，孝宗为弄个明白准了程的要求。华昶邀了一帮言官前来助阵，一场给事中与当朝礼部右侍郎对质大幕就此拉开。许是言官们为了弹劾，在没有掌握真凭实据情况下，仅仅是为维护谏者立场，在大学士程敏政的追问下，竟语塞词穷。加之东厂平素与言官不睦，云言官是华昶同僚，为其帮腔，欺骗皇上，愚弄朝廷，该当问罪。

孝宗也被弄得一头雾水，拍案大怒，既然理不清反而乱，不如快力斩乱麻，各打五十大板，不分对错。着程敏政罢官返乡，提前退休。华昶未明实据谏言失实，令杖责皮肉再贬南京太仆寺主簿。徐经、唐寅有行贿之嫌，削去功名，不得入仕，罚做小吏。而林廷玉不分青红皂白，为华昶张目，罢免工部给事中，贬至海州为一名通判。

三个月后的重阳节，林廷玉登临孔望山观海，在龙洞石壁上，一时兴起抒怨，挥毫留下"看龙洞偶成"一诗，命人刻于石壁之上。事后又觉不妥，其跋中9个字，有涉及"鬻题案"之言，万一外泄恐惹火烧身，忙着人一一铲去。留下了孔望山上一处抹字碑刻，令游者遐想。

盐河中打捞出的石羊

夏末，随文保所工作人员外出考察，途经灌云仲集，听说附近有一叫石羊沟的地方，早年间曾发现一尊石羊，不知还在不在？在这附近没有发现大型墓葬的地方，突兀出现一尊石羊，令人好生奇怪，这引起了我的兴趣。驱车很快便到，公路边一排建筑物后面是农家麦田，西边不远便是盐河，岸边河滩上果然有一尊石羊，孤独地卧在河旁。这尊石羊头朝西，面向盐河，作俯卧状，卷肢昂首，角弯触背，修长的眼睛微闭，底部已陷入泥中。

该石雕用一长方形石料，雕凿出羊的头部、身躯等基本轮廓，羊角及眼睛采用浮雕方法刻画，抿着嘴显出很温驯的样子。石羊构图简单，技法粗犷，几何形化，特征突出。在天然石料中略作雕刻，取舍巧妙，造型厚重，纯朴自然。石羊身长1.5米，宽不足0.5米，重估约1吨，明显具有汉代石雕特征。在石羊臀部粗劣地刻有石羊二字，不知是否为后人所刻？

作者 摄

石兽通常为冥物，也即墓前饰品，均成对出现。古代统治阶级墓前常置有石兽，以作装饰。唐天宝年间，御史中丞封演，曾作《封氏闻见记・羊虎》，文中记载：“秦汉以来帝王陵前有石麒麟、石辟邪、石象、石马之属，人臣墓则有石羊、石虎、石人、石柱之属，皆所以表饰坟垄如生前之仪卫耳。”可知石羊作为冥兽乃为人臣墓前饰品。

羊为六畜之一，是一种本性驯顺的动物，温文尔雅，自出生起，便知“跪乳”。《春秋繁露》记载：“羔食于其母，必跪而受之，类知礼者。”跪伏的羊，成为谦卑温顺的象征，所以帝王陵前一般不会有石羊出现，因为帝王是威严的代表。

东汉是地主庄园经济急剧膨胀时期，豪强掠夺建立庄园武装，形成自给自足的封闭经济，成为独立的家族式封建王国。随着封建宗族关系建立，儒家伦理纲常得以神圣化，忠孝节义，孝子烈女成为风尚。官吏选用推崇“举孝廉”“荐贤良”方式，曹操在20岁时，即曾受州郡举荐，便以“孝廉”为“郎”，授予洛阳北部尉。

这种风气影响着丧葬，形成“生不及养，死乃厚葬”之风，因而自汉代开始，厚葬陋习盛行。名门望族权贵豪绅的大型墓葬兴起，冥界模型明器流行，墓室甬道营造豪华，壁画彩绘，汉画像砖兴盛。地表建造追求排场奢华，就有了石祠、石阙、石柱、石碑、石人、石兽等饰品。

《明会典》规定：公侯和一品、二品官为石望柱、石虎、石羊、石马、石人各一对，三品官减去石人一对，四品官为石望柱、石马、石虎各一对，五品官为石望柱、石马、石羊各一对，六品以下不准设置石像生。清代也规定，二、三品官员准立石马、石虎、石羊各一对，四、五品官员准立石马、石虎各一对，六品官员以下者则一律禁立石兽。

石羊沟的这尊石羊来自何处？是谁的墓前饰品呢？已无从知晓，只听说是早年盐河兴修水利时，从河中打捞出来的。盐河，古称官河，一名漕河，位于江苏省东北部。唐武则天垂拱四年（688年），从泗州涟水县向北开凿了一条通达海州的漕河，它是沟通淮安市和连云港市的人工河道，也是淮北之盐南运的航道。

石兽怎么会在河里出现呢？是洪水冲下盐河的吗？这重约一吨的石羊，即便洪水冲刷也应不会太远，方圆数十里范围内应有古代墓葬。东魏武定七年（549年）置海州，曾于龙苴建州城，考古工作者已在地表采集到大量秦砖汉瓦，并发现汉代陶罐簇，都督府公牌等文物。龙苴离此不远，既为州城即有古墓葬。盐河为运盐而筑，附近的伊芦盐场曾置有盐官，或许这些都有可能留有古墓葬，这将留待今后的考古工作者发现。

羊者，祥也。在古代，羊字与祥字相通，所以一些铜器中的铭文“大吉羊”就是大吉祥，人们把它当作灵物，因而仲集发现石羊的地方称作石羊沟，附近村庄叫石羊村。但民间对石羊又有所忌讳，那是陪伴墓主人的冥兽，不宜朝向人舍。当石羊打捞出水时，如何摆放成了难题。附近庄邻都不愿石羊朝向自家，要求掉头转向，三掉其头，差点弄出不愉快来，最终将石羊朝向盐河得以解决。

这头石羊体形硕大，形态温驯，样子可爱，汉代许慎《说文解字》曰：“美，甘也。从羊，从大。”即“羊大则美”。相传周夷王时，楚庭（广东古称）之地灾年，五位神仙骑羊而降，羊口衔着谷穗，五位神仙将谷物赠给人们，教人类播下谷穗种子，当年就长出了庄稼，度过了荒年。五羊则因盗取谷物种子，被玉帝施法变为石羊，这便是广州称羊城的由来。仲集的这尊石羊，望人们能好生保护，以给地方民众带来好运。

新浦清末才成陆怎么会有明代的大墓呢

新浦距海州12里，至清末才逐渐露出水面，哪里来的明代大墓呢？

民主路南侧的解放路铺设于民国三十三年，即1944年，时新浦为日军占领，日本人为了运输物资的需要，自老火车站向西铺筑道路，先在龙尾河上架设木桥，接着由龙尾河桥向洋桥巷方向，即今市化路与南极路交汇口，铺筑宽25米的土路。

解放路西端有个加油站，与未拆除铁路之间不过百余米，过了铁路便是原车辆厂，现那儿的交叉路口称作幸福路转盘，这里是临洪滩的西南角。新海地区地势是海州高、新浦低，海州城普通标高5—6米，新浦普遍标高在3.5米以下，而临洪滩标高却在3.5米以上。临洪滩由临洪河冲刷形成，临洪滩至浦南一片，早在金大定年间为盐田，是临洪场的一部分，距今已有800余年历史。

1949年底，新海县政府，组织党政机关、群众团体、中小学校及当地驻军，自己动手，挖土铺路。将解放路向西延伸，越过西盐河，铺至临洪滩。修解放路时，发现在加油站与紧靠原铁路的第一粮站与之间有座大墓，占地约2000多平方米，这里是解放路的最西端。这儿一片坟地，清路基时发现并排几块大条石，下边盖着个长约3米、宽约2米的石砌墓穴。里面一汪清水，只发现一块2尺来长、1尺来宽的砖碑，在场的临洪人周卯生，看到上面有许多文字，抹去泥水后，刚看到上边有“建文四年”字样时，就被墓主的后人抢跑了。

墓地已经荒芜，墓碑已不复存在，望柱、横额、石人、石马、石羊也已东零西散，整个墓地长满了酸枣树和野草，一片凄凉。墓地前原有神道门，当地人称“石门”，坐北朝南，宽3米多、高3米多。倒在地上的两根望柱为六边形，当时在场的人说有小笆斗粗。上端横额高约80公分。题额为“骠骑将军，曹公神道”八个字。

据明代《隆庆海州志》载：“曹杰，海州临洪场人，以金吾卫指挥征南有功，升辽东广宁参将，谋勇兼资，为夷所服。凡所属城堡人畜有失，率百骑追击，驱其人畜而还。卒，赐葬祭。”清代嘉庆年间海州人乔绍傅所纂《古朐考略》在明代武勋考中载:“曹俊，海州临洪场人，赠骠骑将军左军都督府佥事”，这里乔绍傅将“曹杰”误写为“曹俊”。《嘉庆海州直隶州志》依据《淮安府志》作了更正，其记载为:“曹杰，海州人，以金吾卫指挥征南有功，迁辽东广宁参将，谋勇兼资，敌人服之。所属城堡有失，率轻骑追击，累著战功。卒，赐葬祭，赠骠骑将军左军都督府佥事”。

骠骑将军，官名，汉武帝元狩二年，公元前121年始置，以霍去病为之，金印紫绶，位同三公，东汉各代沿置。骠骑将军为二品或从一品，一般低于大将军。隋文帝置骠骑将军府，秩正四品，地位降低。唐初尚有骠骑府及骠骑、车骑将军之制，从一品，宋为从一品，为武官最高阶。金有骠骑卫上将军，正三品下，居武官第十一阶，元升正二品，居武官第三阶，明废。

清末时，骠骑将军墓碑已不复存在，倒是石龟、石人被后人尊崇为石干爸、石干妈，每年正月初十，附近百姓会带上子孙来此叩拜，祈求平安，此俗一直沿袭至解放初期。曹家后人，会在此放张小桌子，供人敬香叩拜。将事先准备好的串上铜钱红线，套在前来祈拜的孩子们的脖子上，是为“上锁”，保平安，而后收下人家带来的馒头、面条之类的供品。后来石羊成了穷人割草时的磨刀石。

临洪人周卯生1949年底看到的“建文四年”，是明代第二个皇帝惠帝朱允炆年号的最后一年，为1403年，“建文四年”如是葬祭年份的话，距今600 余年。曹杰作为明代海州走出去的高阶武将，南征北战，在辽东广宁任参将，守卫疆土，保卫一方平安，累著战功。广宁，是明代为辽东都司总兵官驻地，即现辽宁省北镇一带。参将为辽东都司，位仅次于总兵、副总兵的统兵官，曹杰血洒疆场，为国尽忠，皇帝追封他为“骠骑将军”，赐给高规格葬仪，其实只是一个赠予的称号，让其荣归故里，葬于海州。

历史上海州曾属安徽省

“省”在古代指天子所居之所，是为宫禁。在隋朝中央政府曾设立“三省”管理机制，由中书省起草诏书，门下省来审核，再由尚书省具体执行。此时的省是中央政府的管理机构，唐、宋两朝一直沿用。地方政府的设置为两级，郡、县或州、县，官员由地方政府直接任命。

宋朝在中央政府与地方政府之间曾分设若干路，每个路下设立了府州和县。

到了元代朝廷设置中书省总领全国政务，又在全国设10个行省，随着江浙、湖广、江西、陕西、四川、甘肃、辽阳、河南等行省的增设，行省逐渐演化为常设的地方管理机构。元代的行省制是中央与地方权力结构不断调整、完善的产物，不仅是单纯的中央集权或地方分权，而是以中央集权为主，辅以部分地方分权的新体制。

国家置中书省以治各部，分行省管地方，行省官仅掌“方面之权”。元代行省制产生对后来的明、清两朝影响很大，以至于又作用于今天，在沿袭中各朝各代又因需而有所改动。元世祖至元十五年，1279年，升海州为海州路总管府，后改为海宁府。至元二十年，1284年，海宁府改为海宁州，隶属淮安路。

朱元璋推翻元朝廷以后，建立了大明王朝，建制设置方面承袭了元朝的行省制度，设置行中书省，或中书分省。行省设布政使司、提刑按察使司，掌刑狱、都指挥使司。朱元璋乃安徽凤阳人，一直想将国都定在家乡凤阳。他认为凤阳位于大明版图中央，有长江、淮河作为天险，易守难攻又便于粮草运输，因而是为国都最佳之地。精通阴阳的刘伯温认为凤阳的风水不好，不适宜建都。朝中大臣又贪恋南京繁华，不愿去偏远的凤阳，在众望之下刘伯温向朱元璋上书称：“凤阳虽帝乡，非建都地。”群臣皆相附应。

为了顾及朱元璋的皇帝权威，刘伯温与群臣商议，想出一个两全其美之策，将安徽与江苏两地合在一起，设立直隶省，置承宣布政使司。这样一来保全了南京作为帝都的地位，又使凤阳成为大明版图最大省份之中心，满足了朱元璋偏袒家乡的虚荣之心。明太祖洪武元年，1368年，海宁州复改名海州，属淮安府。洪武十一年，南京正式定为首都。

朱棣从侄儿朱允炆手中夺取政权后，迁都北京，时北京话虽为全国通用语言，但皇帝、妃子及朝廷中大多数的人，都来自江淮，说的是江苏、安徽两省的江淮地区方言。南直隶省地域广，物产丰富，但由朝廷直接把控，明王朝并不担心它会发生造反和割据。

清兵入关后，仍沿袭明代建制设置。清顺治二年，1645年，设江南承宣布政使司，巡抚衙门自凤阳改设于江宁府，即今天南京。到了清康熙初年，改承宣布政使司为行省，江南承宣布政使司即改为江南省。

江南省的地域范围涵盖今天的上海市、江苏省、安徽省以及江西省婺源县、浙江省嵊泗列岛等大片地区，此为大清国最富裕的地区。其一省赋税占到全国的三分之一，科举考试江南省的上榜人数占了全国近一半，有“天下英才，半数尽出江南”之说。江南省赋税支撑起整个清廷开销，朝廷半数人才又都来自江南省，面对如此一个庞然大物，不得不令清政府对江南省的管制有所防范。

清朝初期，天下尚未完全统一，东南有朱氏南明，“反清复明”运动此起彼伏。西南又有吴三桂、尚可喜和耿仲明三藩割据势力，清王朝处于朝夕防范之中。江南的财源和人才，操控在一省之地，令清廷深感不安，加之皇室内部自身矛盾不断，若上下有人联手，必为后患。为此，顺治皇帝决定将江南省一分为二，裁而治之。设想可通过强有力的分治管理，使江南不再成为一块，再者可防止第三方势力利用江南省的富裕之地坐大而危及朝廷。

清顺治十八年，1661年，江南省分两块，东称“江南左布政使司”，西称“江南右布政使司”，令别任命官吏。江南左布政使司，即今安徽地区，江南右布政使司，为今天江苏辖地。康熙元年，1662年，从江南省分出安徽省，取安庆、徽州二府首字命名，海州始属安徽省，归淮安府管辖，此即为安徽省海州。

到了康熙五年，1667年，海州随淮安府复归江南省。康熙六年，1668年，江南省改名，取江宁、苏州二府首字为江苏省，海州属江苏省淮安府。海州作为安徽省管辖之地，从1662年至1667年，前后计5年时间，距今则是358年前的事了。

200多年的甲子河

海州古城东门，因濒临海边而称“镇海门”，清嘉庆三年，1798年，流经板浦盐田的运盐河在下河口淤积，盐商出资疏浚至孔望山东北角，在今玉带河桥附近入海，新的海口位于板浦以东，民间称其为“新浦口”，这便是新浦地名出现的开始。

那时的海州州城与东南诸乡之间，只有一条山路相通，即金明昌二年（1191年）在孔望山西南吴窑开凿的古道，后因山顶建文峰塔，而名为“塔山古道”，这条山路要穿越石棚山再翻过孔望山，有七八里路。那时商贾公差，往淮安、江宁，要翻越山路再乘舟南行。州城东南乡镇的粮草，要由盐河运至孔望山脚卸下，再翻越山路，经塔山古道运到海州城里。那塔山古道，只能肩挑驴驮，交通极为不便。正如唐仲冕在《新开海州甲子河碑》中所述：“自孔望山西至州城七八里，舟楫所不通也，城市无尘，米薪缺乏，州以为病。”交通不便已为州官心病。

随着大海东移陆地成浦，州城外孔望山北渐成沼泽。地方士绅、百姓黎众，纷纷呈请开挖水路，以解决运输之困交通之便。上任两年的知州唐仲冕，明知理应开挖水路，苦于年前创建石室书院，仍欠尾款，财政捉襟见肘。海州地区位处淮沭河流下游，旱涝交替地瘠民苦，唐知州怕重劳伤民，而迟迟下不了决心。众士绅陈诸利便，认为可借城东护城河之势，顺着地势向新浦口开挖，可减少土方用量。开挖新河连接盐河，凡州四十八镇繁兴，莫不于河浚，东南之乡首当其冲。现今要想富先修路的道理，200多年前的海州先贤们早已明知。那时海州东南乡镇的粮草，是州城的来源之地，开河通行是众望所归，于是“请者继至，始议董劝”开河的工程重又提上议事日程。

知州唐仲冕召集州绅及各镇名望人士商议，唐知州也认为利用城东护城河之法可行。遂由州府派人丈量，计算需挖掘土方33 000多方，由各乡绅、名望人士认领，安排用工。唐仲冕“余躬为植”，自任河道工程总指挥，自掏俸银以身作则。乡绅贤达纷纷响

作者 摄

应，捐钱献粮，乡民村夫以工代赈，官民齐心上下同德，凑足钱粮很快便开工。

古海州城建在上崖头高地，东门立于山坡高地上，坡地岩石坚硬，开凿费工费时。坡外海滩成陆不久，淤泥稀软，锨锄流淌，不利施工。在唐知州指挥安排下，施工者不畏困难，"堑岩填谷，戽淤掀淖。"开石挖沟稀泥戽却，终于开通成功。新河东自新浦口西达州东门，长约3.6公里，宽19米，深处2米多河道，用了50天时间终与盐河相通。因岁次甲子，唐知州命名为"甲子河"。

今天看来甲子河算不上大工程，可这是在200多年前，生产力低下，经济落后的情况下完成的，实是难能可贵。据甲子河碑记载：工程用钱7751吊，含码头桥梁。州役精打细算，施工人众不辞辛劳，苦干实干，款项使用得当，无有浪费。笔笔在案，官清账清，出钱者明白，出力者高兴。

州城东门护城河挖深拓宽，拆掉旧石桥，"拓建旧桥两石壁，以巨木为桥，上列红栏，桥下可行舟。"唐知州将桥命名为"甲子桥"，并置碑题名立于桥南。民众为感激知州唐仲冕，称甲子河为"唐公河"。

甲子河开通后，便成了一条繁忙的黄金水道，古海州东南乡镇的粮草，经舟船源源不断通过甲子河抵至海州，西南各乡山货土产，再由甲子河经盐河，而运达南方各地。甲子河成了连接州城与盐河的交通干道，方便了各式人员的南来北往。东门甲子桥旁，便形成了热闹的码头，推车的、抬轿的、骑驴的，熙熙攘攘，带动了海州经济发展。甲子河的开通，便民利众，耕者丰于野，学者献于廷，百姓安居乐业，学生蒸蒸向学，一派国泰民丰景象。甲子河的开通，带动了新浦口的商贸繁荣，装船卸货、人员来往，新浦口形成了一个水陆码头，这样看来新浦发展可上溯于甲子河了。

唐仲冕公子唐鉴，和《步家大人甲子河诗元韵二首》，其中一首咏道："涸泽平移海，平畴不让山。却宜通洫浍，何处辨津关？涨落汀沙外，渠分野彴间。鸠工勤杖履，绿水到城湾。"赞扬其父唐仲冕51岁时操劳开挖甲子河"鸠工勤杖履"，让"绿水到城湾"。

200多年过去了，海岸东移，沧海桑田。昔日繁忙的甲子河，少于疏浚早已干涸。桥下已为臭水沟。1939年日本随军记者拍摄的3月4日日军从东门进入海州的照片，可见那时拱形的甲子桥面，从跨度看甲子河尚可通船。桥上日本军官三马并列，士兵四人横队通过，可知甲子桥当时还是比较宽的，现在的甲子河仅存东门至新建路一段，河坡建房搭屋，河淤为沟。原东门外的农田已是楼宇片片，镇海门已于1956年拆除，仅剩高坡。唐仲冕手书的“甲子桥”碑，多半已埋入土里，改建的甲子桥横跨在已是臭水沟的“甲子河”上，不见了昔日的风采。

200年来由移民成就的城市

新浦是座从水中走来的城市，本无原住民，乃是一座纯移民的城市。

新浦处海州湾沿岸，西北至东南地区，乃胶南断裂、郯庐断裂、响水断裂分布区，断块之间相互作用，汇集应力大处显示抬升，促进了云台山不断升高。2000多年来，黄河决口泛滥1500多次，改道26次，黄河多次大面积夺淮，挟带着泥沙自苏北入海，这都促使新浦逐渐脱离水面，由浅滩变成陆地。

海州几千年前的原住民，为自山东而来的少昊部落，这是一支以鸟为图腾的原始部落，是远古时期羲和部落的后裔，首任部落首领担任过伏羲女娲氏政权部落联盟的领袖，因而是华夏部落联盟的首领，同时也是东夷族的首领。在我市锦屏山、云台山地区都留有他们生活的遗痕。由于战争及迁徙等不断变化，东夷土著居民不断流失。到了魏、晋、南北朝时期，北方战乱，大批官民移避海州，在此侨置青、冀二州，才有了大量移民迁入。带来农业生产技术，垦荒种植，兴修水利，开发渔牧，使海州农业生产一度繁荣。

汉哀帝元年，公元前6年，王姓始祖登舟跨海，带领王氏族人在云台山向阳处落户，命名“当路”，历2000余年已成为云台山地区大姓。朱元璋灭元，随同打天下的安徽当涂杨氏、武氏，被册封在南城戍疆，经过700年繁衍成为南城旺族。

新浦还在浅海中时，周边成陆较早的临洪滩、富安，都曾为盐田，古时熬盐艰辛困苦，无人愿为。盐是朝廷财税主要来源，为了税银，于是发配犯人到海州煮盐，西汉吴王刘濞都于沛，即招流放罪人至此煎盐。

明洪武三年，1370年，朱元璋实行移民屯垦政策，也为了打击苏浙支持张士诚的富人，从苏州、嘉兴、松江等地驱赶4万之众，到两淮煎盐充作灶民。明弘治七年，1494年，为解决灶民外逃之困，在盐田以外多子户农家，抽一人充当灶民。居东海房山后庄刘家老三刘欣，为解父兄之忧自充灶丁，只身一人至富安落户晒盐，经数百年繁衍已是人口众多之大姓。上述移民移居海属之地长的2000余年，短者也有数百年，当新浦逐渐成陆后，他们中人便是进入新浦的早期移民。

清嘉庆三年，1798年，板浦盐商疏浚朐山河连通盐河，这时"新浦"之名开始出现，距今220年。新浦面积不大四面环水，当海水东退成为陆地，这里便是移民之地。清朝末年进入这片滩地的第一人，应是看"柴"者，即看管芦苇的人，后有附近渔民移居此地。据《新浦区新志》载："清咸丰间，新浦城区始有居民。……最早两户半人家：一户为东海富安人赵再春一家，为避捻军于清咸丰十一年即1861年来新浦，今王巷一带落户谋生；一户是山西榆次人霍翁一家，于清同治初年，到新浦，今后河一带落户谋生。所谓半户是指一放羊单身汉。"

另据张传藻先生所著《连云港地理与经济》记载："1862年，新浦运盐码头在前河（今新浦区医院、市化路）。"1862年是清同治元年，那时盐运码头出现在前河，也就是后来的洋桥巷。那时新浦西盐河东、解放路西大片滩地，是为"东滩"盐田，说明新浦已有盐田灶户，前河岸边有为码头服务的人和机构。

新浦大街

来源《记忆中的海州》中国文史出版社，第159页

刘欣后人移居新浦时，刘氏族人在富安已经繁衍生活了300多年，咸丰、同治年间大海东徙不断，富安离临洪口越来越远，盐田荒废加之人口增多，需要寻找新的出路，刘氏家族便看中了河对岸的新生之地。富安董事（村长）刘兆垣审时度势，以"新浦为运盐场所，蔷薇出海之尾闾，上溯至沭阳，两岸农田收获与直鲁海商交易于此"，遂带领全家移居新浦经商。

明嘉靖年间移居云台山的江阴籍赵氏、当路王氏，还有临洪滩周氏、富安李氏，以及东海、赣榆人士，在清末不断涌入，与富安刘氏组成了新浦早期移民群。进入清光绪年间，自1875年至1904年新浦市镇已渐成形，商业日盛。附近失田农户、失业灶民以及渔民不断来新浦谋生。

光绪二十六年，1900年，先有沈云沛在新浦洋桥巷开设甡泉槽坊，海州殷、葛、杨、谢几大姓，也纷纷将海州城内商业移至新浦，开张店铺兴办作坊，吸引更多穷人涌来，讨生活做营生，时新浦有居民5000余人。光绪三十一年，1905年，开始出现"新浦镇"地名，为临洪镇辖制，宣统二年，1910年，清廷试行地方自治，并镇，大镇称市，小者为乡，新浦属临洪市。

光绪三十一年，1905年，大浦以“胶海关海州分关”名义自行开放，到1925年陇海铁路开通，东海县商会也自海州迁至新浦，大批外地商帮涌到此地发展。山东帮有青岛、潍坊、临沂、黄县、养马岛商人，80多户2000多人，来新浦经营粮食、油料、食品生意。河北帮有20余家商铺，连同同乡伙计及家人1000多人在大街经营百货、五金。徽州帮则以布业生意为主，还有河南帮的食品杂货业，以及亚细亚、美孚、德士古、英美烟草等洋行在新浦设立分支机构。至民国三十七年，1948年，新浦已有居民5万多人。

新浦从海中走来，本地无有原住民，200多年来，初始灶户、渔民在滩田河汊为生，奠定了移民基础；海州地主士绅的开店建坊，开创了老街早期商业形成；沈云沛力主的陇海铁路东延海州港口，吸引着外省商帮投资落户，随着河海联运，港口贸易，大批移民不断涌入，造就了这个海滨之城，这是一座包容之城，希望之城，她还在继续吸引着各方有识之士，来此安家落户共图发展。

海州铺递

铺递，驿递也，古代传送公文的所在。又有递铺、急递铺、急脚铺说法，起始于宋，与驿并行。沈括《梦溪笔谈》:“驿传旧有三等，曰步递、马递、急脚递。急脚送最遽，日行四百里，惟军兴则用之。熙宁中，又有金字牌急脚递，如古之羽檄也。以木牌朱漆黄金字，光明眩目，过如飞电，望之者无不避路，日行五百余里。有军前机速处分，则自御前发下，三省枢密院莫得与也。”

海州铺递“总铺在州大门西街北”，大约现今鼓楼附近。有往赣榆铺递方向、去沭阳铺递方向两条短铺线路，长铺则通淮安。旧时“州在海隅，不通孔道”，故海路不通，全靠旱路传送。古代信息传递落后，要靠人力和马匹。官方有驿站和铺递，私人只能托人捎递。杜甫在《春望》诗中写道:“烽火连三月，家书抵万金。”就有这个意思。

驿站是朝廷及省衙传递公文和军事情报的地方，为往来官员和公人提供食宿，为骑差更换马匹。驿站设在交通干道或水陆岔口，紧邻驻军之地，通常间隔十余里，建筑方形似堡，上插标志旗子。驿站实行严格的军事化管理，确保公文情报及往来官员的安全。铺递负责地方州县公文信函的传递，条件相对差些，其与州县赋税收入相关。

据《清嘉庆海州直隶州志》: 清代海州方圆百拾里，地广户稀，受旱涝之苦地瘠民贫，铺递简陋信息落后。海上不通，公文传递只能靠铺递。海属地区处淮、沭、沂河流下游，河汊众多，给铺递带来许多困难。“寻常文报由铺递者，铺司送淮安总铺，领文而回，往返六日。或有风雨疾病，难以刻期。”往返淮安文书如此，若省会文书则更为时间久长。“故江苏省会文书辄迟二旬有余，由马递者，自清江送沭阳，沭阳送海州，皆无驿站，汇聚遣投，虽上司日行四五百里之檄，亦必旬日以外始到。”通常送淮安总铺公文，往返需要六日。省会文书要20余天才能到，就是日行五百里的快件，也要拖至10多天。遇有风雨、洪涝灾害，道路所阻，公文传递常有误期。人吃五谷差夫也会生病，影响传递也算是常态。

古时驿站、铺递也要靠马匹来传输，驿站有马数十匹，铺递只有几匹甚至更少。一个驿站就是一座要塞,有提供官员吃住的地方,有勤杂人夫,按级别照规定分多个层次。有的地方驻扎军队,有马棚和随时备用的马匹,还有供遣用的车辆、舟船。铺递可能只是几间房子,几个人夫及提供马匹喂料喝水地方。海州地处苏北穷壤,经济落后,庞大的铺递设置耗费财赋,设夫养马用银惊人。常有马匹不足以人代行,即便健步走送络绎接力传递,文书积压在所难免。《水浒传》中梁山泊的铺递员,便是戴宗,那神行太保的绰号,就是因为这位兄弟跑得快,类似今日的马拉松冠军,故梁山铺递员非他莫属。每当山寨紧急军情或宋江有令,就显出他的高超之技,所以在梁山108将中,他的排行第26位,可见铺递员在山寨中也是很重要的。

海州属江苏,淮安一线沟通省城,是州城与省会的重要铺递线。"今州中马递文书,专遣健步走送淮阴驿,络绎传递。"长铺设长差铺递15人,轮流差送公文到省,经大伊铺、新安铺、安东县铺达淮安总铺,由总铺统一遣差送省会。"清河文檄,则令沭阳遣人频数走领。"淮安往海州的文书,就要由沭阳铺递差人取回,再送达海州。按朝廷要求,重要公文需要日行三百里,紧急的要日行四百里或五百里,马不停蹄换马不换人,一个差邮要往返数日,才能完成信息的传递,可见那时信息传递的艰辛。杜牧的《过华清宫》:"一骑红尘妃子笑,无人知是荔枝来。"写的是唐明皇为了贵妃一口荔枝,不惜动用驿站,劳民伤财。封建社会就是靠驿站传递,维护王朝政令畅通,为皇家服务。

清代海州辖沭阳、赣榆二县,去沭阳铺递有:驼峰铺、南留庄铺、房山铺、兴谷铺、青伊铺五铺。其中离海州近者西去驼峰铺70里,远的西南青伊湖则有120里。赣榆离州城较近,有顾家庄铺、王家沟铺、高桥铺、石潭铺、上林铺、蔷薇铺等七铺,近的顾家庄铺离海州仅10数里,远的蔷薇铺不过60里。

马匹是铺递的主力,是公文传送的基本保证,马匹的健壮和保有量,决定了铺递的效率。清代海州马匹官置民养,马匹供国家调用及地方自用,养马就成了州民的一项负担。一马在家朝夕喂养,影响农田耕作。故一匹马能影响几家生计,人难生活马匹就难养,或病或亡存量大减。清时马政有本色马与折马之分,本色马是农民为政府养育的马,以备征用。折马是按市价,马匹折换成银两交纳,农民不再受养马之累。州民既要养马还要缴纳田赋,是双重负担。州衙念民穷难征奏请朝廷改折,希望减轻州民负担。即便朝廷准予改折,银两还须缴纳,州民甚是苦堪难言。

清朝末年出现了文报局,逐步替代了驿站,大清朝邮政的建立,驿站终于完成了它的历史使命,铺递和驿站一样淡出了人们的视线。光绪二十七年(1901年)新浦正式开通邮路,邮件由镇江及清江传递,1903年开通了新浦海州间的邮路。至此海属地区信息的传递,进入一个新的时代。现代高科技日新月异,信息资讯的传递,有邮政、快递及E-mail,还有微信、语音、视频联络,传递迅速便捷,已无距离之感,坐地日行八万里,地球就是一个村。

道光年间板浦票盐制改革大会

盐税对于大清朝廷来讲是重要的经济支柱，然而积重难返，弊端深重。清代盐务制度，承袭了明代的纲盐制，每年由盐产量与销量多少，发售引数，订为“纲册”，每年一纲，招商认引，额满而止。“盐引”成为专卖的凭证，形成垄断，浮费上升官盐价高，私盐泛滥税银流失。道光皇帝命陶澍兼理两淮盐政，一大批文人士大夫，敬佩陶澍的改革胆量，纷纷参与其中，为票盐制的改革与推行献计献策，童濂便是其重要的实施助手。

道光十二年（1832年）四月二十五日，陶澍前往海州检阅东海水师，携童濂、梁章钜、俞德渊等与军事无关幕僚前往，实为查勘淮北盐场推行票盐法情况。在登临云台山后又考察板浦场的西临疃、太平堰，中正场的花垛垣等各场，接着在板浦海州分司召开会议，讨论淮北盐场推行票盐制改革问题。

会上议定了淮盐《试行票盐章程》十条，会后陶澍予以呈奏。在海州期间，原海州分司运判单壮图沉默不语，以示软抗，后竟告病滞留扬州不归，遭陶澍撤职。道光十三年（1833年），童濂接替单壮图就任淮北海州分司运判。童濂在板浦场主持盐务工作，设立督销局，实施票盐制改革：1. 取消总商，销盐不再由总商把持，在海州三场分设行店，任民众自行购买盐斤运往售卖。由运司印制三联票据，分别为运署留票、分司存查、交民贩运为证。各场设立税局，交了税便可运售食盐，无票者以私论处。2. 裁撤浮费，降低官盐成本，使之与私盐价格相当。3. 取消不必要的办事手续，简便易行加速流通。4. 加强缉私，各要隘卡口增设人手，加强巡逻。部署先行在淮北盐场推行。

为推行票盐制改革，童濂八月在板浦召开淮北各盐场盐课大使、盐官、缉私人员与盐贩大会。会议除公职人员外，还有来自淮北及全国各地食盐经销人员，尤以那些实力雄厚的徽商、晋商加入，增加了板浦大会之厚重。由于参会人员众多，板浦当日是人山人海，盛况空前，谓历史前所未有，仅赣榆临兴场就有千人参加会议。大家涌入板浦小镇，听童濂宣讲。他宣布：淮北盐场下辖三个盐场分片设立五个局，专管场盐销售放运，盐斤经营人员可就近选择办理手续。

童濂在淮北的票盐制改革，使原官盐的滞岸变为票盐制的畅岸，板浦盐关每天出关盐船达80余艘，日运盐量达500余吨，板浦成为淮北的盐都，海州“州同”也在板浦设立衙门，就近处理事务。陶澍上奏道光：“造报奏销以后，又历六次奏销，各纲正带引课全完。计请运票盐一百八十余万引，经征票税及经费共银二百七十余万两。本年复将溢请之课，奏请协贴淮南，共又得银三十数万余两，为淮北自来未有之盛，而地方安静，场灶肃清。”淮盐不但超额还补贴淮南之亏三十数万余两，可见票盐制改革的成功。

淮北的票盐制改革，官民齐心，票本每年加增，多至数百万两，均于开局前全数到场，由于人多量大，督销局不得不先令挂号处置。道光十八年（1838年）二月，票盐开局时，到场资本有200余万两，而票盐额数以40万引为准。为防止多运多销，“致侵灌淮南”，故决定验货挂号后，抽签定商，按折派买，以致不法奸徒乘机空挂数千百引，以空挂之号再重价转卖，童濂召集督销局人员制订《酌定票盐验赀章程稟》，规定票贩各带本银，在开局前遵照规定时间，到局当堂验明注册，通摊派买。票盐制改革的成功，致以板浦盐关为中心，北至大浦，东达海边，运盐河、纳潮河，河上帆樯林立，一派繁忙景象。商贩聚于板浦，市面顿时繁荣起来，带动板浦房价陡涨，几间茅屋租金需百，连草绳都涨10多倍。盐运盛期，板浦榷关每年征收的盐税居淮北之首，成为海属地区主要经济源泉，对淮安、扬州的繁盛起到支撑作用。

对童濂的忠于职守，陶澍没有忘记他的团队这位重要成员，为此奏明道光，为其邀功。“臣以该运判童濂，勤明练达，廉干有为。若按照两淮成例，运判人员，例准以监掣同知升用。该运判循资考绩，久应升补同知。只以票盐大局攸关，接办难得其人，恐致有妨票法。是以暂留，未请升补。计该员到任以来，历今五载，勤劳显著，而甄叙未邀，似非明试以功之义。……可否仰恳天恩俯准，将海州分司运判童濂赏加知府衔，酌量升用，俾该员尽心职守，得有升途，藉资鼓励。”

海州烈女

烈女，刚烈之女，古代为贞操、名节，自缢殉夫的女子称为烈女。烈女是封建社会产物，是因政治需要而催生出来的怪现象。原始社会生产力落后，男女为了活着，合力捕捉猎物，共同抗拒恶劣的生存环境，不需要烈女的存在。到了以男性为主导的封建社会，为了维护男权统治，提倡礼教，凸显男女不平等，所以大肆表彰弘扬烈女，扼杀了诸多的年轻无辜女性。

自汉朝开始大力倡行贞节，运以物质褒奖赠牌立坊，宣扬民女从一而终，烈者以死殉夫。汉朝时夏姓之女，夫早亡没有子嗣，父亲让她改嫁，她当即割掉自己的双耳，以明其志。《明外史·烈女传》孙贞和老婆被强盗抓去，强盗见其老婆漂亮，一贼上去摸她的手，她随即把被摸的皮肉咬掉，狠狠地说："贼污我身。"另一贼又拽她的胳膊，她又咬掉自己胳膊上的那块肉说："贼污我肱。"后被强盗活活砍死。扬州烈女周氏，26岁死了丈夫，丈夫死后竟绝食20余天，活活饿死随夫而去。地方官吏为其题请旌表，给予表彰。

贞洁牌坊
来源《记忆中的海州》中国文史出版社，第84页

清代海州地广人稀，辖赣榆、沭阳二县，州治含今日东海、灌云、灌南三县。明朝景泰三年（1452年）只有14 216户，人口137 927人。由于旱涝肆虐，生产力落后，民不聊生，外逃避荒者日众。州官哀叹："州民瘠苦，为国家所矜恤休养者至无已也。"

然海州士朴，民俗勇悍，惜名节，保身家，俗重礼信，颇有古风。经济虽然落后，民风却古朴纯正，受礼教束缚更巨。因而海属之地，便是烈女产生之土壤。据《清嘉庆海州直隶州志》：有记载受到表彰的烈女有27人，州域12人，赣榆12人，沭阳3人。年龄长者35岁，最小年龄竟为17岁。

清代为了便于统治，除要求人们忠君，还倡行妇女为夫守贞，从一而终。即所谓的君为臣纲、夫为妻纲。把女子对丈夫的绝对忠，看作是维护其封建秩序的基本原则。沭阳县有一汤氏女子，在丈夫死后，认为天塌了下来，万念俱灰，决意要随丈夫而去。家里人极力劝阻，其仍然不听，几次欲死都被救了下来，然而第二年四月，乘家人不备，自缢上吊而亡。

贞洁本是正当纯洁之意，在千年封建桎梏下，已演变为良家女子，婚前不得接触父兄之外任何男人，此底线竟是用生命来做抵押。赣榆县吕可姐遭赖汉姜苏言语调戏，深感其辱，不能再活人世，上吊而死。海州农家女王引子，一天在自家菜园子里摘菜，其奶看了，开个玩笑说，引子是为谁家摘菜呀？单纯的孙女答曰自家呀。是不是为隔壁家小二子摘菜呀？本是句玩笑话，却闯下了大祸。孙女竟回房上吊自缢，以死证明清白，结束了其17岁花季人生。

未婚守贞是常人难以做到的事，古时女子一旦订婚便是夫家之人，嫁鸡随鸡嫁狗随狗，为夫守贞竟然是天经地义。赣榆县朱宝印的女儿，年方十七，许配徐孟鼎。闻知孟鼎突然死亡，声泪俱下道："生既许为徐家妇，死亦愿为徐家鬼。"为随夫而去，竟上吊以殉。多么惨烈的悲剧！年方十七的小女子，一朵花未开，遭封建礼教残害，令人扼腕叹息！海州人刘永章之女，许配于周云章，其夫未婚便亡，刘女在家里为没见过面的丈夫守贞了62年，终身不嫁，81岁老去。更有甚者赣榆戴思全的小女，与许李珠订婚，夫18岁不幸夭折，戴女径直前往许家，以媳妇身服侍公婆，照顾叔姑，凡55年。

封建社会礼俗观念，受害最深的是妇女，皇帝三宫六院七十二妃，权贵们三妻四妾，竟要民女守妇道，三从四德，重贞操守名节，突显男女之不公。统治阶级对烈女的表彰弘扬，更加深了对妇女的迫害，将妇女推向了绝望的深渊，残杀了不知多少年轻的生命，是对妇女人性的最大摧残。

中国以城市命名连接欧亚大陆的海湾

秦孝公十二年（前350年），在商鞅的主持下，秦人迁都咸阳，新都城位于九嵕（zōng）山以南，渭水以北，山水俱阳，故名咸阳。在统一中国后，秦始皇在营建阿房宫的同时，于汧水入渭水的河口设立了秦西门，在东海朐县（今连云港）的朐山上立了一块石碑，以此为秦东门。从中国地图上可以看到，古朐县的地理纬度与秦都咸阳同在北纬34度30分，朐县跟秦都咸阳正好连成一条直线。

秦置朐县，东魏武定七年（549年），罢青冀二州，设海州。海州濒临黄海，北起岚山头，南至灌河口是一个大海湾，以岸上城市命名海州湾，为中国十大海湾之一。海州正处在海州湾底部，位于中国大陆的南北海岸中间地带，因而称大陆之脐部。海州湾位于江苏省东北部，山东省南部，海域面积约820平方公里，是一个半开阔海湾。海州湾分布着车牛山岛、平山岛、达念山岛、连岛、竹岛、泰山岛、鸽岛、羊山岛、开山岛九个岛屿。

海州湾是秦帝国中原大地向东与大海的交汇处，因而秦始皇三次巡游朐县，向世界宣示海州湾是大秦的边界。始皇二十八年（前219年），秦始皇派出一支3000多人的庞大船队，去往东海探求海上神山，徐福第一次东渡失败后，于公元前212年进行第二次东渡，这次始发港选在了海州湾——徐福的家乡赣榆出海。徐福是我国有历史记载的渡洋驭海第一人，早于郑和下西洋1624年，比哥伦布的大航海更是早了1711年。历史在海州湾陆地留有一个名叫“徐阜村”的村庄，还有秦王碑、三柱山、磨剑石、下驾沟、秦山岛等众多遗迹。

汉代，“朐县对外交往频繁，朐港可以直接与今越南、缅甸、印度、斯里兰卡交通，市境成为陆上和海上丝绸之路的交汇点……是名副其实的‘海边州’和海港。”宋代海州湾海上贸易繁忙，大宗盐、茶、紫菜、粮油在此交易，每年原盐外销达47万石。吸引许多新罗人来到海州，经营两地海运贸易，因而有众多新罗人长期居住在海州，形成新罗人村落。宋神宗时，海州湾是高句丽、日本等国货物目的地，海州是对外贸易重要口岸，建有高句丽亭馆专事接待海外商旅。到了元、明两朝，海上运输兴盛，海州口岸成为粮食集散之地。

南宋建炎二年（1128年），河南阳武坡黄河堤决坝，大量泥沙随着黄水南下，改道淮河由响水县黄圩镇云梯关入海。到了清咸丰五年（1855年），黄河在铜瓦厢再次决口，才改由山东东营入渤海湾。700余年间，黄河夺淮裹挟着黄土高原的泥沙，催生着新陆地诞生，使漂于海中几万年的云台山与大陆连成一片，因而有了“平畴策马上云台”之说。

海州湾在地质构造上，位于苏鲁隆起与苏北之南黄海凹陷的过渡地带，覆盖深厚的第四纪沉积物，自北向南，绣针河口—兴庄河口段是冲刷后退的砂质平原海岸，海滩物质以小于0.1厘米的石英砂为主。兴庄河口—墟沟西墅段为淤积增长的淤泥质平原海岸，组成物质为青灰色粉沙淤泥。南段西墅—烧香河北口，为稳定的基岩海岸。海州湾岸线曲折，海滩狭窄，主要为中细沙海滩，间或有淤泥质海滩。

海州湾渔场是中国八大渔场之一，总面积达7900平方海里。渔场水温适中，沿岸绣针河、兴庄河、龙王河、烧香河、蔷薇河、盐河的淡水，不断注入这片海域，营养物质丰富，因盛产黄鱼、带鱼、梭子蟹、对虾等多种海产品而久负盛名。前三岛附近海域水质优良，是江苏省唯一的海参、鲍鱼、扇贝等珍贵海产品的产地。

沈云沛的海河联运思想，促成了1925年陇海铁路通往海州，大浦港建成，1937年连云港港口宣告开业。1953年7月，陇海铁路连云港至兰州全线建成通车，1990年9月我国陇海、兰新铁路与哈萨克斯坦铁路接轨，连云港和鹿特丹成为新亚欧大陆桥两端的桥头堡，使海州湾与北海相连，海州湾的腹地已不再仅是中原地区，其辐射范围已是欧亚大陆，她连接着太平洋、印度洋与大西洋。

贰

旧事如烟

新浦大同皂厂

肥皂最早在新浦街头出现，应是在清末的时候。据新浦天后宫碑记，清光绪十八年（1892年）新浦天后宫开工建设，得到山东客商林乾一、林栋臣的鼎力相助，知新浦常有外地客商往来。时临洪口宽阔，山东货船涌集新浦后河湾处，多时有数百艘，新浦已为货物集散之地。

早在光绪十六年（1890年）时，沈云沛回籍丁父忧，看到州北之地新浦商业日兴，市镇渐成，与管家董才卿商量将海州产业移往新浦。到了清光绪二十六年（1900年），沈云沛用了几年时间在前河北岸盖起大片房产，移来海州实业，经营粮食、布匹、油料、杂货，使洋桥巷处成为老街当时的商业中心。

肥皂最早进入我国，是在咸丰四年（1854年），英国商人在上海街头所做的肥皂广告，那时外国肥皂供应在沪的外国人。沈云沛为光绪廿年（1894年）恩科进士，光绪廿八年（1902年）2月任工部典农司校尉，并在北京购置住宅，在京城沈云沛是用过外国肥皂的，返乡署理洋桥巷开发，考察港口等，贴身用人是会带着肥皂的。

随着大浦码头的繁荣，带动了新浦街商业兴隆，从上海运来的肥皂很受当地人喜爱，那时的人们称进来的肥皂为“洋胰子”。为什么称作洋胰子呢？时国人观舶来品均要加个洋字，意是漂洋而来，如火柴称洋火，煤油叫洋油等。

新浦大同皂厂包装木箱　韩世泳提供

海属地方最早的洗涤用品就是胰子皂，是用猪胰子制作的，杀猪时取出猪胰子，洗干净，剥掉油脂，切碎加入豆粉、香料，捣碎晒干，就成了胰子皂。形如圆球，也称它叫澡豆，意为洗澡之豆吧。胰子皂洗涤虽不及今天的肥皂，却是中国一千多年来主要的洗涤用品，当外国肥皂进入新浦时，当地人就称其为“洋胰子”。

早在中国晋朝时候就有胰子皂了，唐代名医孙思邈曾著述：“面脂手膏，衣香澡豆，士人贵胜，皆是所要。”胰子皂已成为上层社会的生活必需用品，在其所著的《千金方》中还有其具体制作配方。20世纪50年代，新浦街头还有山东小贩端着匾子，沿街叫卖胰子皂，用牛皮纸包着如火柴盒般大小的胰子。那鲁南腔的“洗手胰子来儿”，或许也为老大街上的一道风景线。

胰子皂虽然早在中国兴起，可普通百姓还是用不起的，民间常用的去污方法就是草木灰和淘米水，草木灰含有碱性，有一定的去污效果。淘米水，去污效果比较好，妇女常用其洗发，光亮发乌，具有非常好的保健功能，至今农村老年妇女还有用淘米水洗头的习惯。

1934年，南城人武祥鹭看到肥皂行情很好，就想自己开办个肥皂厂。于是在新浦建国路上租了个院子，聘请制肥皂技师，购买了设备和原料，独家开起了肥皂厂，取名“新浦大同皂厂”。20世纪30年代是港城发展时期，陇海铁路铺至老窑，开始建设码头，1933年2月，民国铁道部部长顾孟余核准命名老窑为“连云港”，武祥鹭就给自己的产品取了个时髦的名字：“连云皂”，算是商标吧。

大同皂厂的肥皂有两种，一种淡黄色，与今天肥皂大小相同。另一种蓝、白颜色，条纹相间，块头要大一些，规格为20厘米×8厘米×8厘米，肥皂两面都压有“连云皂”字样。这家港城首个肥皂厂，为了与上海舶来肥皂竞争，占领海属市场，运用了当时比较新鲜的促销手段。

武祥鹭不惜花费本钱从上海请来洋鼓乐队、化妆丑角，又找人制作了大型宣传广告牌，雇人抬着。从后街到大街，沿路吹吹打打，尤其那化妆丑角的表演，吸引着老街上的人们。大同皂厂散发宣传品，介绍产品，免费赠送连云皂让街上的人试用，在新浦老街轰动一时。

辛亥革命后海州时局

1911年四川等省的保路运动，促进了辛亥革命的爆发，10月10日晚，新军工程第八营的革命党人在武昌打响了第一枪，是为武昌起义。接着汉阳、汉口的革命党人攻占汉阳和汉口。起义军很快掌控了武汉三镇，湖北军政府宣布成立，推举湖北新军第21混成协协统黎元洪为都督，改大清国为中华民国。武昌起义胜利后短短两个月内，湖南、广东等15个省纷纷脱离清政府宣布独立。

地处苏北一隅的海州，消息闭塞，加之革命党人主要在新军中从事活动，海州无有新军，只有绿营清兵及盐防营，故也没有什么革命党信息。武昌起义已经过去了一个多月，时任州官陈宗雍才在关庙巷召集城中士绅富户开会，面对变幻的时局陈宗雍也不知道如何把握，想听听这些地方大户们的看法。

州官陈宗雍知道清廷大势已去，但又不愿率先表态，毕竟宣统皇帝还在，在这朝代更迭前夜，还须稳妥为好。故开会前他先拿出两份电报念给大家听。一是清江的江北都督蒋雁行发来的，言他已在江北宣布独立，并已就任新职。二为山东巡抚孙宝琦的电报，只是说明了山东在武昌事后的局势，但电文落款只为“孙宝琦”三字，而不是惯常所署的清廷官职。

陈宗雍明白南北的事态，不随附形势，恐难于自保，于是又暗示了一句：“兄弟也是汉人。”

时局激烈变化，州绅们也有所耳闻，毕竟政治变革，事关重大，众人也无什么主意。陈宗雍的那句“兄弟也是汉人”，大家能听出其意。一阵短暂的沉默之后，贡生杨节庵站了起来，他说：“我州南境土匪蜂起，交通阻塞，生活来源行将断绝，眼见即待剿匪，恢复交通，谁能为我们剿匪，我们就归向谁。”杨家土地多在州南，也即后来的灌云县境，田产集中之地即以“杨集”为名，他知道乱局之时，首要的是该如何保护田产。

杨节庵的一番话引起了大家的共鸣，大家同病相怜，都是祖辈数代在海州经营，有田有产，家大业厚，清末社会动荡，有产者们是心有余悸，面对革命犹如惊弓之鸟。于是到会者一致附和，大家七嘴八舌，顺着杨节庵的话，纷纷表示只要革命军帮助我们剿匪，我们就脱离清廷，拥护独立。

此时陈宗雍的态度又有点暧昧，想观望一阵再说，先做好防范准备，走一步是一步。此时的海州辖50个镇，南至涟水，北接赣榆，西至马陵山，东达黄海。直隶州下属沭阳、赣榆二县，在响水口及板浦设分署衙门。州官陈宗雍为防止时局突变，先安排绿营清兵做好防范，又拜会客军盐防营，望予配合，督促州署护兵加强巡逻。接着招募新兵，加强城防和自卫，州署前后由两营护卫，着梁金标带领部分新兵住在州署之内。

谁知没过几天，西门外碧霞宫内的盐防营驻兵，有十多人持枪进城，自西门直往东门州署，沿途对空鸣枪，吓得路人躲避。武昌起义的消息已为盐防营士兵知悉，虽没有革命党人在盐防营中活动，但仍有年轻士兵热血沸涌。他们冲进牢房，砸开铁锁，放出囚犯。州衙护兵们都怨陈宗雍不早点宣布独立，畏首畏尾，以致被动。他们加入盐防营士兵，把州官住宅一把火烧了，吓得陈宗雍带着眷属逃往署后民宅，躲藏起来。

两日后，清江新军十三协何锋钰营长，带领士兵进抵海州维护秩序，海州算是脱离清政府独立，1912年2月12日，宣统皇帝溥仪颁布退位诏书，宣告清王朝结束。

冒名的海州军政分府

1911年10月10日的武昌枪声，震撼了没落的清王朝，武昌起义的成功鼓舞着遭受压迫的汉民族，一时各地呼声四起，多省宣布独立。11月3日陈其美在上海发动起义，在青帮势力的支持下，自任沪军都督，接着原江苏巡抚程德全，在苏州被推选为江苏都督。

省内各地握有武装者趁此树旗，驻扎江阴的第三十六标一营管带林述庆，攻占镇江，自就镇江都督；盐枭徐宝山克复扬州，自称军政分府都督；还有清江陆军第十三混成协协统蒋雁行发布公电宣称为江北都督。

海州信息迟滞，城内州官陈宗雍又迟疑不决，致盐防营士兵劫狱放囚，夜间有人趁机烧房打劫。四乡民众闻风而动，纷起响应打官挟富，新安镇聚起3000多人，出面维持地方治安，向地主富户借款借粮；白皂沟的李观斋，人称李七，树起义旗拉起队伍；大伊山秀才任鹭洲、吴荣圃自喻当朝的陈胜、吴广，组织武装揭竿而起，砸当铺烧钱庄，宣布革命。

赣榆的仲兆琚会同孟昭远、相公烈等人在吴山树起义旗，诱使县知事派主力出城，义军却集中2000余人攻进赣马县城，占领县衙俘获官员，开仓放粮处死土豪。海州一时多处动荡，局势莫测，清江江北都督府闻讯，派出何锋钰营长带队赶赴海州，与州官一道维持局面，海州的治安稍得平静。

此时灌云县城板浦有消息传出，发现不明身份者在街上张贴布告，谓奉南京临时政府陆军部令，海州军政分府宣布成立，任命华重彝为海州军政分府军政长，另任命金保恒、沈又之为副。号召青年投军革命，报效民国，告示民众2月28日即赴海州上任云云。

布告上盖有“中华民国陆军部”“中华民国海州军政分府”大印，并附有陆军总长黄兴印章。一时间在板浦引起轰动，有众人报名参加，致所谓的海州军政分府竟有孟海桥等60多名投靠者。

何锋钰闻讯感到此事甚为蹊跷，海州添立军政分府之前未有所闻，突然间冒出恐为有诈。即电江北都督蒋雁行，又去电江苏代理总督庄蕴宽、上海沪军都督陈其美求证，得知所谓海州军政分府实为冒牌货，责令缉拿捕获。

何锋钰请求板浦盐防营刘统领协助，派兵将华重彝等60余人抓捕，搜出所谓的“中华民国陆军部”“中华民国海州军政分府”大印两枚以及黄兴总长印章，还有伪造的布告、委任状等件。随即将众人押至海州。

各犯经过分别关押审讯，均招认不讳。查华重彝，无锡人，本是不安分之徒，趁辛亥起事之际，企图从中获取私利。当年12月11日会同金保恒、沈又之等人密谋策划，金保恒说认识一孙庆臣者，善刻假印，可以持假印做官。鬼迷心窍的华重彝即与金、沈商量，选择边远的海州下手，那儿信息不灵，可称军政分府，待搞得钱财三人平分。

当找到孙庆臣说明情况时，孙报价三枚印章大洋三百元，并声称布告、委任状等件都可以仿造。经过讨价还价，说定300大洋，先付200，余100由金保恒写条担保，交印时付清。

毕竟是冒牌货心中不踏实，华重彝又联络了卞虎臣、武同谷，以便人多胆壮。一行人持假印带着布告、委任状，自无锡来到清江时，恰逢赣榆起事，义军攻进赣马县城。又听说海州已有清江新军，自己无兵无枪怕难以服众，几人一番商量，干脆用假印仿制海州军政分府公文，请求江北都督府拨兵一营护送。

这帮没在官场、军营混过的骗子，举手投足，言辞用语都不像军政分府之人，当找到江北都督府方协统时，方也感到奇怪，推说要待上峰有令才能拨兵。骗子们又是私下商量，感觉此事不能耽搁，万一走漏了风声，岂不前功尽弃。于是兵分两路，孙庆臣、卞虎臣、武同谷、沈又之留在清江等待借兵，华重彝带人先赴海州，双方商定约在28日上任。

华重彝、金保恒带领余下之人由盐河乘船抵达灌云，在板浦上岸张贴布告时被盐防营抓捕，随即卞虎臣、武同谷、沈又之在清江落网，孙庆臣闻讯逃逸。经过审讯冒牌的海州军政分府一案水落石出，海州民政长何锋钰电禀陆军部，奉令判处主犯华重彝、金保恒二人死刑，沈又之等从犯按律监禁，孟海桥等60余人，不明真相取保释放，逸犯孙庆臣令捉拿归案。判明即监提华重彝、金保恒，验明正身，押赴海州市口枪毙示众。就此冒牌的海州军政分府闹剧收场。

海灌分治

要聞二

海州民事談

海州兵匪擾亂後地方秩序尙未恢復現由省會議決海州直隸州劃分兩縣一爲東海縣一爲灌雲縣經蘇都督公布後即委任金詠榴爲東海縣民政長沈臧壽爲灌雲縣民政長並撥兵四百人分駐到海聞海州自治公所及商會各派代表來蘇敦促金沈兩民政長尅日赴任詎十三日東海民政長金詠榴具呈莊都督堅請辭職並將委任狀繳還聞沈臧壽亦擬不赴灌雲辭不受任云

来源《申报》

海州分治始于1912年4月11日，江苏都督以第十三号令，析海州为东海、灌云二县，从东海县50镇中划出11镇为新的县置，以境内灌河、云台山各取一字，称灌云县，县治板浦镇。海州余39镇为东海县，两县以龙尾河为界，分南北而治。

受武昌起义影响，1911年11月海州盐防营士兵鸣枪进城，冲进州衙，放出囚犯，火烧州官宅邸。当日晚间有人乘机抢劫钱庄，焚毁民宅，发生命案，州民恐慌，秩序混乱。清江新军十三协营长何锋钰，奉代理江北提督蒋雁行之命，带兵进驻海州石室书院，与州官陈宗雍、绿营参将马得升、前沂防营管带李鲁卿等共商治安，维持秩序。旧朝已废，新政尚立，何锋钰已为海州最高长官，不久就任民政长。

民国初年各省行政长官名称尚未划一，起先有的省置都督，统辖一省军民之事。后来实行军民分治，都督专管军务，另置民政长管理民政。地方设镇守使管理军事，县设民政长管理民事。何锋钰是为军职兼代地方民政长，军政分治，又逢海州分县，为此江苏代理都督庄蕴宽，委任青浦县民政长金泳留为东海县民政长、委海门财政长沈臧寿，为灌云县民政长。

原海州在板浦就设有分署衙门，拨付5000文改修灌云县署。海州被裁，新的县治成立，百废待兴，首要的是安排官员走马上任，维持社会秩序。为保证两位民政长自南方顺利北去上任，省署调拨武装兵士400人，分别护送二位到东海、灌云，一切准备停当，两位新官员也都在省署领取了委任状。

可事情突然又发生变化，先是候任东海民政长金泳留面谒庄蕴宽代理都督，交回委任状坚辞不就，庄蕴宽再三挽留，金泳留还是辞谢不去东海上任。接着坊间又有消息传出，沈臧寿也有不赴灌云就任之意。

在这政权更迭之际，二位新任民政长不愿苏北就任，让省署很是为难，为什么他们不愿意赴任呢？武昌起义，民国建立，海州又刚分为东海、灌云二县，百废待兴。海属之地土匪趁此空隙闻风而起，焚庄屠村，气焰嚣张，前清遗兵加之湖荡草寇杀人越货，匪情愈演愈烈。为此海州城、板浦镇的自治公会及商会各派代表赴省，要求省署催促二位民政长尽快赴任，维持秩序，安排剿匪，救地方于水火。

早在武昌起义前的9月21日，位于灌河口的济南场大阜、同德昌、大德盐公司，“猝被海州本地土匪焚掠，大伊山转运处粮食、现钱亦同日被抢一空，至同圩未及勾销之上条及图记账簿并同人衣囊均被抢去，损失颇巨。同人间有受伤赤身逃命者，并伤毙一人，现尚道路不通……”

民国建立之初的2月27日，有张勋的溃兵窜至海州之地，抢劫财物，奸淫妇女，掳人勒索。常有多人结队，持枪进庄，连劫数十家，民众惊恐万分，纷纷四处逃散。淮北巡防营与溃兵交遇，双方枪战激烈。

板浦盐商致电各报馆，谓：“海属土匪四处揭竿，板浦兵少粮绝，危在旦夕……淮北三场之盐行销江苏、皖、豫四十二州县，所有现运在途以及存场盐设遭蹂躏，则待至明春方能晒扫，四十二州县人民立即淡食无盐……唯有申急电，请各报馆登乞。新政府速为救援，其援兵或调清江十三协，或派兵轮由长江吴淞驶至海州奶奶山登岸，或调徐州巡防队均可。全体盐商泣叩（板浦）”

面对如此匪情，身处江南的二位候任民政长，谢绝赴任畏惧难行，自有其苦衷。民国之元年，匪情严重何止海州，劫匪遍布，国人愤怨。

9月上任灌云的沈臧寿民政长，即致电江苏都督，已缉拿惯匪冯步礼、冯开鉴、李小左、朱三、陈广田、孙大成6人，缴获枪支弹药一批，呈请批示正法，以儆效尤。

新浦天后宫

中国沿海地区的民众，为了祈求海上平安，奉妈祖为海上神灵，多建有天后宫。清时海州、青口、板浦、新浦均有天后宫，清乾隆五十九年（1794年）海水开始东退，临洪口北移新浦渐成陆地，卤质淡化，盐田渐废，灶工外流。新浦早期移民富安刘氏族人来到新浦经商，刘氏族人看中新浦的发展前景，为了家族兴旺，也是为了这方水土的富庶，由族中士绅刘振家、刘振鼎提出倡议，要在新浦建立天后宫，得到了大家响应。在此做生意的山东客商林乾一、林栋臣与临洪乡贤诸位也都鼎力倾囊。清光绪十八年（1892年）开工兴建，历经十年建成山门、前殿、正殿，厢房。拱形正门直通大院，正殿三间四角上翘，坐北面南，东西两侧建有配房，外带走廊。前殿后墙建有木质戏楼，戏楼与正殿之间有石板路相连。木质戏楼，高大宏伟，台口三丈余宽，舞台60多平方米，可容纳数十人登台表演，戏楼前面庭院能供千人观戏，是鲁南苏北的大戏台。

正殿中间供有天后娘娘泥塑彩像，神位前有石砌供台，接受着香客祭拜，多少船家平民富商士绅，莫不寻祈天后护佑。前殿塑有财神爷像，设有神位供商家焚香祈求，希望生意兴隆财源滚滚。前殿离民主路有20余米，与大街形成了一个宽阔的广场。

天后宫戏楼的建成，吸引了许多戏班前来演出，最早由“徽调”戏班在这里演出《打砂锅》《打面缸》，给早期新浦人带来徽派韵味享受。军阀白宝山时期，临沂徐鑫培在天后宫演出过《四郎探母》《黄鹤楼》等剧目，还有沂水的何胜云戏班、莒县、赣榆等戏班前后都曾在此演过戏。天后宫观戏收钱方式简单，那会没有售票，只在大院东面小门入口，放一柳条笆斗，看戏人丢上一块铜板便可进去，院内没有座位随便站。遇有庆典有的商家包戏三天，乐得平民百姓不花钱也能看戏。天后宫戏楼热闹时候白天、晚上均有演出，晚上戏楼四角挂上灯笼，白天人头攒动，晚间灯火通明。演戏所得除做戏班开支外，还分出一部分给庙里的和尚，所以戏唱得好，和尚们侍候得也好，有的戏班子连唱一个来月。1925年济南“五卅惨案”发生，引发国人反日高潮，时海州十一中学师生，在天后宫戏楼演出话剧《蔡公时殉难》，轰动海属地区。那时天后宫东侧，现大华百货商店对面，曾建有福神小庙，新浦人就称天后宫为大庙，东边的巷子遂叫大庙巷，就是今天的市民路。

20世纪70年代发现的创建新浦天后宫碑　韩世泳提供

民国元年（1912年）在庙东建起了5间商用房，民国六年（1917年），东海县商会在新浦天后宫设立了新浦商会事务公所，推举殷维盘做所长。1918年在天后宫成立东海县商民保卫团。民国十四年（1925年）新浦的商业发展迅速，为了便于商务联系，各业商公会呼吁海州的县商会搬来新浦，时沈云沛公子沈仲长等，将县商会搬到了新浦天后宫。第二年又在庙西建起东海县第二国民小学。东海县公安局新浦分局也曾设在天后宫内，那时的天后宫庙前广场，小贩云集，进香购物，商务公干人来人往。1918年毕业于上海龙门师范学校、时任东海县商会副会长的刘振殿，应族人要求撰写《创建新浦天后宫记》碑，“新浦据蔷薇河下游南岸，上沿沭河，土货泛而至焉；为运河尾闾，河流所及之，土货泛而至焉。渤海商船，因是翔集，而交易成然。”“新浦之兴自天后宫始。”

1939年3月日军占领新浦，日本人扶持山东商人韩淑瑗为新浦维持会会长、伪东海县县长，时伪东海县公署就设在新浦天后宫里，同期进驻的还有日本宪兵司令部、伪保安队总部。1943年12月8日，伪东海县政府在新市路新亚舞台组织纪念活动，纪念所谓的“大东亚圣战”。参加活动的学生为争座位发生纠纷，伪东海县教育科长蔡玉龙疏导无方，竟与海州师范学生骆崇湘对打，学生不服起哄。怀着对日本人的恨，对伪县署的怨，在场的师生满腔怒火。伪东海县县长范绥之看到情况不妙溜而逃之，愤怒的学生在老师带领下，齐集新浦天后宫伪东海县政府请愿。惊恐的伪东海保安队立即封锁了天后宫，屋顶架上了机关枪，将教师带到伪警察局询问，保安队将学生看押在天后宫大院达两个小时。

1944年面对不利的战局，日本加紧对战略资源的掠取，加大对磷矿的开采和原盐的抢运，为了侵略的需要，频频鼓吹“大海州计划”，将新浦改为海州市。接着在新浦天后宫挂上伪“海州市政府”的牌子，原伪东海县政府迁往海州，改新浦火车站为海州火车站。

1973年9月25日连云港市革委会搬至解放中路22号，现汇金广场身底，新浦区革委会由民主路164号迁入天后宫，30年后新浦区政府搬出，这里成了私人骨科医院。从空中鸟瞰，新浦天后宫原址范围可辨，当初格局、建筑已无。历经120多年的风雨，新浦天后宫由庙宇到政权机关，至今天的私人医院，这是富安士绅刘振家、刘振鼎想不到的。现今的民主路已辟为文化旅游一条街，原来的新浦天后宫仍处于这条街的中心，漫步在簇新的石板路上，昔日建筑换了新的面貌，不由让人记起“新浦之兴自有天后宫始”。

命运不济的江苏省第八工场

民国初年，江苏省为发展实业，陆续由省实业厅在各地投资建设工场，自江宁第一工场始，上海、苏州、镇江、扬州、清江、徐州都陆续设立了工场，组织生产从事纺织。之所以称为工场，是相较于那些机器生产的工厂，这种工场乃手工作坊的集中，故投资少见效快，能及时解决劳动力安置。

海属地区历来洪涝交替，农业不丰，民众困苦，令匪盗频发。清光绪举人，赣榆沙河的朱镜明，当选江苏省议会议员后，联络东海籍议员戚麟祚、葛锦城、沈济安及涟水籍李熏、响水籍许桂清两位议员，在省议会上提出议案，谓江苏各地均设立工场，铜山设第七工场已经数年，海州当然应有第八工场之设置。若能早设工场，多收一失业之民，即少害民之匪，于地方治安、贫民生计，裨益匪浅，请速咨省长，列入预算。

于是江苏省立第八工场于民国七年，1918年的5月在东海县新浦镇成立，场长黄金科。场址租用原东灌赣垦牧公司房舍，这里原为清末"胶海关海州分关"旧址，位于新浦东艞外。省实业厅又付建筑费8924元，新建平房54间，开设棉织、漂染、柳编三个工场。经过一系列筹备，第二年投产，产品有棉布、针织品、柳箱等。场内购置的20台手摇织袜机，产线袜1万余打，每打12双，产品行销新浦、海州、徐州、淮阴等地。接着又生产毛巾、毛巾被、方巾等产品。

第八工场在筹备当年的9月，即遇到新浦发生盐防营与东海保卫团的冲突事件。东海保卫团乃新浦商会为维护商民安全，自发成立的民间武装，盐防营可是直属财政部的缉私部队。吓坏了的第八工场工职人员，受到惊吓，四散而逃，筹备只得暂停。后海州镇守使白宝山出面调停，让新浦商会筹款12 400块大洋赔偿了事。

奉军进入海州，遂兵进新浦，邢士廉、孙钵传的士兵如入无人之境，大肆敲诈劫掠，百姓恐慌，商家遭殃。位于新浦东艞外的第八工场，是海属地区唯一的省办工场，场院多进，场舍众多，是当地最大的企业，乃为奉军敲诈的重点。奉军占领了第八工场后，逼其出钱助饷，否则杀人，致工场资金、针织产品劫掠一空。

其实第八工场早在奉军进占之前，已显现衰败迹象。由于纺织及柳编等项目原多为民间手工艺技术，不少民众单门独户加工，成本低廉。第八工场将此集中在工场生产，费用随即增加，故产品无有竞争力，市场渐疲，产品滞销。针织产品之原料依赖洋纱，受制于国际市场，加之第八工场规模小，产量有限，成本居高，难以占领市场，故不能抵御外国产品，终此经营乏力。

当初选址原胶海关海州分关旧址时，其部分房舍已为白宝山的炮团部队占据，第八工场只是利用了部分院落，又加盖了50多间房屋，才得以开办。与白宝山的炮团为邻，即便是省办工场，也难避免安静，不被骚扰。那些进出的大兵们，对那些线袜、毛巾顺手捎带是家常便饭，至于当时稀罕的毛巾被等高档纺织品，更是令其垂涎，偷拿不行，就说借用，弄得工场也是无可奈何。

第八工场终于难以为继，再也开不下去，1926年只得关门，机器设备并入徐州第七工场，员工遣散。至于那场址房舍，即被白宝山部队占据，1927年白宝山战败下野，第八工场驻上了国民党军队，后来逐渐被当地居民拆除，以作建房材料。

新浦第二国民小学

民国初期，新学渐起，新浦作为新兴的商贸市镇，随着物流的繁荣，外来人口也在不断地增加，除去零星的几家私塾以外，还没有一所小学。1913年刘振基、刘振殿、陈承露、周锐卿、刘允生等倡议，在新浦创办一所小学，教授新学，以培养镇上子弟。这几位富安、临洪的乡贤，皆是热心新浦本土繁荣之士，都为创建新浦天后宫捐资出过力。

时位于老大街上的新浦天后宫已建成十余年，香火旺盛，人气颇高，众人商议决定在庙西建房，作为小学校址。刘振沛、刘振鼎首捐巨资，其他众人各尽所能出钱出力。一年工夫建成堂屋六间，西屋四间，堂屋朝阳作为学生教室，西屋则是教员办公用房，将室外场地垫平，作为学生操场。小学虽为民间筹资，但得到了东海县政府承认，纳入县教育部门管理。

教学课本为民国统一教科书，分有国语，也即语文，算术，社会（即常识）。学校还开设体育和音乐课程，体现出新式教育方式。由于处在旧学待废新学初起阶段，也有部分家长要求讲学“四书”“五经”，因此学校定在高年级阶段增设为选读课程。在聘请教师方面是就地选聘，结合邀请外地老师，校长由富安人、清末秀才刘允生担任，兼教语文；聘海州人姚焕玉为算术、社会教员，体育与音乐则请来淮阴人程先生教习。

学校对本镇学童招生，初时设一、二两个年级，由于是新型的教学内容，也许是镇上第一所小学，吸引着不少孩子来报名，竟有80多人，这在当时不足万人的新浦是个不小的数字。学生年龄差距比较大，小的六七岁，大的十一二岁，最大的竟有15岁。文化程度也高低不一，有的目不识丁，有的已上过几年私塾，学校根据学生所学程度，分为一、二年级。当时学生李佃龙、李翘欧一个15岁，一个12岁，直接插入二年级班，同坐一条板凳。

当时的县教育部门，对这样的小学校也没有什么具体的教学要求，学校根据教员自己的想法，只是按时上课，要求学生坐好，便滔滔不绝地讲起来。也不管课堂上年龄差距大，文化底子如何，只管讲到下课，是为名副其实的“讲课”，而不管是否听得懂了。体育课是在室外操场上，体育教具有木头枪、小皮球。不是持枪练操、稍息、立正、齐步走，就是拍皮球，也安排做些小游戏，如学生在操场围坐一圈，一学生蒙眼丢手绢等。

这些在今天学生看来，是最简单最无趣的体育活动，在当年却对学童是最有吸引力的了，每当家长问及，孩子们总会很兴奋，期盼着下一个礼拜的体育课。虽说是镇上新型小学校，可那秀才出身的刘校长却是要求很严的，学校定有严格的校规，要求学生准时到校，不得迟到早退，要听从老师教导，认真念书，不准吵闹等。违反校规的学生要被处以罚站，只能站在教室一角听课，情节严重的是要被戒尺打手心的。

这座建于1913年的新浦第一所小学，由于纳入东海县政府管理，在报呈校名时，县政府定名为“东海县第二国民小学”。既是纳入县管理，县政府则按县属学校创立先后排序，因其时海州城内的孔庙，已先建有叫“代运高”的小学，也即后来的中大街小学，那所小学是为第一国民小学。新浦这所小学由于是民间资金，筹措不易，学生少支出多，逐渐捉襟见肘，勉强办了两年，后来校址成为新浦商团团部所在地。

1935年民国江苏省政府批准设立连云市，以龙尾河为界，东面为连云市，龙尾河东是连云市的新龙镇。1936年连云市在龙尾河东岸兴建小学，称为新龙镇初级小学，四年制，招收学生45名，日本入侵改为第九初级新民小学。1941年学校搬迁，移至原许鼎霖开办的赣丰油饼公司西院内，校址现已拆除上建汇金广场。其时学制改成六年制，也即1—6年，称作完全小学，也叫高等小学。抗战胜利后，学校改名东海县立新华镇国民小学校，1949年后改名新海连市第二完全小学，1953年因学校位于解放路，即定名解放路小学，民间称作二完小。

三完小便是建国路小学，这是1924年由萧隐慈、周砚伯、周宜轩发起成立的私立普爱平民义务初级小学。普爱小学初期在东艞里周宅平房，北伐军占领新浦，没收了毒枭郭海山私宅大院，将其让于普爱小学。后来海州镇守使白宝山，将自己位于建国路的废弃油坊捐献给了普爱小学。后学校扩建成为完全小学，在操场上竖起了新浦第一副篮球架，这篮球场就成了新浦的第一个篮球场。新浦的篮球比赛多在此举办，每当比赛，学校操场围满了人，县署及驻军都有人到场，在新浦这个小地方，就像是举办一场体育盛会。1930年普爱小学开设初中班，是新浦教育史上第一个初级中学教学班，即后来省立新海中学的前身。1954年普爱小学更名为建国路小学。

海州第一次降临飞机

民国三年，1914年，白宝山进驻海州仅一年时间，发生了一件奇巧之事，轰动整个海州。11月6日上午8时许，海州北门方向突然声音轰鸣，天上飞来一个谁也说不清楚的东西，海州人从来没有见过这么一个怪物，大家纷纷走出家门，循着轰鸣声跑去，涌往北门。

机声嗡嗡由远而近，像是大鸟，有着硕大的翅膀，却不摆动，伴着机声轰鸣在天空中盘旋。有人说是飞艇，除却翅膀那身子倒是像只小艇，吸引着海州城内人举目眺望。看那飞艇在天上转圈，有人担心它会掉下来？不知所措，开始惊慌起来。县署的人听到了，县知事一时也摸不着头脑，不知道会发生什么事情，忙联系驻军白宝山。

降落在海州的普吕肖天和他的飞机
来源《印象海州》东南大学出版社，第169页

还是西门外教会医院的医士们见过世面，义德医院传教士慕赓扬、米德安等知道这是一架飞机，一定是出现了什么问题，要寻找合适的地方降落。于是行医的牧师们找了块布，挑在杆子上，于医院的空旷地带，对着飞机方向挥动着。

中国人第一次驾驶飞机在中国天空飞翔，是在1911年，由中国人冯如，驾驶着自己设计制造的飞机飞到中国。

1912年8月25日，冯如在广州燕塘驾驶自己制造的飞机，在中国领土上进行第二次飞行。由于操纵系统失灵，飞机飞至百余米时失速下坠，冯如负重伤经抢救无效，不幸牺牲，成为我国第一位驾机失事的飞行员。冯如在驾机回国时连上海都没有停，直飞广东。这两次在中国的飞翔历史，没有引起地处东海一隅的海州人注意，仅时隔两年，这突然从天而降的飞艇，就出现在海州，引起海州人注目惊奇，恐慌失措，也就不足为怪了。

飞机在天上摇摇晃晃，转了几圈之后，猛地向城外扎去，这是北门城墙外，西大岭一片叫“窑塘”的空地，也即今天连云港市海州区新海路，新海发电厂东门西北角附近。这是一架鸽式战机，机翼就像鸟展开的翅膀故取名鸽式，是一种单翼飞机。

“该机为木制机架，外敷蒙布，钢管支柱，张线牵引，尤以其钢管衍架式机翼横梁，垂直贯穿机身暴露机外，与机身骨架连接其成一体之结构装置极为奇特，其牢固程度不亚于双翼飞机。”鸽式战机于1909年7月20日成功试飞，研制者为奥地利工程师伊弋艾垂奇，第一架样机1910年7月出品，后由维也纳诺勒和德国兰普勒等工厂获许可制造。

在北门外围观的民众，看到飞机降落匆忙，加之空地并不平坦，飞机好像是摔坏了。只见一个受伤的外国人，费力地从飞机中爬了出来，焦急的样子，说着听不懂的语言，不住地比画着。海州义德医院的慕赓扬博士闻讯赶到现场，参与抢救。那位头戴飞行帽，身穿飞行服的驾驶员腋下夹着公文包，和慕赓扬交谈起来。

白宝山部队拉起警戒线
来源《印象海州》东南大学出版社，第166页

飞行员是德国海军中尉普吕肖夫，因飞机无油，挣扎着飞临江苏海州，无奈迫降在这块空地上。白宝山派出军队，用绳子拉起了警戒线，不让在场民众接近飞机，随将驾驶员扣留，押至美国医士慕赓扬博士所工作的义德医院，并派兵驻守现场。细心的慕赓扬对飞机状况进行了登记造册，并用手中的相机，拍下了海州历史上第一次出现飞机的珍贵历史照片。

第一次世界大战时，英国为了维护自己在远东的利益，对抗俄国、德国。日本经过明治维新后国力大增，企图夺取德国在中国山东的利益，与英国结盟，趁德国的主要精力放在欧洲战场时，向德国宣战。时在青岛的德国驻军不到5000人，德军在青岛构筑了浮山、烟墩山、四方山等制高点工事，是为外围防线，内围构筑台东镇等五大堡垒要塞。

奥匈帝国的远东舰队伊丽莎白皇后号巡洋舰，开到胶州湾，以炮火支援盟国德国在青岛的驻军。日军以第十八师团为主力，派出陆军4.5万余人，携重型攻城重炮、山炮、野战炮数百门，在山东龙口强行登陆，半个月便占领了黄县、掖县、平度、即墨，控制了胶济铁路，向青岛逼近，日本海军舰队同时封锁了胶州湾。英国远征军派遣2000人，在仰口湾登陆配合日军。在强大日、英联盟军队攻击下，青岛德军渐渐不支，11月6日晚上，日军集结部队向青岛的德国驻军发动总攻。

就在日军发起总攻前一天的早上，德国胶澳总督麦尔瓦德克海军大校，为了不让总督府内的机密资料落入敌手，找来普吕肖夫。亲自签发护照，让其驾驶青岛德军唯一能参战的鸽式飞机，逃出青岛飞向上海，将资料送入德国领事馆。普吕肖夫是一位航空探险家、作家，生于德国巴伐利亚州慕尼黑市，进入少年军校学习时年仅10岁。他训练刻苦，极有耐心，1901年，以海军军校生的身份加入德国海军陆战队。

1905年，普吕肖夫从海军陆战队进入航空学校，毕业后，派到中国青岛，这个德国殖民地的远东海军基地，成为一名中尉海军侦察飞行员。青岛战役中，普吕肖夫曾驾驶着这架德军唯一能参战的鸽式飞机，担负侦察任务，携带炸弹攻击日舰。9月26日，他在青岛与日机交战，双方空中格斗，成为亚洲战史上的首次空战。然而德国青岛驻军经过3个月的苦战，近200人战死，500多人负伤，在没有后援的情况下，战败已成定局。

次日青岛德国驻军就举着白旗投降，宣告战败。普吕肖夫在匆忙中连飞行油料都没有加满，刚飞上天空即遇日军飞机攻击，沿海岸线飞翔时，又遭日本军舰炮击，加大油门爬入9000英尺云层，才突破日军重围脱离险境。孰料在飞出山东后发现油料将尽，无奈只得迫降在海州。

慕赓扬作为翻译，了解到普吕肖夫中尉驾机飞抵海州的原委，告知海州驻军白宝山和东海县知事段士璋。白宝山与段士璋一番商量，由段士璋致电南京冯国璋督军、齐耀琳巡按使，南京方面遂报北京外交部，通过外事渠道转告德国驻华使馆。电报很快传来，德国驻沪领事得知情况后，要求普吕肖夫尽快将发动机拆下，飞机烧毁。

当天下午2时，在白宝山军队及东海县署人员在场情况下，由普吕肖夫中尉带着海州热心民众拆卸，拆下的发动机普吕肖夫赠予了一位当地人。海州义德医院慕赓扬医士，与普吕肖夫中尉逐件点交，后飞机被白宝山派人烧毁。当时的北洋政府，在一战初期保持中立，尚未介入战事，按照规定有权在交战区之外拘役双方的作战人员。

普吕肖夫明白这一相关规定，为了确保秘密资料送达上海领事馆，避免被白宝山的军队拘役，普吕肖夫通过将飞机发动机送给那位海州人，在他的帮助下，由海州偷偷乘船南下，经盐河过大伊山、新安镇到达淮安，转大运河经长江到南京，乘火车去了上海。

飞艇降临海州是当地民众口口相传的重大新闻，是那时老百姓关注的热点。在义德医院做饭的海州人徐师傅，其老婆当天产下一男婴，为了纪念当天海州的大事件，徐师傅给男孩取名“飞艇”，这么一个当年非常时髦的名字，后被人叫作“小飞”，长大后改成“晓飞”，就这样称呼了一辈子，成为海州一段历史佳话。

从海州走出来的中国现代军乐之父

音乐很早以前就在军队生活中出现了，17世纪末和18世纪初，军乐队受到各国的重视，正式组织起来。1678年，英国皇家近卫队成立了第一支军乐队，使用铜管乐器和鼓，是为现代军乐的象征。中国古代也有军乐，炎黄的涿鹿大战击鼓吹号角、韩信十面埋伏唱楚歌，中国古代军乐在战争中发挥了很大的作用。到了唐代的《秦王破阵乐》，使中国古代的军乐逐渐完善。现代军乐的铜管吹奏，发声高亢嘹亮，喧嚣的效果更为明显，气势恢宏壮观，乐曲浑厚流畅，给人以强烈感染和鼓舞。远比之竹、木等材料制成的排箫，竹笛、唢呐强许多倍，因而被各国认可。

我国现代军乐创始者为海州人李映庚，清道光二十五年(1845)李映庚出生在板浦(现连云港市海州区)一个商人家庭。李映庚，字啸溪，又字跃西。清末，苏北地区流行昆曲，李映庚自幼喜爱音律，且善弹琵琶，谙熟昆曲、京剧、声乐。他和其弟李燕卿经常相聚一堂，弹唱切磋技艺，时常聚集票友在他家演唱昆曲，自娱自乐。长年的演练，他的昆曲演唱水平不断提高，在北方昆曲界颇有名气。梅兰芳的老师“老夫子”陈德霖、四大名旦的老师“京剧通天教主”王瑶卿都曾跟他学过昆曲。

光绪十五年(1889)，李映庚44岁考中进士，在直隶省迁安县任知县，不久升知府，后在正定、大名、天津、保定等府任职。一次他去大名府上任，途中投宿一家客栈。李映庚穿着朴素，轻装简从，店家以普通客人安排在偏室，让他与小童住在一起。晚间客栈正房内灯烛辉煌，热闹非凡，派小童暗中打听，知是本地新上任知县在此大摆筵席。李映庚让店主请知县来见，这位知县不知道李映庚是何人？态度傲慢。对李映庚的劝说不屑一顾，竟狂言道：“为官一任，吃点喝点有何值得大惊小怪的，笑话！”当李映庚告知他是新来的上司时，吓得慌忙跪地请罪。李映庚说道：“此方地瘠民贫，实在供应不了你这样的豪华生活，你不需要接任，回去听参。”后知县暗中托人求情，给李映庚送了一笔厚重礼金，李映庚拒收，呈文参掉他的官职。

李映庚在直隶任上时，正是西方列强侵略中国之时，国内反帝爱国热潮涌起，变法图强思潮对他产生了强烈的影响。他在《都门感事》五首七言律诗中痛斥八国联军是“妖蛇”“豺狼”；对祖国“山河寸寸剞”“苍黎凄怆无家别”的悲惨遭遇，痛心疾首。后日俄在东北发生战争，李映庚奉调北上守边，未到任俄国已战败，遂回天津任知府。

李映庚从西欧购买了一批铜管乐器，参照国外陆军建制，为新军创建了一支军乐队，并成立军乐传习所，自己兼任所长，亲授军乐。新军军乐队成立后，慈禧来小站检阅，李映庚的军乐队演奏了《马赛曲》。慈禧听后甚感新奇，正在准备对法国等夷邦开战的她，还不知道这演奏的正是法国革命歌曲。慈禧听得是喜滋滋的，当即奖赏了李映庚，他全部分发给乐队队员，以鼓励他们更加刻苦训练。

新军军乐队的演出成功，遭到新军雇用的西洋乐队忌恨，他们集体离去。李映庚决心自己创作中国的军乐，他先创作军歌歌词，又根据歌词谱写乐曲。李映庚对昆曲的曲牌进行改编，按进行曲的节奏，历经3个月修改，完成了十余首军歌交付乐队演练。他曾在《上袁尚书第二禀》中，阐述了他对军乐创作及音律特征的见解，成为我国很有见地的音乐学论文。

光绪三十四年(1908)，李映庚任保定知府，空暇时整理自己创作的军乐谱，共4卷《军乐稿》，于宣统元年(1909)春，拓印出版，今藏北京图书馆。李映庚在自叙中，简要评述了中国音乐发展史。《军乐稿》一卷本内容是研究比较中西音乐的异同；二卷本为颂歌，旋律舒缓庄重，用于各种庆典；三卷本为军中散曲，乃《军乐稿》之精华，包括“兵歌”21阙，“将歌”8阙，“得胜歌”4阙，“军挽歌”4段7阙等4部分，作者在曲中大声疾呼全国军民团结抗战，打倒列强，保卫国家；四卷本是“练音北调”和“练音南调”，为军乐队平时练习的曲谱。《军乐稿》是我国现代第一部军乐专著，李映庚因而成为我国现代军乐之父。

民国四年(1915)，李映庚愤然辞官，回归海州故里。一生清廉的他，地无一垄，房无半间，生活极度艰难。李映庚的莫逆之交，曾任山西省省长的金水，得知他的困境，馈赠银洋数百，助他暮年生活。李映庚用银洋买了几间草房栖身，余钱均用于家乡，第二年初，李映庚在贫病中辞世，终年71岁。

震惊全国的板浦米案

第一次世界大战结束以后，日本国内经济出现了严重的通货膨胀，物价飞涨，日本农业在封建寄生地主制下生产停滞，米少价高。加之当时日本政府出兵西伯利亚，急需大批军粮，许多不法商人囤积居奇，导致日本国内米价高涨。受此影响，1918年7月，日本首相寺内正毅被迫辞职，新上任的原敬内阁把“不惜任何手段采购外米”作为当时执政的中心问题。

据1918年12月23日《大阪每日新闻》记载，当时日本向北洋政府提出成立“中日粮食同盟”，“要求先将浙江、江苏二省之米输入日本”。而当时中国政府出于自身利益考量，打算以此解决国内财政困难。1918年12月31日天津《益世报》刊载《日本竭力运动华米出口》一文中称，“中国米之输入日本，固日本之必要，然亦中国之必要，中国政治家苟能设法以廉价收外米于己国，以高价输己于日本，是匪独中国农业可逐渐发展，且中国富源必能随之而开拓，不数年间，不难成为富国。”

而就在这时，1919年1月——法国召开的巴黎和会上，帝国主义列强无视中国的战胜国身份，竟将长期被德国占领的青岛转让给日本。2月28日，江苏省议会召开第二届第一次临时会议，众多议员主张终止中日购米合同。3月4日，大会否决了米粮弛禁案，并电告政府。与此同时，苏省“通令各重要口岸税所及地方官绅，严密监察，以杜偷漏”。至此，除军米、漕米可持护照运出江苏外，其他各米均被告知，禁止出境。

而就在这样的历史背景之下，当年六月，江苏省立八师学生代表在响水市检查青岛运粮船时，发现一艘隶属当地“华兴公”粮行的小船，正偷偷向日本商船转运大米。经查，“华兴公”粮行的幕后老板竟是时任灌云县知事的陶士英。

6月21日灌云民众王雨青等36人致电督军李纯，言有日本军舰两艘驻泊开山岛，传为保护日人购米船只。有知情者告知6月10日响水口粮商于世銮，运米700余石转卖日人，为避人耳目，打算在开山岛将米转卸日本军舰。消息传出，海属各界电禀南京督军、省长，揭露是灌云县知事陶士英开粮行，勾结于世銮转售日人。在青岛的海属外庄得知此事，停止业务全部返回，和学生们一道扣住停泊在灌河响水口的米船，粮行有人黑夜奔报板浦县署。灌云县驻响水稽查员周庆章，对私贩米船不做处罚，竟有贿赂举动，希大事化小。

陶士英，字兰舫，浙江人，为前清秀才，1915年任灌云县知事。在板浦的陶士英，得报米船被扣，反诬学生是在“造反”，意欲出动武装干涉，逮捕学生。陶士英的倒行逆施，激起八师学生的愤怒，冲进灌云县公署，推倒公案桌，寻找陶士英质问。为摆脱干系，怕引火烧身，6月22日陶士英去电李、齐两长，言：“刻闻灌邑响水口公兴泰行，有屯米贩运情事，除电备补陆军吴团长查明封储，并令周庆章星夜赴口查办外，谨先电。先俟查明实情再行详陈。”

陶士英私售大米与日人，引起社会各界公愤，时有文章评论灌云县知县：“今日国人而稍顾地方大局，稍念人民公愤，稍知一己利害，当不敢为此昧心图利，冒险私运之举。然而今之商人竟仍有贸然一试者，商人犹不足责，奈何身为知事而亦利欲熏心，如灌云之陶士英，竟敢勾串奸商为此龌龊无耻之事！耶夫知事为民表率而乃以此龌龊无耻之行为率民，丧心病狂于斯已极，当局为清吏计，为平民愤计，均宜有严处之也。”得知此事后，李纯督军、齐耀琳省长闻听大为震怒，为保苏省民众用粮，已有军令严禁米粮出口，恰在全国抵制日货高潮中，灌云县竟发生私贩大米与日人之事，无疑是给动荡的时局火上浇油，祸害非同小可，省长齐耀琳责成海州镇守使白宝山查办此事。但由于陶、白二人平日里私交甚好，因此白宝山欲“为灌云县知事陶士英洗刷”罪名，而省立八师学生对此事紧追不舍。他们派唐世芜、杨允中为代表，联系加入“江苏省学生联合会”，一并控告陶士英。7月17日海属学生代表唐世芜，在上海出席全国学生会评议会，在会上提出：“灌云县知事陶士英运米出口，请本会重派代表赴宁。请军民长官严重交涉，以儆效尤。”并揭露陶士英为阻事情败露，以钱收买。“本席日前来沪，胆敢以万元贿赂，经本席严词拒绝，始行远引窃想。该知事行为卑鄙，居心不良，若不请求大会与之重起交涉，际此青黄不接之时，不唯灌云民食恐慌，吾恐苏省民食，亦必从此受一极大打击耳。”江苏省学生联合会向苏省发去的电文中称，“江苏督军、省长钧鉴，闻江苏灌云县知事陶士英，私与日人订立卖米契约，迭经该属公民暨学生告发，辱国殃民，莫此为甚，乞严电白镇守使，秉公查办，国家幸甚。”

7月29日北京大学代表祁大鹏受全国学生联合会委派，会同海属学生代表唐世芜、杨允中面谒江苏督军李纯、省长齐耀琳，揭露陶士英的卑劣行径，请求严办陶士英。8月

12日上午，江苏省10地学生联合会代表13人，再次谒见督军、省长，陈述证据，请求严惩私运米粮出口，供给日人的灌云县知事陶士英。李纯表示："陶知事在灌云开设粮行，我与省长皆知道，至于该知事运米一事，省署已派候补道尹往查，俟复到时总须惩办，即使省署有为陶之奥援，好在省长为人实系大公无私，对于该知事必有惩办之处，不必另生枝节，静听以后消息。我对于米禁固有通令，而对于其余杂粮已于一星期前，会同省长通令各县严禁出口。"各代表闻言后极表感谢。学生们的爱国热情得到了在京江苏人的响应，联合起来致函江苏省省长齐耀琳，"务望迅将该知事依法惩办"。

自1912年东海县南部划出成立灌云县以来，两县士绅商民争执不断，灌云有灌河口出海，东海据临洪口通洋，双方在海运贸易中互有竞争。两县在省令禁米出口后，均有唯利者私运米粮出海，白宝山对此也是心知肚明。本次灌河口贩米败露，数量巨大，又售卖日人，引起全省公愤，令白宝山措手不及。遂派兵扣押大米，并呈省军民两长谓："公兴泰行玩视禁令，偷运大宗食米出口，复有供给外人之嫌疑，较之私运出境情节尤为重大，若不从严罚办，不足以重公令，而维民食，拟请将该栈此次卸装之新米十四吨，计七百余石，一并没收，变价补助地方公益费用。"而响水商会事务所却指东海方面嫉妒灌河口生计日兴，分流了临洪口生意，借贩米之事大做文章。又言私贩米案为"公兴泰"行所为，陶知事所开粮行为"华兴公"，本无干系。白宝山知这是陶知事在中作梗，那响水商务所就是周庆章把持，周乃陶士英代理人。周庆章原为灌云县署科员，因在禁烟中涉嫌敲诈，经章、史两位省议员禀报，省长已下令驱逐禁用，陶士英却委派其为响水口稽查员，并任陶所开之华兴公行协理，周以此谋得响水商务所要职。

白宝山在答复北京海属同乡会表明："公兴泰私运米七百余石，经山（白使名）查明，尽数没收拨充地方公益，业经电请军民两署核示矣。华兴公曾经绅商各界禀请查办，唯证据湮没，真相难明。"白宝山的态度引起学生及地方各界不满，海属同乡会谓"公兴泰"贩米事发，陶士英马上赶赴响水口，逗留竟有七日，疑与公兴泰有关联，有冀图弥缝，毁灭证据行为，要求将华兴公行与公兴泰行一并究办。坊间舆论认为，白宝山有为陶士英洗刷之嫌，劝慰白镇守使彻底究查，以释民众之疑。白宝山戎马从武，受旧军阀体制熏陶，喜用结拜义气作为纽带，结盟抱团。陶士英1915年来灌云任县知事，与白宝山相识近5个年头，时间不算短，白宝山没有进过学堂，对陶士英这位前清秀才，有所敬仰。依白宝山曾与东海县知事袁康侯结拜为兄弟看，似与陶士英也应有过金兰之交。在这全国抵制日货的高潮中，政治敏感度低的白宝山，对陶士英贩米与日人之事，有偏袒之意也就不足为奇。

一波未平，一波又起，此时又有人揭发陶士英任内营私舞弊，侵吞地方公款，列举证据对外公示。省议员黄炎培等人在议会上，发起惩办陶士英议案署名，从北京到南京要求罢免陶士英的呼声日渐高涨，在舆论的压力下，苏省军民两长派出多起人员赴灌云调查。省长齐耀琳做出答复："灌云米案，前由白宝山镇守使查办，将米充公，对于米事已算解决。……今以种种方面证之，陶知事运米之证据已算完备，当然有相当之决断。"在广大爱国学生和社会舆论的压力之下，1920年7月21日大总统徐世昌令内务总长田文烈，呈准江苏省省长齐耀琳，免去陶士英灌云县知事职务，委萧文彬代理，陶士英离开海州返乡。

消失的更新舞台

一次偶然的机会，在采访建国路原郭海山大院时，有邻居介绍位于其东南角的院子，是从前的更新舞台，上面的房子就是在它地皮上盖的。曾听说更新舞台是在“新浦后街最西端王巷北首”，在南极路没有打通之前，除市民路外，王巷就是后街通往民主中路的主要通道。民国时称民主路为大街，叫建国路为后街。

更新舞台是新浦20世纪20—30年代的戏园子，当时军阀白宝山已经垮台，北伐军进驻了海州地区。这更新舞台的出现曾引起过轰动，在新浦有着传奇的故事。左前方沿建国路面朝北的是两层楼房，上下各五间，门牌为建国路225号。楼房的东山头是南北向的房子，其东侧沿着王巷。从外面看这L形建筑围起一个院子，此处正位于建国路西端与王巷北首的交汇处，这地方就是昔日名噪一时的更新舞台吗？

新浦是一个新兴城市，形成市镇不过百多年，那伫立于新浦公园天后宫院内的《创建新浦天后宫记》石碑，明确记载“新浦之兴自有天后宫始”。新浦第一次有露天戏台也是从天后宫开始的，这一年是1901年（光绪二十七年）。经过前后十年始方建成的新浦天后宫，位于原民主路343号（原新浦区政府旧址）。

当初的天后宫前殿后墙建有木质戏台，高大宏伟，台口宽三丈有余，舞台有60多平方米，台上可容纳数十人同时演出，是鲁南苏北的大戏台。那时的新浦还在海州镇守使白宝山的辖治之下，常在天后宫邀请名角，点唱白

大街
来源《记忆中的海州》中国文史出版社，第160页

宝山所喜爱的京戏剧目，请其观赏。天后宫戏台热闹时候白天晚上均有演出，有的戏班子连唱一个来月，白天人头攒动，晚间灯火通明。

时间到了1928年（民国十七年），白宝山军队在北伐军面前溃败下来，当年的江苏陆军第五师师长白宝山，退出军界赋闲在家，新浦天后宫也成了东海县商会的活动场所。白宝山兴旺时手下曾有军士五六千人，且有众多军官来自其家乡河北芦台（现属天津），曾有"一说芦台话，便有洋刀挎"之说。

当这一军阀部队解散以后，大批中下军官成了无业游民，特别是那些河北老乡举目无亲，原靠军饷为继，现军队解散，生活顿时无有着落，有些人就围着当初的白师长，告帮求活路。喜爱京剧的白宝山，想到新浦正缺少戏剧演出舞台，为顾及曾经的下属，出面找上天津老乡，新浦镇董、万兴顺商行老板霍秉忠，请其领头集股筹建戏园子，以便安排那些老乡事做。

霍秉忠又联络了老乡，新浦京货店源甡永老板史文访，两人都是白宝山在海州驻军期间，前来投靠的河北老乡，也都承过白师长的关照。经过一番运作，选址在现建国路小学东侧搭建草棚戏园子，取名为"新新舞台"，意即新浦新舞台。新新舞台是老新浦街第一座室内剧场，成为后来的"更新舞台"出现之起因，还留下了一段趣谈戏说。

我走进这L形建筑围起的院子，走进过道里面天井不小。西面是平房南面是楼，院子里建筑像是20世纪70年代翻建过，不像是以前的老房子，不过西屋半截后墙尚能看出旧时痕迹。院子里住了不少外来承租客，经询问此院内几百平方米的房子，同属一人，其他均说不清楚。说话间北屋楼下一老太太问是找谁呀？告知来由知她就是房东，90岁的人断断续续在一问一答着。从她那不清楚的语意中，我隐约知道此院只有她一人留守，儿子们都搬出去住了。院子系其先生名下的房产，几年前落实政策已退还她家，具体的情况她那八十许的大儿子可能知道。辗转找到他的长子，一位从事教育的老师，他告诉我那位老太是父亲后续的，买这块地皮时她还没有来呢，这块地皮就是昔日的更新舞台。

可能在鬼子来了以后吧？他说自己当时10岁，记得听父亲讲过，这块地皮是用两杠白洋布，从刘三手里买来的，那时刘三已经很穷了。两杠布是多少匹呢？那刘三是谁呢？他只记得布是用两个大木箱装的，那时钱贬得厉害，交易都用实物。他家是杀猪的，收来的钱立刻买上粮食，准备用来交换。至于刘三是谁？他也不清楚，只知道地皮是他的。买的时候地上只有三间堂屋，砖基草顶，还有部分墙框，南面的舞台基础隐约可见，西面听说是当时的化妆间，后来盖屋时还利用了其半截墙基。

1929年1月12日这一天，正是农历大年初二。社址在王巷里的《东海民报》，头版位置以"更新舞台建筑竣工择吉日开演"为题发表了专题文章，报道更新舞台开张的消息。

更新舞台建在王巷与建国路交会的凸显位置，因西面有刘少九开的三新浴池，而叫三新街。其坐南朝北，屋顶采用青岛进口的外国瓦楞铁皮，檐口有收集雨水的铁皮水槽，整个建筑中西合璧，戏园建筑洋气大方，据说专门请的是青岛建筑技师。

新颖的大圆门，内分两个进出口，室内上下两层。上层设有包厢，下层有池座与边座，池座木栏围隔以示尊显，后有专供维持秩序警察的"弹压座"。戏台很大可供百多人同台演出，西侧有演员化妆间，台后建有演员住房。开业那天从民主路到王巷再到建国路，沿街商家店铺披红挂绿，鞭炮排至更新舞台门前。道喜的、看戏的、观热闹的是人山人海。

开演当天请来了天津、上海名角：周信芳内弟，麒麟派创始人之一刘奎童、好嗓子素有"一句定太平"的盖天红，普通票价格三角，这可是当时九斤大米的价钱。从舞台起名可以看出，"更新舞台"，意为比"新新"更新的意思。选择地点又与新新舞台近在咫尺，直线距离仅只200米。更新舞台的建设落成仅仅是为了一句气话，更新舞台以最快的速度建设，又选择紧邻新舞台，其缘由乃是四泰油坊老板一次看戏而起。

1928年秋天的一个晚上，四泰油坊老板刘次公携长女去新新舞台看戏，要求戏园的茶房给加个临时座位遭拒，刘老板嘲讽这是什么戏院？茶房反讥"有本事你盖个看看"。就这么一句戏言，严重刺伤了四泰油坊老板的自尊心，戏也不看了，一气之下拉着女儿离开了新新舞台。次日下午在其兄长刘少九的三新池洗澡时，巧遇轮船公司经理杨少辰，憋着气的刘次公向这位轮船公司少东家倾诉。

杨少辰为其打抱不平，两人财大气盛，决定出口气，合作集股建一个新的戏园子，要与新新舞台比个高低。二人各自发动，以每股50元大洋的价格，募集了370多股，计大洋18 500元。其中刘次公与刘少九各认100股。当年十月动工建造，第二年一月便开张。一时间更新舞台名角上演好戏连连，每天晚上车水马龙人头攒动，卖水果的、摆茶摊的、卖馄饨的排满街口。

随着大陆饭馆、东海饭店也选在附近开业，以及刘少九的三新浴池，形成了一个新的商业圈。夜幕下各家都是门前汽灯高照，灯笼悬挂，这儿成了新浦最热闹的地方，当时人称苏北的夜上海。观之近在200米外的新新舞台草棚戏园，黯然失色门庭冷落，喜新厌旧的人们都涌向了新戏园，新新舞台少了许多看戏人。

1929年北伐军第九师进驻新浦，师党部要召开代表大会，看中了刚建好的更新舞台，这新浦最气派的戏园子，经商议借用举行全师代表大会。2月25日、26日两天，在更新舞台召开会议，选举出9人执行委员，5人监察委员的师党部班子，并推选出席全国代表大会代表。北伐军九师会议在更新舞台召开，提升了更新舞台知名度，增加了戏园子的人气。

不甘示弱的新新舞台，派人去外地聘请名角，拉高档次，两家舞台是各不相让。老大街上不仅贴有两家舞台的演出告示，还有两家都雇人抬着大型海报，敲着锣鼓沿街宣传营造声势。新新舞台上演20多出的连台戏《合同记》，更新舞台就连演50多本的《飞龙传》；更新舞台是真花轿上台，八人大轿满台转，新新舞台的《大劈棺》是真棺材上台，阴气逼人。两家舞台相互斗气，成了当时新浦街谈巷议的特大新闻，因而近在咫尺的《东海民报》是连续多日跟踪报道。

刘次公的气是出了，但随着时间推移，更新舞台的好景并没有多长，这种高价遍请国内名角，不计血本赌气经营，加之管理不善，新浦地方不大市场又小，很快便捉襟见肘。更新舞台出现亏损，戏园成了无底之洞，股东们赔了，刘次公也贴进了四泰油坊。后来更新舞台靠兼营无声电影，勉强维持。到了1937年秋天的连云港保卫战中，四架日本飞机自军舰上起飞，对新浦多处目标进行狂轰滥炸，更新舞台在一连串的炸弹中焚毁殆尽，仅剩下了墙框屋基。

自1929年至今，时间过去了整整90年，时代变迁物毁人非，更新舞台的故事已是明日黄花，留下的是老新浦记忆和那个时代的历史。

草棚搭建的东海舞台

新浦是座喜爱戏剧的城市，地方虽然不大，但在20世纪20年代，却同时拥有两座戏园子，都位于建国路上，相距不足200米，东面的是“新新舞台”，西边的叫“更新舞台”，可见当时的热闹程度。1937年秋天的连云港保卫战中，日军登陆遭遇顽强抵抗，气急败坏便派出四架飞机，对新浦多处目标进行狂轰滥炸，更新舞台作为国军军需仓库，遭受攻击，在一连串的炸弹中焚毁殆尽，仅剩下了墙框屋基。

新新舞台是新浦街最早的戏园子，原海州护军使白宝山下野后，为安排那些无事可做的下级，找上天津老乡万兴顺商行老板霍秉忠，集资搭建起戏园子。这是1928年建成的草棚戏园子，经过十年的风雨，已呈朽枯，于1938年拆除。一时间新浦没有了戏园子，街上的人们想看戏，戏迷们想演戏都成了一个问题。1939年票友们在一起商量，大家伙出点钱搭建一个简易戏园子，一来戏迷们有个过瘾的舞台，二则可请名角来演出，收回成本。票友老板马景文联系了戏迷赵成瑞，找上原新新舞台总管，发起重建戏园子。

大家选中了天后宫（原新浦区政府，现为骨科医院）东面的一块空地，即今天老街市民路东侧，新市路西头的地方。由于资金有限，时间匆忙，建筑极为简陋，新戏园子泥巴糊墙，草篷作顶，连戏台子也是用土坯垒筑而成，场子不大，仅能容下600人看戏。虽然条件要差一些，但有了演戏的地方，还是令老街上人兴奋的，尤以那些票友戏迷们，都十分满意，他们给这草棚戏园子，起了个好听的名字叫作“东海舞台”。

东海舞台西邻新浦天后宫，时已为伪东海县政府，并驻上了伪保安大队。与老街民主路数尺之距，紧挨着商业区，算是昔日的市中心了，因而开始生意还算红火。东海舞台除戏迷票友自拉自唱外，还常邀外地名角来此演出，天津的武生董月明、北京花旦谢春云、李万春的弟子刘志明都曾来过，本地戏班子也曾与其一道演出，因而吸引不少观众。

1940年日军占领下的新浦已成孤岛，北面八路军，南面国民军、新四军，缺少人员流动，东海舞台营业日渐下滑，难以为继，戏园子是开开停停，无奈之下转与朝鲜人金某夫妇，金氏勉强经营至1942年底，由周长春等人共同出资接管。经过筹备又重新开张，为迎合日本人，周长春等人将戏园子改名为“新亚舞台”。

1943年12月8日，伪东海县政府在新亚舞台组织活动，下午一时，东海师范学校师生200多人由海州步行到新亚舞台，由于先到便占满了前排全部座位，后陆续又有其他单位进场。当东海县立初中近百名师生来参加时，只能挤在后面，离舞台很远的地方。

由于伪县政府教育科组织不力，现场一片混乱，当伪教育科科长蔡玉龙喝令坐在前排的海师学生，让出部分座位给后来者时，引起了海师学生骆崇湘不满。蔡玉龙随即上前打了骆崇湘一记耳光，骆崇湘立即予以反击，双方竟扭打起来，海师学生不服一片起哄。

怀着对日本人的恨，对伪县署的怨，在场的师生满腔怒火。伪东海县县长范绥之看到情况不妙溜而逃之，愤怒的学生在老师带领下，齐集新浦天后宫伪东海县政府请愿。惊恐的伪东海保安大队副大队长常玉路，挎着洋刀，踩着皮靴，连喊“反了！反了！”立即封锁了天后宫，屋顶架上了机枪，将教师带到伪警察局询问，保安大队将学生看押在天后宫大院达两个小时。

日本投降后，戏园子一天演出时，场内维持弹压的警察，不知因为何事口角，竟拔枪互击，吓坏了的观众拥挤而逃。人多门小，无路可走的人们，撞破泥笆墙，致戏园子千孔百疮。戏园子老板算是倒了霉，面对破破烂烂草棚子，一筹莫展，无钱整修，只得全部拆除。1949年后原址上建起了新的办公楼，后曾做过劳动局、残联，现为智力障碍儿童的幼儿园。

1914年新浦街头首次出现警察

民国元年，即1912年，海州有了警察设置，那时江苏省政府裁海州为二，分灌云、东海二县。东海县政府驻在海州，设立警务科和典狱科。警务科维持社会治安，典狱科连审带判。到了1913年东海县警务科又改名为东海县警察所，所长由东海县知事亲自担任。

民国三年，1914年，新浦为东海县的一个镇，警察机构开始出现，称东海县新浦警察分所。那时新浦街最好的公共建筑是天后宫，且又处于老大街上，这新浦警察分所，就入住在天后宫里。其时东海县警察所仍驻在海州，所长钟国钧，下设巡官3人、师爷1人、书记1人，有警长及警员20多人。师爷的设立，可见其时警察体制，还含有大清遗痕，与书记一职像是中西合璧。东海县公署另设立看守所，替代旧时牢房。

1925年陇海铁路通达新浦，商业重心都集中在新浦，为了便于开展业务，东海县商会自海州搬至新浦天后宫内办公。新浦人口的增加，社会事务之繁多，而新浦警察分所人少事忙，难以有效运作。到了1926年，依江苏省政府令，新浦警察分所升格为警察所，新浦的警务与海州警务并齐。1927年，国民政府设立内政部警政司，各省市县均设立“公安局”。新浦警察所遂改称为东海县公安局，海州警察所改为海州公安分局。东海县公安局首任局长，由一等警佐东方白担任，公安局内设三个科，同时设立新浦公安分局和海州公安分局。新浦公安分局亦称第一分局，一分局就在县公安局内，分局长由局长兼任，二分局在海州，由孟庆星任分局长。新浦同时设立派出所、分驻所，协助县局处理各项警事业务。

1929年1月9日下午，东海县警费筹备会议在县政府礼堂召开，江苏省民政厅警务委员程镇圻到场，参加会议的有县指委（党务指导委员会）、县政府、县农会、县商会、县工会、县建设局、县教育局、县公安局及临洪乡代表多人。会议主要商讨县警察经费缺口事宜，东海县年收商铺捐、房产捐及车捐仅5.5万余元，警费预算要10.6万元，缺口一半，难以为继。会上县政府代表章乃英提议商铺加倍征收，公安局代表滕兆寿指出，在某一项上加收恐有难度，不如在田地、商铺、房产三项上分摊。县指委代表周佩五表示不妥，他认为在田地、商铺、房产三项上加捐不容易，恐有民怨。再者警费缺口已非一日，如省厅同意借用民间枪支暂用，可缓解困难，余缺再寻他法。会议讨论许久，最后议定商铺征捐加倍，田地征捐暂缓，民间枪支依需抽用，公安局外勤可由地方团丁协助。

1933年连云港建港，铁路通车带动货物流通，农产品贸易活跃，来新浦的外地客商增多，老大街进入发展时期。那时的东海县公安局的职责范围是：户籍管理、警卫消防、卫生防疫、救灾护林、渔猎保护等。虽采取守望及巡逻制，但对于经费不足，警员不到120人的东海县公安局来说，难以正常运转。

1934年1月，江苏省政府出台《江苏省整理各县公安局办法》，东海县公安局及其他县公安局一并遭到撤裁。县局业务由县府保安股代理，原有分局、派出所、分驻所保留不变。第二年东海县保安股设新浦、大浦两个公安分局，新浦公安分局下设东巇、西巇两个分驻所，海州则降为第一分驻所。

1939年日寇侵占新浦前，为适应战时需要，东海县政府将新浦、大浦、海州三处警员，组成公安中队，三地则为分队。为发动民众，全民抗战，当时新浦警察曾排演《朝鲜亡国恨》话剧，在天后宫上演。剧情为日军侵犯朝鲜，激起民众反抗故事。

同年3月东海县沦陷，日军侵占新浦，日本人成立了伪东海县警察总局，张洪盛为伪局长，下设警务、保安、司法、特高、经济、卫生、督察各股，置新浦、海州、连云、房山、白塔埠、龙苴6个警察分局。各警察分局均下辖派出所，其中新浦警察分局设派出所最多，有贾圩、新隆、新民、新化、新市5个派出所。派出所警员配土钢枪，所长着短枪，县警察局又在新市、三新、新民三镇设置警察哨所。

1944年汪伪政府撤销苏淮特别行署，设立伪淮海省，下辖徐州、海州二市及其他21个县，新浦及以东市镇为伪大海州市。原东海县警察局一分为二，在新浦的是伪海州市警察局，伪局长刘茂林，驻地在新浦天后宫，海州警察分局为东海县警察局。然而短命的伪海州市，存在仅一年多，1945年8月15日，日本天皇宣布无条件投降，伪政府倒台。这时伪海州市警察局内人心惶惶，部分警官走掉，多数警察只能听天由命，观望等待。很快国民政府恢复东海县政府，派了个韩砚耕来当警察局长，召集剩余警员，临时维持秩序。两月后，江苏省民政厅任命高龙飞为东海县警察局长。

这时警察局搬迁至老大街东首，即今天民主路钟楼附近。高龙飞按照省厅编制扩充人员，招收警察，使东海县警察局达到200多人，并建有20多人的消防队，配有手压水泵两台。在新浦、海州、连云、白塔埠、房山等地设立警察分局。新浦分局在市化路，即今天昌旺商场南面。辖贾圩、新化、三新、东龖、西龖5个派出所，每所3—5人。县局又在海昌巷设立直属派出所，即在今天东方大厦附近。

1947年秋天，国民党战局不断失利，市面不稳，常州人潘鸿鳞接任警察局长。11月30日夜里，东海县地方法院，发生在押犯人越狱外逃事件。据报道犯人早有谋划，夜间有人高呼要尿尿，狱警持油灯开门，欲带犯人去茅房。突然犯人打掉油灯，按倒狱警，这时牢房一片漆黑，室内犯人一拥而出。几十名囚犯破窗推倒栅栏，相互解脱镣铐，毁门跳墙，泅水越狱。

虽然岗卫鸣枪示警，但其势极难阻挡，冥冥黑夜，犯人四散而逃。后查在押囚犯有44名渡河逃出，另有临时关押人员十数名也不见踪影。监所主任黄某急去禀报法院院长，法院钱院长又忙电请驻军及县警察局协助缉捕，至天明时分，仅俘获8人且多系轻犯，余皆逃得无影无踪。次日东海县军、警、政当局，宣布紧急戒严，全县户口大检查，设路卡盘查行人，后有消息称，多数逃往赣榆。

1948年淮海战役前夕，东海县警察局长潘鸿鳞，深感局势不妙，请长假回了常州，局长之职由孟庆星代理。11月5日深夜，驻守新浦的第九绥靖区司令长官李延年，接徐州剿总司令刘峙电话，传达国防部命令，放弃海连，西撤徐州。李延年当夜召开党政军警宪紧急会议，布置撤军方案，会后法院院长钱某问李延年，在押犯如何处置？李延年顿了一下说，上面没有这方面的指令，那就都放了吧！那些在押囚犯算是躲过了一劫。

11月6日清晨，新浦国民党的党政军警宪公职人员，走得精光。东海县警察局长孟庆星及部分警官消失，其他警员各奔东西，民国新浦警察局至此结束，成为历史。

国产首部汽车是海州用户

1924年4月5日《申报》以“中国汽车厂销路大畅”为题报道:“张维镛、胡国光创办之中国汽车厂,为中国自制汽车之第一家,所出普通汽车,已有30余辆。张君等以现在国内筑路之呼声极高,长途汽车颇为需要,因开始制造长途汽车。”张维镛,贵州商人,全国商会联合会副会长,全国道路协会董事,与工程师胡国光研制汽车多年。二人在上海发起成立中国首家汽车有限公司,发起募股,原定资本额为6万元,但各界人士看好此项目,认股踊跃,其中日本所认之股超过原定数一半以上。

1924年4月19日下午4时,中国汽车厂在上海西藏路一品香门前,试行驶新制汽车。公司发出请柬,有意购买者40余人前往观看。公司开出新制汽车三辆:一辆绿色4轮四人座车、一辆6轮车、一辆红色4轮一人车。汽车分别由三名试车员驾驶,自一品香沿三马路、云南路至油头路往返。汽车每小时能行35公里,汽车价格一般在400—700两。

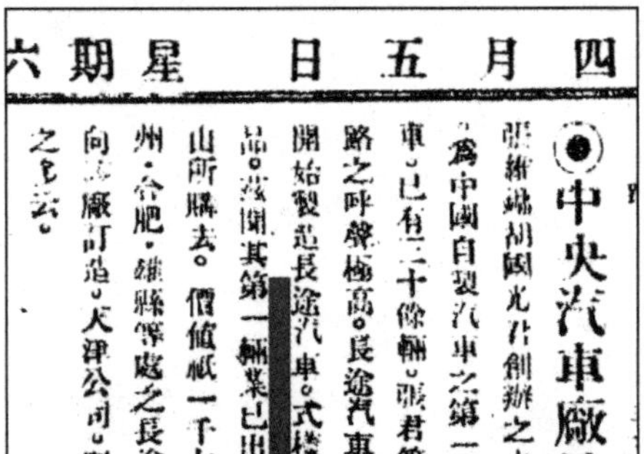
四月五日 星期六

◉中央汽車廠銷路大暢

張維鏞胡國光君創辦之中央汽車製造廠。為中國自製汽車之第一家。所出普通汽車。已有三十餘輛。張君等以現在國內築路之呼聲極高。長途汽車。頗為需要。因開始製造長途汽車。式樣新穎。不亞舶來品。茲聞其第一輛業已出貨。為海州白寶山所購去。價值祇一千七百餘兩。聞蘇州、合肥、雄縣等處之長途汽車公司。均向該廠訂造。天津公司。則訂造至三十輛之多云。

来源《申报》

在场股东对安全性十分关注,要求试车员现场做刹车试验,并进行了审定。胡国光在试车现场表示,中国汽车厂还需进一步剧烈试验,以提高性能。一旦再试成功,准备先行生产100部,并接受订单,以应全国之需求。报界得知消息,闻中国汽车厂已在闸北路、宝兴路一带空地建厂,并在爱多亚路大世界对面,租定三层洋房为该公司办事地址,现正装修完毕,一旦竣工即开始销售。

1901年中国人李恩时自匈牙利进口两部汽车,才使中国公众看到了汽车,汽车前排单座为驾驶员座位，后排双人座，车前无挡风玻璃。到了1903年全上海也只有5辆汽车，1912年进口汽车增多，达到1400辆，尤以美国制造车辆为多。美国福特公司生产的两座轿车价格是白银1160两。

中国汽车厂的试车成功，引起美国政府关注，指示其驻沪总领事克银汉调查情况。12月4日，张维镛、朱其清、胡国光三人，受美国驻沪总领馆邀请前往洽谈。在领事馆，克银汉详细询问了发动机等主要部件是购自国外还是自己制造的？汽车每小时最高可行多少公里？售价如何？

张维镛等三人分别答道，本厂汽车主要机件系自行设计，汽车完全在本地生产，最高时速可达22英里。两人座车每辆售银不过三四百两，四人座车不过五百两，因系试产期，产量不多，加之资本金有限，价格尚不能低廉。克银汉听了点头称是，先是客气预祝进展顺利，后表示如有需要进口美国机件，他愿尽力服务。接着又了解中国进口美国汽车情况，会谈一个多小时。

4月5日的《申报》还报道："……兹闻其第一辆业已出货，为海州白宝山所购去。"价格1700两。白宝山时为海州镇守使，江苏陆军第一师中将师长。他多次组织筑路，开通海州至临沂、淮安汽车道路，为海属地区汽车运输奠定了基础。民国之前海属地区人们出行多步行或坐独轮车，有的骑毛驴，有钱人则乘轿子。清朝末年出现了畜力客运车辆，用毛驴拉木板车，上设车厢，可坐五至六人，1920年渐为马匹所替代。马车成为新浦、海州、板浦、大浦间的主要交通工具。

1924年白宝山赠送新县人张步成汽车4辆，在此基础上张步成创办了海属地区第一家私人汽车行，从事新浦、南城、太平埝（宁海）、板浦间的汽车客、货运业务。张步成汽车行的开设，开创了当地汽车运输业新河，接着有致中和运输公司，在东巉开业，普益汽车公司在民主路东段开业，海属民间汽车运输进入了初创时期。

中国汽车厂汽车，自首部由海州白宝山购去后，天津、兰州、合肥、雄县等均向该厂发函订造，据闻天津一家欲订造30辆之多。吴佩孚闻讯派其参议前往上海，请中国汽车厂派员携车前往洛阳，举办车展并试车，以便提倡推行汽车交通。

港城第一家发电厂

来源《连云港商会百年上册》中国文史出版社，第 65 页

说到港城发电厂，人们首先想到的是新海发电厂，这家成立于1941年的发电厂，始于日军占领港城的日伪时期，其实距我市第一家发电厂已经晚了21个年头。那时的电厂称作电灯公司，缘于发电只供电灯照明之故。以前的新浦街家家户户，照明用的都是煤油灯，老百姓称作是“洋油灯”，因为那煤油是舶来的洋货。还有一种要打汽加压的煤油灯，称作汽灯，亮如白昼，也只有在集会和演出时才会用。在老新浦街的中心地段，王巷、洋桥巷、大庙巷和新市街等处，都有商家自备的防风煤油灯，用于晚间照明。那防风煤油灯挂于竿头，天黑时挑火点亮，直至半夜时分油干灯灭。

海属之地第一次供电始于民国九年（1920年），由新东电灯公司供给，在这之前赣丰面粉公司为生产用曾自发电，不对外供电。民国八年（1919年），沈云沛次子沈仲长，感觉这电灯是个新鲜玩意儿，肯定能赚钱，于是邀请海州乡绅名士，商谈成立电灯公司之事，有人赞许有人摇头，毕竟电灯是个新事物，心中没底。沈仲长是省议员，在南京见过电灯，就介绍大城市电灯如何好，如何便利云云。乡绅们以地租过活店铺收钱，在他们眼中那是看得见摸得着的，电灯公司如何谁也不知，沈仲长好不容易动员本家姻亲，筹集银元7.4万，于民国八年8月由东海县知事报呈江苏省长公署，获准成立新东电灯股份公司，这就是我市第一家发电厂。

新东电灯公司由沈仲长出任董事长，赵静扬任经理，董事有武同启、林钺、刘振殿、沈东生等。初期新东电灯公司只有一台76千瓦小型蒸汽发电机组，还是海丰面粉公司倒闭后股东买下来的，因为容量小只能供给200余只白炽灯用电。

传说清朝末年，外国商人想将电灯打进中国市场，知道必须先经过老佛爷这一关，但慈禧对这新玩意儿不感兴趣，于是外国商人买通大太监李莲英，偷偷地在乐寿堂装上了电灯。傍晚时分老佛爷回宫，发现宫中挂着不少各色“茄子”，质问李莲英，小李子笑而不答，跪拜道：“该上灯了吗？”慈禧吩咐道：“上！”李莲英示意小太监，立马合上电闸，顿时灯光大放异彩，五颜六色，喜得老佛爷很高兴，李莲英连忙奏道：“这就是电灯。”从此华夏城市，开始有了电灯。

上海是我国第一个使用电灯的城市，清光绪五年（1879年），美国时任总统格兰特到访上海，英国人特地运来一台小型发电机组，在外滩发电。点亮灯泡，从8月17日到18日，只照了两个晚上。到了清光绪八年（1882年），在上海乍浦路，由英国人开办的“上海电光公司”开始发电，这是在中国土地上第一家发电厂。

上海街头首次出现电灯，曾引起强烈反响，没有见过电灯的中国人，知道与电有关的，只有闪电了。那闪电可是种灾难的象征，讲究因果报应的中国人，害怕闪电降临到头上，故而急于避之。当电灯亮起，华人恐遭电击，惊慌失色，四散躲避，一时谣言四起，人心惶惶。有人视为妖孽灾患，有人言是洪水猛兽，众说纷纭。有仗义执言者提议抑禁，须观无害，再开其禁。电在中国的使用，引起的短暂恐慌，是洋人始料不及的，上海开了国人使用电灯的先河，电灯的优越性被人们渐渐接受，以后各地便纷纷效仿。

当新东电灯公司第一次发电的时候，距离上海首次发电已经过去了38年，新浦人看到电灯亮起的时候，已经没有当初上海人的那种恐慌了。第一次发电，在当时的新浦街是件大事情，只听说过大城市有电灯，距离小镇用电还遥不可及。当新浦街也有了电灯时，人们期待与喜悦难以言表。发电当天吸引了当地政要、乡绅富贾、各界人士，当电灯齐亮之时，众人是一片欢呼和惊讶！不用烧油，机器转动就能点亮，能不让小镇震撼吗？马路边，店堂中都围满了人，从来没有见过，很是稀罕。

民主路街道旁立起了木杆，高悬着15瓦的白炽灯泡，罩着搪瓷大灯罩。两根黑线，连着商家，连着兵营，连着警局县衙。当电灯突然亮起时，众人是一片欢呼和惊讶！接着是唏嘘一片，纷纷称赞。不用烧油，通了两根电线就能亮起灯？洋玩意儿就是稀奇又妙不可言。也有懂点知识的人，向众人介绍道，那电是机器磨出来的，比起那煤油可就方便得多了！一盏电灯的亮度，要赶上多少盏煤油灯啊！可以想象，头回见到电灯的人，晚上兴奋是很难睡得着的。

也有人担心电会电人，又有人说木头电线杆不传电，胆小的人说下雨天不能拉电灯，众说纷纭，电灯已成为那时街谈巷议的主要话题。电灯的使用，给人们带来了方便，使人免遭烟熏灯暗之苦。电灯得到了大家的认可，先通电的商家，要求增加电灯，未通上电的申请拉线装灯，县商会也在考虑道口增设路灯，新东电灯公司股东们似乎是看到了赚钱的希望。

现在的市化路是那时的前河，新东电灯公司就选址在前河南岸，现解放中路东方大厦身底，这儿运煤取水十分方便，又紧邻民主路，离当时大街很近，立杆输电便捷。新东电灯公司由洋人选址设计，现代化的厂房，立于镇外荒滩之上，钢制烟囱冒出滚滚浓烟，伴随着轰鸣的机器声，这海隅小镇——新浦，开始了与现代化接轨。

7.4万元的前期投入，对新东电灯公司是个长线项目，效益来自电费的收入，价格制定甚是敏感。一台机组局限性太大，经济不合理，价格低电灯公司亏损，太高又没有市场。由于新东电灯公司是自成电网，发电用途单一，用电又全部集中在晚上，白天锅炉封火，晚间电灯齐开，既费煤电压又不稳，缺煤停机也就成了常态，加之机组维修，设备开开停停，电灯忽明忽暗，开业以来一直亏损。人们对洋玩意儿有了摇头的看法，感觉用电灯花钱多又不方便，于是又点起了煤油灯。

民国《新电界》杂志曾刊文“参观新浦电厂记”：“电厂与市尘有一河之隔，民国十年立。有火管式锅炉一座，原动机为卧式单缸蒸汽机两座，正在修理中。发电机两部，各以革带连接于原动机。该厂每夜二时，停止馈电，每日燃煤约六吨，煤价十九元，每月灯费收入，尚不足三千元，数年以来，计亏银达八万元。”

民国十四年（1925年）陇海铁路由新浦延伸到大浦港，各地客商涌至新浦，港口运输带动了商业发展，商业需求又促进了对电的需求。新东电灯公司又看到了希望，更换了旧锅炉，增设了新的发电机组，添置了热水器，加装了凝汽机等节煤设备，公司效益有所改观。但是在那个年代，作为一个民营企业，生存也是举步维艰的。据1929年4月3日《东海民报》载：“国民革命军独立第四旅旅长谭曙卿召集地方各团体，讨论维持新东电灯公司办法。”当地报纸也据新东电灯公司状况，不断披露电灯公司主要困难是缺钱，为什么缺钱呢？一是当初设备投入不足，二是偷电严重，军队用电不交钱。谭曙卿在会上要求，各欠费用户先行交付电费三分之二，新东电灯公司从速购买发电设备。各用户欠费由公安局派人协同上门收缴，规定军队和公安局半价收费，要求电灯公司于1929年4月20日恢复供电。以后如有军队再发生偷电行为，电灯公司可报告县商会转呈军队机关责令停止。军队正常换防调动时，电灯公司先行装设电灯供电，再报告县商会，事后开具发票，催缴之。新东电灯公司逐步添加设备，并扩大了供电范围。民国二十五年（1936年）

新东电灯公司又借债5万元，租用闲置的海丰面粉公司厂房、锅炉和机器（位于现中央国际商场西侧），购置安装了100千瓦直流发电机组，供电效益得以改善，新东电灯公司走上了正轨。正当公司开足马力扩大生产，增加产能之时，日本又发动了对华侵略战争。民国二十七年（1938年）日军攻占新浦前，两次对新东电灯公司进行轰炸，大楼倒塌厂房被毁，员工逃散，公司被迫停产。民国二十八年（1939年）日军占领新东电灯公司，拆除设备移至海州蔷薇河边，后由日本东亚电力公司派员维修，日本人泽井清任厂长，成立了华北电业海州发电所，即新海电厂前身。

新东电灯公司走过了坎坷18个年头，一路惨淡经营，效益时好时差，在那个风雨飘摇的年代，最终消亡于日本的侵华战争中。

普爱学校校歌

新浦普爱中学是在普爱平民义务学校的基础上建立的,1924年海属人士力争多年的陇海铁路,终于由徐州往东向海州铺筑,时临洪口帆樯林立,已成为商品货物集散地。1913年开办的东海县第二国民小学,因资金问题只开办了两年便关门,至新浦一直没有县办的新式小学。那时新浦子弟想读书,只能几家合请一位私塾先生,教授些"四书""五经"、《三字经》《百家姓》等旧式文化知识,已不再适应新浦开埠形势发展的需要。

四川人萧隐慈在新浦开设医院,与还在南京、上海、北京读书的李在田、姜鸿铭、王敬五商议办学,并会同商人周宜轩、李少西、王瑞五、周砚伯、王子云、谌锡九、孙肖韩等人,于1924年成立校董会,周宜轩利用自家位于民主路东首,新盖的楼房作为教室,大家各自出力筹办课桌,办起了普爱平民义务学校。

普爱平民义务学校开设新型课程,有国语、算术、体育三门课。为男女同校,这在当时封建思想还很浓的时代,遭遇阻力。校董们多方动员,四处劝说,勉强招收到40余名孩子。由于学生年龄相差较大,小的六七岁,大的已经十四五岁,故学校根据年龄分设一、二两个年级,教师由萧隐慈一个人担任。由于萧隐慈思想进步,遭受迫害,不得已离开新浦。

北伐军攻占新浦,原海州镇守使白宝山战败下野,在北伐军安排下,普爱学校搬入已没收的毒枭郭海山大院内,教室多了,学校由两个班增至五个班。校长由沈克强先生担任,教师也增加到七人。此时的学校经济好转,教师已不再是义务奉献,按月给予发饷。为了争取合法教育,校董事会呈请教育部门立案,成为东海县立小学,更名为新浦私立普爱学校。

1928年办起了六班六个教室的完全小学,这时的私立普爱学校毕业生外出升学,能够享有正常毕业生的同等待遇,1929年有了第一届完小毕业生。这些毕业生有的考入中央大学区的东海中学，有的考入东海中学附设的乡村师范科，此后每年都有一届学生毕业，有的继续升学，有的走入社会，在那个年代，完小毕业生俨然是个小知识分子了，能谋到事做。

普爱学校当时没有称为某某小学，也是当时的习惯，为学校今后增设初中部留有空间，这在那个年代是常有之事。由于学校性质为私立，校董们根据财力，前期办初级小学，即只开1～4年级，待学生增多，财力许可再增加班级，扩至6年级为完全小学。1930年秋，学校进一步发展，普爱学校增设了初中部，聘请沭阳人司柳溪为校长，原校长沈克强为小学部主任。学生有300多人，并成立了童子军。

1937年日本飞机不断对新浦轰炸，街上商店关门，政府机关搬至农村，民众纷纷逃难躲避，学校也就停办。1939年日本军队占领新浦，学校开学，日伪政府将其改为东海县第一新民小学，伪淮海省成立，学校又改为东海县第二模范小学。校长由东北人原显文担任，后又换上中正人乔汉三做校长，直至日本人投降学校才由原校董事会接收恢复原校名，校长由东海县临时参议会议长颜振流担任。1947年秋，普爱学校又增设了初中部。

普爱学校是一所历史悠久的学校，历经北洋政府、国民党政权、日本人占领。1948年11月7日连云港地区解放。新海连特区接管学校，派人走访教师，召开教职工会议，要求保护好教室、教具，派干部接管了东海中学、普爱学校、新民中学，不久三校合并，成立山东省新海中学，1949年夏又将连云中学并入山东省新海中学。

普爱学校曾有一首旋律优美的校歌，由当年的普爱校友张伦凡先生，根据记忆复原普爱学校校歌的歌词：“朐山苍苍，连云泱泱，陇海二等港。我校建立，山依水傍，历史最悠长。兄弟姐妹，欢聚一堂，工作游戏，读书歌唱，快乐无疆。锻炼锻炼，修养修养，人格需高尚，身体需健康，学问需丰富，精神需欢畅。努力建设，读书向上，发扬我国光。”

这首美丽流畅的校歌歌词，让人走入普爱那校园时光，读书歌唱，快乐无疆，乃是少年学子天真活泼、奋发读书、扬我国光的人生理想。当年孙中山先生主张的连云二等港，今已成东方桥头堡。普爱校歌歌词，今日读来仍令人振奋，留有无尽的遐想！

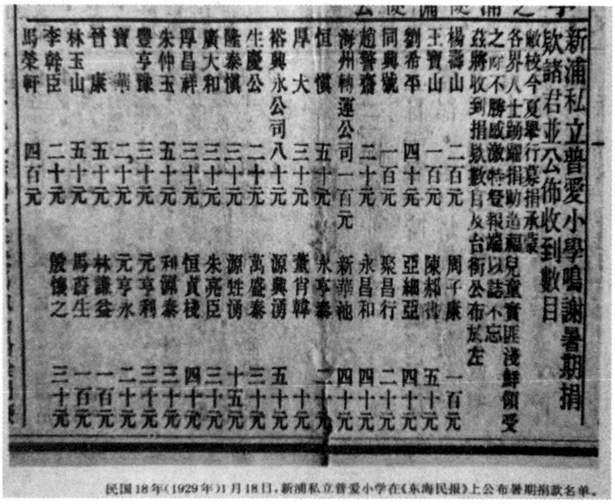
新浦私立普愛小學鳴謝暑期捐款諸君並公佈收到數目
敝校今夏舉行募捐承蒙各界人士踴躍捐助造福兒童實匪淺鮮領受之府不勝感激特登報端以誌不忘茲將收到捐款數目及台銜公布於左
楊壽山 二百元
王寶山 一百元
劉希平 四十元
同興號 一百元
趙警齋 二十元
海州轉運公司 一百元
恒慎 五十元
厚大 三十元
裕興永公司 八十元
生慶公 二十元
隆泰慎 三十元
廣大和 三十元
厚昌祥 三十元
朱仲玉 五十元
豐亨豫 三十元
寶華 二十元
晉康 五十元
林玉山 五十元
李幹臣 二十元
馬榮軒 四百元
周子康 一百元
陳郁[illegible] 五十元
亞細亞 四十元
聚昌行 二十元
永昌和 四十元
新華池 四十元
永亨泰 二十元
叢肯韓 十元
源興湧 五十元
萬盛泰 三十元
源姓湧 十五元
朱亮臣 三十元
恒貞棧 四十元
和源泰 三十元
元亨利 三十元
元亨永 二十元
林謙益 一百元
馬蔭生 一百元
殷鏡之 三十元

民国18年(1929年)1月18日，新浦私立普爱小学在《东海民报》上公布暑期捐款名单。

来源《连云港商会百年上册》中国文史出版社，第59页

福利昌巷义隆锅厂

福利昌巷有家制锅厂，叫义隆锅厂，是张静轩与马级三合伙开办的，租用的是刘复龙家的四合院子。有堂屋四间，东、西、南三面各三间，约有300平方米。旁边还有250平方米的场地，堆放煤炭、柴草，四周用松木棒子围着，东邻耶稣教堂西侧路口。锅是家家户户都用得着的炊事用具，老新浦街家庭做饭多数用的是草锅，一种烧草做饭的锅。义隆锅厂的张静轩曾在响水开办过锅厂，号“玉盛隆”，有六七个年头，算是比较精通制锅这一行的。

制锅是个季节性的工作，开炉熔炼铁水温度很高，那时没有防暑降温条件，每逢夏日高温季节就得停工。因而每年是过了正月十五开工，五月端午前停产，过了八月十五再开炉，到了腊月又要停工。义隆锅厂是手工操作，工艺简单，废铁进炉化铁水，手工拉风箱，倒铁水入模，出锅清渣刷洗，因而制锅又称倒锅。制锅活很苦，一炉铁水必须用完，连续工作流水作业，忙的时候两班倒，吃饭都在炉前。

工人多来自附近农村，有长工、短工，长工4人为技师，负责化铁水、倒锅、整模等活。短工7人是杂工，干些拉风箱、抬锅、压锅、出渣的粗活。刷锅、擦锅、打杂都是小工干的活。厂里管吃管住，技师根据倒锅多少提成，短工只能挣点零用钱了。一炉铁水可铸10多口锅，一天要出好几炉。烧煤化铁水，拉风箱、整模、刷锅，到处是灰尘。工人们脸上是黑的，手是黑的，只有眼珠和那口牙是白的。铸锅用的生铁多数来自东北，有时是北京那边的原料，也有送上门的废铁破锅。煤是枣庄的，有时用河南煤，反正地方上卖什么煤就用什么煤。

老板仔细，请的师傅认真，铁水看颜色，整模一丝不苟，铁水倒锅均匀，出来的锅废品率就低。杂工再用草把擦拭，每张锅光纯度高，银白色泽外观滑润，不脱皮不生锈，耐烧匀称省草省时。中等铁锅用的普遍，安排生产的量就大，大锅根据行情铸造，是什么时段倒什么锅。草把擦拭好的铁锅，再盖上“义隆锅厂”印记，扣在库房的地上，一排排倒扣的铁锅，闪耀光亮。义隆锅厂的锅质量好，买的人就多，远的由火车运往外地，近的街上大大小小杂货店销售，锅贩子推车挑担厂里提货，走街串巷四下贩卖。

新浦开办最早的锅厂是晋兴锅厂，由河北人高华龙于1921年（民国十年）开办，是老新浦规模最大的锅厂。此后由罗氏兄弟在西龎外开的锅厂、贾连福的同太锅厂、周凤鸣的德记锅厂以及周、唐、龚三人开的三合锅厂等7家锅厂，相继在新浦开业。投资大的两三万块钱，几个人合伙，员工十多人；规模小的，只有几十块钱，多为从锅厂下来的技工，两三个工人。义隆锅厂在新浦街，属于中等规模锅厂。

日伪时期的锅厂，由于有了海州电厂，用上了电力生产，但是日本人对铁、煤生产资料控制严格，为防止这些原材料流入山东根据地，制定了严酷的管理办法。锅厂生产的铁锅不准外销，厂里每卖一口锅都要经过伪政权批准，要报告锅的大小和数量，还要提供买主的详细情况。汪伪政府对锅厂开工天数，生产锅的数量，甚至锅的口径大小都有严格的要求，特别是八张的大锅，卡得更严，因为那可能会成为军队的用锅，因而有严格的限制。伪三新镇的汉奸，常来锅厂转悠，查看库房，打听原料情况，翻看账本，锅厂成了被监管单位。有的锅厂一年只允许开工两次，生产十几天，倒锅300来口。时局动荡，物价不稳，销路又封，许多锅厂难以维持，基本停产。

锅厂的效益不好，锅的价格就会上涨，普通百姓家会感到困难，因而就很珍惜爱护使用。铁锅用的时间长了，锅底难免就会结垢，既费草又费时。为了提高锅的利用率，常有人家会把锅翻过来，用铁铲子铲锅，铲掉多年的结垢。使用漏了的铁锅，也不舍得扔掉，会用来炕饼，延长铁锅的使用寿命。即使破锅成了碎片，积攒起来还可以换口新锅哩。1949年后锅的销路有了增加，周围百十里都成了义隆锅厂的销售范围，供应东海、赣榆、沭阳、滨海等县，铁锅供不应求。后义隆锅厂搬到了南极路17号，有员工17人。义隆锅厂在政府扶持下，在设备、工艺方面进行了改进，新工艺生产的铁锅，烧得通红的铁锅，猛地倒入冷水，只听得吱吱响声，冒着热气，铁锅仍然完好不炸裂，被群众称作“不炸锅”，又叫“保险锅”，受到消费者好评。1955年义隆锅厂产量1.42万口，产值2.7万元，实现利润3000元。1956年义隆锅厂与其他锅厂一起，参与公私合营，成立了新浦铁工厂，当年生产铁锅7.34万口。1959年成立新浦制锅厂，原义隆锅厂设备及员工隶属于新的工厂，继续从事制锅工作。

鲁商对连云港早期发展的历史影响

连云港是个古老的城市，秦设朐县，有2231年的历史。连云港名称出现于1933年（民国二十二年）2月，时老窑港口初成，民国铁道部部长顾孟余核准命名为“连云港”，至今不过87年，所以连云港又是个年轻城市。549年（南北朝东魏武定七年）连云港市始称海州，辖东海、灌云、灌南、赣榆、沭阳，因而连云港外海湾称“海州湾”。1949年称新海连市，1961年改名为连云港市。连云港城市呈带状布局，自海州、新浦而连云港，追逐海岸的东移，政治经济中心渐向海洋发展。这源于黄河南漫，占据淮河之道入海，大量泥沙淤积，海岸东延成陆，老新浦300年前才脱离水面。

连云港地处苏北鲁南过渡地带，受山东影响胜于江苏。由于泰山隆起，沭河、沂河自北向南由连云港入海，而苏北南侧淮河是一条由西向东河流，在盐城方向入海。交通不发达的古代，人类活动容易从山东到达连云港，因而六七千年前的藤花落遗址，具有明显的泰安大汶口文化特征。历史上连云港一直归属鲁地，周朝时属古青州，春秋战国时归郯国，海州孔望山有孔子问郯，登山望海传说。秦时与郯城同属东海郡，郡置郯城，后曾属琅琊郡，直至997年（宋太宗至道三年），海州属淮南路脱离山东之辖，前后长约2000余年。1949年后新海连市属临沂，1953年划入江苏。

齐鲁小学　作者 摄

现存于新浦公园内的《创建新浦天后宫碑》，记录兴建于1892年（清光绪十八年）的天后宫，是“得鲁商林乾一、林栋臣……诸公赞助”而成，为山东客商在此生意有成，公益赞助较早的文字记载。连云港产盐，水运便捷，是鲁南苏北物资集散之地。鲁商分别来自烟台、青岛、潍坊、临沂等地，其中牟平养马岛人来得早来得多，其时新浦新市街被戏称为“林半截”，是因牟平养马岛林姓店铺商号占据半条街之多而起。养马岛地少人多，有航海经商传统，北往朝鲜，南来新浦，将山东的苹果、梨运来，换回当地的粮食土产。有眼光的养马岛人还在此批发揽货，坐地经商。

1925年7月陇海铁路通达新浦，外地客商来此经商增多，有山东帮、河北帮、河南帮、江南帮、清江帮等。山东帮商人在各帮商人中，人数最多实力最强，有店铺近百家，长年活跃在新浦的山东人有两三千人。山东帮以地域不同错位经营，烟台、青岛主要是开土产贸易货栈，经营大宗粮油生意，在20多家大粮行中，鲁商占有一半以上；潍坊商人有织布的传统，开布庄是他们的传统项目，自织自卖布庄有20多家；临沂人喜欢开饭庄酒楼，新浦较早的第一饭庄即为临沂人孙松林所开，鲁商经营的饭店有九如、天顺楼、四海春等10多家。大家经营着不同的内容，互不撞车还可以相互帮衬，各为其所各有发展。

1923年前后，军阀混战，中原大地成为战场，津浦铁路受阻，物流中断，新浦的水陆优势凸显。山东货物经烟台、青岛运往新浦再转往苏北淮扬，不少山东客商涌集新浦。龙口粉丝在此交易或南下，收购当地绿豆北上，当时新浦的“三大家”中源兴涌布庄、恒兴德土产行，即为山东客商。位于新浦民主路协和巷内的源兴涌布庄，为山东潍坊人梁志臣所开，乃新浦首富，资本20余万元，有职工近40人。恒兴德土产行有工友约30人，资本金10多万。山东客商一大特点是经营粮食者居多，以福聚东为首粮油行，雇员南往灌云、淮阴，西去新沂坐地购粮，大船装运山东。各类棉布、青岛火柴，甚至张裕葡萄酒均为鲁商独家经营。

鲁商中经营油坊的养马岛人为多，有位叫林谦一的，在市民路北首，开了家同纪油坊。油坊占地3000多平方米，房屋44间。有榨房、库房，营业房、客商住房、职员宿舍，东、西院空地囤着黄豆，北院挖一大水塘，用作蒸馏豆胚水源。有40马力柴油发动机，这在当时已经是较大的动力设备了，另有碾豆胚机及油榨机约50部。油坊两班生产，每天生产豆饼480片，产量24 000斤，出油2400斤。烟台市政协的文章中，曾自豪地提及养马岛人：“养马岛各村在全国各大商埠几乎均开有十分有名的商号、工厂，是清末民国全国工商业发展大潮中不可忽视的一股力量。养马岛人一度是江苏海州（连云港）和盐城当地主要商业力量，其他难有匹敌者。”

出生于山东省黄县羊岚乡孟家村的孟环清，在翻看《中山全集》时，读到《建国方略》中关于建设海州港的计划，引起了他的注意。于是考察了大浦、新浦、板浦和海州，发现这儿盐商集聚，迎来送往，出手阔绰。于是筹足5000银元，1933年在民主路东头，开起德康食品杂货店。德康食品杂货店经营品种有：南北土产、食品干货、名酒饮料、糖果点心。

德康购销两旺，生意逐渐红火，短短几年的时间，德康总资产便超过了千万银元。

鲁商的经营特点是“以诚立本”“以义取利”，山东孔孟之乡，重义守信，对赊购的货物，到付款的时候一定要把款项汇出，短期手头有困难的也要想办法东挪西借先垫付上，实在是借不着的，也要亲自发信说明原委求得发货方理解，到时一定还上。良好的信用保证了生意的正常进行，使业务不断发展生意越做越好。鲁商在外做生意地域观念强，注重血缘亲情地缘关系，叔带侄友带亲现象很是普遍。山东人很是抱团，相互扶持形成坚强的基石，所谓人心齐泰山移就是这个道理。在艰苦创业之期，饭菜不仅要比家乡好而且标准还要高于老大街上其他商家，老板与员工吃一样的饭菜，不分老板、掌柜、员工、学徒，甚至理发、洗澡、洗衣都由店里包下，为员工消除后顾之忧，大家的精力都用到了生意上。

原山东同乡会礼堂　韩世泳 提供

1930年潍坊人徐敬甫当选为东海县商会会长，1932年又被推选为山东旅海同乡会会长，山东旅海同乡会位于新民路5号，是我市第一家异地同乡会，也是新中国成立之前唯一的一家异地同乡会。同乡会协调同乡与地方关系，帮助同乡生意发展，对困难同乡组织救济。为解决山东籍子女入学的问题，鲁商又捐资成立了齐鲁小学，齐鲁小学以招收山东籍子女入学为主，也招收本地及其他籍学童入学，有钱人家孩子按章缴纳费用，穷家子弟则可免费入学。高薪聘请专科学校教师，教学水平在地方上堪称一流。

鲁商在连云港早期发展史中，占据着举足轻重的位置，由于地域风俗相近，众多山东客商在港城落户生根，成为连云港发展的重要力量。大浦港开埠进出港口几百艘轮船之中，青岛来的占据八成之多，那遗存的东亚旅社等众多民国建筑，当初建筑师请的是青岛工程师、建筑技工，甚至主要建筑材料钢筋、水泥、玻璃等均来自山东。连云港早期发展多处都留有鲁商的印痕。

养马岛人在新浦

1925年7月1日铁路通至新浦，次年到达大浦港，新浦经济进入发展期。由于交通便利，逐步替代海州，成了苏北鲁南粮食、土产贸易集散中心，促进了以粮油贸易为主的各业兴盛。外地客商不断涌入，寻找商机。榨油这个古老行业也得以新兴，新浦老街油坊就有十多家。油坊遍布前河岸边，老街东头，后河街上。每年产油饼两万吨，豆油千多吨。产品北销天津、青岛，南至常熟、上海等地。在众多的外地客商中，山东客帮是来新浦最大的商帮，尤以养马岛人居多。烟台牟平有一海岛，传说秦始皇东巡时，路过牟平，隔海相望，岛上似有马鸣之声。秦始皇不禁赞叹道：好一个养马宝岛！自此养马岛之名传扬开来。然而岛上地少人多，土地养活不了这么多人口，为了谋生，不少民众从事木船运输。来新浦趟数多了，发现新浦粮油贸易市场很大，有的人就住了下来，利用两地信息做起生意。于是人传人，亲带亲，邻帮邻，小小新浦街，一下来了好多养马岛人。他们从事海上运输，粮食贸易，以至老街上有人说：新浦快成为养马岛的殖民地了！

海州自古就有榨油的传统，考古人员曾在海州南门，发掘出唐代油坊遗址，出土一米直径的油缸、榨油锤和数量众多的铜钱。海州地处苏北、鲁南交界，海、赣、沭、灌及山东诸县农产品汇集海州，形成了早期的粮食集散中心。海州殷、葛、沈、杨、谢五大姓，都有开粮行的，又以粮行之便，开设油坊。沈云沛于清光绪二十一年（1895年）4月，在海州创办牲泰榨油厂，其在致清商部报告中提及："海州产豆，可榨油，以其饼、油运青口，率自山东来，然土法未良，多夹泥泽，故只销内地，而他国无过问者。乙未（1895年）岁，云沛就本地合资20万两，参用石碾、引重各压法，出饼如镜面，逐渐销售洋庄。"沈氏用新法榨油，出油多，且油饼整齐如一。油饼是上好的饲料，因而深受国外用户青睐，自此走上国外市场。牲泰榨油厂本以榨油为主，油饼为辅，因油饼质量好，油饼十分畅销，价格不断上涨，油饼却成了主打产品，沈云沛遂将牲泰榨油厂改名为"临洪油饼厂"。1900年沈云沛又在新浦前河北岸，开办了半机械化的榨油坊。次年云台树艺公司所植1400万株茶茗、油桐等经济树木业已成林，沈云沛集资8万元扩建临洪油饼厂，增加生产茶油、桐油及油饼。产品由鸿门和小圩码头小火轮运出。榨油业已成为沈氏实业中，收入甚丰的企业，在此基础上，沈云沛又和赣榆士绅许鼎霖于1906年购铁榨200台，合伙在新浦开办赣丰油饼公司（位于现汇金广场身底）。拥有工人百多名，日产油饼45吨，是当时新浦最大的榨油企业。

在众多来新浦的养马岛人中，有位叫林谦一的，在市民路北首，开了家同纪油坊。油坊占地3000多平方米，房屋44间，分成东、西、北三个大院子。院内有榨房、库房，营业房、客商住房、职员宿舍，东、西院空地囤着黄豆，北院挖一大水塘，用作蒸馏豆胚水源。有40马力柴油发动机，这在当时已是较大的动力设备了，另有碾豆胚机及油榨机约50部。油坊两班生产，每天生产豆饼480片，产量24 000斤，出油2400斤。1939年日军占领新浦，同纪油坊老板将油坊转让给烟台聚昌永商号，更名为益昌油坊。原养马岛人林奇亭任掌柜、林继泰为生产总管，其原有养马岛技术工人，都被益昌继续聘用。日本人因战争需要，对粮油战略物资实行严格控制，垄断资源控制贸易。特务纠集汉奸林梓周等人成立海州华商粮谷组合，粮食运输、买卖要受日本特务机关经济课指导。凡粮食外运要有粮谷组合签证，实际上只有三井等洋行才能获得签证，而后又规定，只有粮食制品才能对外地销售。歪打正着给了新浦榨油业一个机会，黄豆加工成油及油饼，油在当地销售，油饼则可销往外地。聪明的养马岛人抓住了华北市场豆饼价格高的商机，大掌柜吩咐加大采购满负荷生产，派出多人去河北农村，专人负责车站、码头手续，生产销售一片繁忙。每天门前那提货运输的马车排起了长队，马嘶声声。院内几间客商住房，住有天津、烟台等地的客商，坐地拿货。门市打油者络绎不绝，低于5斤不卖。此时的益昌油坊有大掌柜、二掌柜、监理、生产总管、总务、会计、购销，还有大车（开机器）、浇油、榨油、搬运、打斗、筛豆等工人，院内囤着几十万斤黄豆，人齐料足内外行情看好。仅那伙房厨师就有三人，热气腾腾的益昌一片繁忙景象，至1942年油坊已有生产资金计黄豆60万斤。

益昌油坊工艺是半机械化的回旋压榨法，黄豆先行人工筛选，倒入碾豆胚机，碾成豆片，称重后放进蒸馏锅，蒸好的豆片再放进榨圈中。这榨圈中先铺上油草，放进豆片，工人穿上草鞋，用脚踩实成片，才可放到榨机中。每个榨机装饼五片，榨机间歇压榨，油逐渐挤出，顺着油槽流入储油缸。工人们光着上身，伴着油香，在轰鸣的车间中手脚不停地忙着，看着院内排队的马车，起劲地干着。益昌油坊从家乡养马岛招收十三四岁的青少年，是为实习生，乡亲乡邻语言通风俗同，便于交流和管理。他们从打扫卫生，跑腿干杂活做起，逐步学练，都有不少长进。忙时益昌有实习生近十人，大家忙时按能力做事，闲时识字、记账、学算盘。实习生分“存”或“住”两类，存是浮存、漂浮之意，即临时工人，存者只供吃住无薪水。表现好的录为住，有零用钱，年底发奖金。实习期间的吃苦肯干风气，影响着许多养马岛人的一生，杨振汉来益昌时只是个14岁的孩子，中华人民共和国成立后在市物资局科长任上退休。原山东曲阜市委办公室主任邹本莲，在益昌做实习生时也还不足15岁。一年终了，大家要回乡过年，东家要给员工发钱，这也是大家期盼的日子。大掌柜、二掌柜、监理、生产总管、总务、会计、购销等管理人员，除去月薪外，年底要给他们“份子钱”。东家扣除来年生产用钱、花红，按六、四分成，这也是当时约定俗成的行规，东家拿六，职员按等级分享这四成。职工、实习生、杂工，也是平时有薪资，年底根据一年来的表现，由掌柜从提取的花红中发给奖金。对不合格者，由两位掌柜商定，待正月十六吃完饺子再行辞退。

烟台市的文章中，曾自豪地提及养马岛人：“养马岛各村在全国各大商埠几乎均开有十分有名的商号、工厂，是清末民国全国工商业发展大潮中不可忽视的一股力量，尤以在东北闯关东和朝鲜经商者实力雄厚。另外，养马岛人也一度是江苏海州（连云港）和盐城当地主要商业力量，其他难有匹敌者。”民国时期来新浦的养马岛人，勤劳吃苦肯做事，团结努力善经营，他们是一个以乡情为纽带的群体，礼貌地积极与新浦社会交往，却固守养马岛自己的圈子，保留烟台的风俗，那一口漂亮的卷舌音，在江淮语系中成了一道亮丽的风景线，与地方不同。他们是成功的，那遗存在岛上的古庙宇、旧祠堂、老民宅，无声地说明着曾经的辉煌，养马岛是他们心中的家，新浦只不过是他们讨生活的地方。

新浦早期的体育活动

新浦成陆不过200来年，清同治元年，1862年，新浦前河（今市化路）还是盐运码头。到了光绪三十一年，1905年，大浦以“胶海关海州分关”名义自行开放，新浦进入发展期，外地人来此经商增多。尤以1925年陇海铁路开通，东海县商会自海州迁至新浦，有了大批外地商帮涌到新浦发展。新浦人口日渐增多，各项事业才有了开始。

新浦最早的民间体育活动，要数到中国传统武术，由于来此经商的外地人渐多，竞争激烈，考虑到人财的安全，商家高薪从外地聘请拳师来此看家护院，或为东家保镖。建国路西头的郭海山大院，因贩毒每天收到银元数量巨大，除有卫队挎枪护送外，还从上海聘请了印度人门前站岗。

拳师们空闲时收些地方年轻人为徒，增加收入，教弟子演练拳脚，每天清晨在空场地上要弄刀、枪、棍、棒，眼花缭乱、喝声四起。这在当时的新浦可算作是新鲜事。虽说当地人也见过跑江湖卖膏药的，铺上席子，玩上几招刀枪棍之类，但未及过瘾却是要推销药丸的。外地拳师的到来，每天都吸引着不少人围观，就连拾草捡粪的也会驻足看上几眼。

篮球运动的兴起在1927年，当时篮球已在新浦出现，时益三医院王益三医生喜好篮球，在没有场地的情况下，自做简易篮球圈，打打篮球做些动作，但在新浦已是新鲜事物了。后普爱学校（建国路小学）平整了操场作为篮球场，又竖起正式篮球架，开创了我市篮球运动的第一。普爱学校组建起小学生篮球队，聘请王益三医生为篮球指导，开展篮球活动。

时青岛轮船公司驻新浦办事处经理张憩园喜欢篮球，经常去普爱学校和老师王席之等人打篮球，时间长了，一帮球友便鼓动他成立一个篮球队，开展活动提高球技。1936年，由张憩园牵头成立了健华体育会，会址设在新龙镇小学，即后来的解放路小学。组建起“健华篮球队”，队员有史伯荣、周子虹、王铁英、郭新白、时白龙、刘锦帮、滕子馨等人。

当时普爱小学有两个学校，一为普爱学校，在内院；一为普育二校，在外院。普爱学校走南面的校门，普育二校走东面的校门，北面临建国路的大门上，悬以“健华体育会”的横牌。健华篮球队利用普爱小学篮球场，开展训练组织赛事，常与普爱小学篮球队开展比赛。还曾经代表东海县去徐州、青岛、上海等地参加比赛。

健华体育会内运动项目不少，设有球类，开展篮球、足球、乒乓球、网球、排球等活动，还有田径项目。税警总团的第六团指导员戴步瑞爱打乒乓球，新龙镇小学内有乒乓球桌，常有一帮爱好者在那里切磋球艺，比上一番。健之医院的王健之院长爱打网球，在普爱小学西北角有水泥地面网球场，那便是王院长与球友们的活动场地。普爱小学东北角原为泥土场地，为了篮球活动需要，由青岛轮船公司办事处出资改建为三合土地面，用于篮球、排球场地。

当时健华体育会活动经费、体育用品添置以及普爱小学场地建设，均有青岛轮船公司驻新浦办事处在招待费中支出。张憩园如此大手笔的花费，加之体育会总是聚集一帮年轻人活动，引起当局注意，时处抗战爆发前夕，国民党第八专员公署情报科，逮捕了张憩园。认为他的经费来源不明，联络青年教师，是有不可告人目的。结交军人，有刺探军情、收集军事情报嫌疑。关了一段时间，也未查出什么证据，后由东海县商会出面保释出狱。不久张憩园便返回青岛，健华体育会因财务告罄而解体。

健华体育会解散后，新浦爱好篮球运动的人断断续续还在活动，大家凑在一起，自费组织起“体友”篮球队。由普爱学校的仲延亮、刘锐文、范小峰，还有曾在税警团任体育指导员的张德功、在海州义德医院学习的谢振亚、李长兴等人组成。体友队队员技艺娴熟，正值青春年华，拼打勇猛，是徐海地区球队中的劲旅，日伪时期曾三次西去徐州，参加伪淮海省运动会，在彭城引起不小的反响。

上海青帮在港城

1924年(民国十三年)的新浦,是江苏陆军第五师师长白宝山管辖之地。这一年大浦人马玉清来到新浦,拟置地盖房。白宝山1913年由张勋派驻海州,后任海州镇守使,张勋倒台后,白宝山又投靠了直系军阀齐燮元。马玉清有弟兄四人,其为兄长,那时新浦已代替海州,成为海属地区经济文化中心,弟兄四人合计,在新浦盖房子,将家安在新浦。马玉清作为老大团结弟兄,共振家风,倡议弟兄四家住在一起,合盖马家大院。三个弟弟都表示同意,一致推大哥筹办此事。马玉清在新浦地头有熟人,带着看了几块土地,选中了西巅里,王巷北头卫生巷的一块地皮。经询查此地为白宝山师长的,托人递上帖子,白宝山见过帖子,知是马玉清,痛快应允很快成交。弟兄四人盖房并不费事,找个人张罗跑腿办事即可,马玉清只是简单画个样子,提点要求,有时带上三个弟弟来看看。马玉清讲究风水,“平地要显、坐满朝空。”盖前垫高地基,堂屋为楼南屋平房,建院方正对称,聚财聚气。马家大院堂屋楼房,上下各七间,南屋平房七间带过道,东屋、西屋各两间,共有25间。马家大院在当时也算是大手笔了,一下子盖起25间砖瓦楼房大院,非一般人可比,落成时白宝山派人送上贺礼,地方士绅富人也都拱手道贺。

马玉清兄弟四人是苦出身,光绪末年,在大浦生活实在难以为继,随着苏北一帮穷人,四兄弟流浪到了上海。老大马玉清在上海码头,找了份扛大包活计,老二马玉泰在轮船公司当上了水手,老三、老四拉黄包车。马玉清为人踏实能干,有哥们义气,在码头上颇有些人脉。后经朋友介绍,认识了青帮大佬李锦全,拜在李锦全老太爷门下,并拉上三个弟弟一起入了安青帮。陇海铁路于1905年(光绪三十一年)动工,1915年(民国四年)开封至徐州段铁路开通。关于东部海港之争已有结论,比利时与荷兰的投资方已和北洋政府达成意向,出海口定在海州大浦。青帮大佬李锦全与陇海路局关系甚密,考虑到马氏兄弟是大浦人,马玉清在上海码头又有人脉,马玉泰对轮船领港熟悉,为了把势力伸向大浦，经过深思熟虑，认为派马家兄弟去大浦码头合适。于是李锦全修书一封，让马玉清前往郑州，带给陇海铁路局工会的谢光明。马玉清于1918年（民国七年），自上海赴郑州，参加陇海铁路总工会会议，并被吸收为国民党陇海铁路特别党部党员。同行的还有二弟马玉泰及张胡庭，会议由谢光明主持，出席会议的有廖仲志。会议结束由陇海铁路局总工会，任命马玉清为扩建中的东海临洪口大浦港总大把头，参与大浦港扩建。任命马玉泰为大浦港领港，参与扩建大浦海关。

青帮是清代漕运中的行会性秘密组织，清雍正初期为清朝廷运河护粮，称作“安清帮”。也有说安清帮源于清雍正年间的安庆府，原为一帮护粮水手组织，端的是水运码头饭碗，后清亡民国起，“清”也就改作“青”了。民国初年，新浦青帮与江淮青帮一样干的都是漕运活计，门徒是水手、船工、扛包人，所谓吃的是一条河，那前河、后河码头都有他们的身影。海州地区辈分最高的青帮成员为“大”字辈，各占码头，活动在新浦、海州、板浦、青口等地。沭阳人郭海山就在上海拜青帮大亨黄金荣为师，1924年来新浦与白宝山合伙贩卖鸦片，恰逢江浙战争爆发，郭海山在上海助白宝山打败皖系军阀卢永祥，又引领白宝山拜了黄金荣，加入青帮特批为“大”字辈成员。后来的汪伪灌云县独立大队长周法乾、伪和平军72旅旅长李实甫都是青帮头面人物。当时在新浦辈分大最有势力的王三太爷（王玉琨）、张老太爷（张心斋），都是显赫一时的要人，手下门徒众多。他们有钱有势，呼风唤雨，成为地方不可撼动之势力，但却无缘插手陇海铁路码头。

1905年（光绪三十一年），海州自开商埠获批，以“海州关”名义对外开放，海关设于新浦东艞外（原盐场医院），大浦、墟沟、柘汪、燕尾港各口为分卡。海州关的开放，苏北鲁南的农副产品汇集，通过海关运往海外。在陇海铁路未通大浦，且大浦港没有形成之前，货物均由前河、后河进出，临洪口中外货轮进出繁忙，新浦成了苏北鲁南的一个经济区。马玉清是大浦人，对地方情况熟悉，1918年（民国七年），返乡参与扩建大浦港口。倚重陇海铁路局之委任，又有上海青帮背景，带来上海码头众多徒弟助手，各个方面是顺风顺水，因而开局很好。大浦处临洪河下游，离临洪口近，河面开阔，距新浦不过几里路，是当初港址选择地最佳处，也是清署理邮传部尚书沈云沛，力争陇海铁路东延海州的依据。1921年（民国十年），经过三年的筹备，大浦基础设施建设初步就绪，大浦正式对外开放。距1905年（光绪三十一年），海州获批自开商埠以来，过去了16年，从清末到了民国。大浦成立了海关报关行、招商局，设立了电报局、警察局，办起了劳工学校，成立了礼教会，马玉清任礼教会理事会会长，印仲达为副会长。时大浦有铁路轨道5路，码头5座，杂货泊位4个，南小堰灯鼓码头有转运矿石码头，出口日本。大正、裕兴永、陇海三家大公司的3座仓库，都是150米长50米宽的大房子。当年在大浦警察局登记的居民300多户，还有一万多流动人口。马玉清为上海青帮派驻大浦港的总大把头，手下有水手把头、码头装卸把头、运输把头，还有街面口各业把头。地位显赫，徒弟众多，在大浦是场面上独领风骚的人物。到了1924年（民国十三年），马玉清在大浦码头已经营了6个年头，当持帖去拜访海州驻军最高长官白宝山时，大家都是久仰大名如雷贯耳，强龙与地头蛇都是心领神会，马玉清要在新浦西巄里买地盖房，白宝山当然要给予许多方便。

1926年（民国十五年），陇海铁路通到大浦，陇海铁路局在大浦专门设立了港务段，负责大浦码头业务。下设水灾班、压机班、大平车队等。进口货物除由铁路转运外，还由平车、汽车、木船运往新浦盐河（现盐河桥处），通过内河转往各地。大浦码头各大公司有：大正、裕兴永、陇海、中兴、公益、大陆、福康、九大、自兴等，还有72家各专业公司。自1926年（民国十五年）至1932年（民国二十一年），这6年间大浦港已渐成规模，也是大浦港的鼎盛时期。民国《调查新浦镇各项商务报告》中指出："新浦为将来东海商业荟萃之区，自陇海铁路成立后，市面日益发达，此路长达10余里，刻下至大浦终止。所通之车以运货为大宗，陕甘之水烟、药材，河南之棉花、烟叶、红枣，均多数由陇海转运至大浦，然后由轮船分运上海、青岛、大连等处。"又载，"轮船均泊大浦，以往返上海、青岛等处为多，由轮船公司或代理家接收。总机关均驻新浦，而大浦设办事处。至于轮船往来，至多十余只，少亦三四只，上海招商局于去秋开办大浦航线，开行长期班轮。"最繁忙时，大浦港同时停靠14艘千吨级轮船，贸易转运公司达80多家。此时前河已渐淤塞，后河码头由当初主要出海口，被大浦港取代，成为大浦港驳船接运码头。1928年（民国十七年），自大浦往来青岛船只226艘，货物吞吐量16 078吨，两年后吞吐量增至41 845吨，货船跃增至315艘。大浦火车轮船进进出出，货物堆积如山，市面繁荣，人流如潮。街上京广杂货、饭店酒馆50多家，著名的有大观园、云台山、山东复兴、大兴、文茂、公兴泰、马德全、赵长余、陈殿科等，店铺是一家挨着一家。还有大烟馆、赌场、澡堂、照相馆、中医院，以及学校、报馆等。天黑下来的时候，100多盏汽灯高挂各大商号门首，沿街路灯倒显得如萤火一般，东西南北大街照得如同白昼。街上是人山人海，各色人等，除了那几百户常住人口，还有那些船上水手、铁路员工、外来差办、劳工杂役，以及商号掌柜、进出口货主、机关职员、大小把头等。正值青壮年龄活力甚满，夜晚对他们是有诱惑的，不约而同都涌向大浦街头。各位兴趣不同，爱好相异，目的也不一样。有的摆酒席，有的抽大烟、有的去赌场、有的嫖娼妓。那些看小戏、品扬琴、听鼓书的也是各有所乐。马戏杂耍在广场围成个圈，大马戏团在礼堂，吸引着不少的人。在大浦上海来的人不少，时上海转运公司的杜主任说，这大浦的夜晚，比上海大世界还要热闹。

进入20世纪30年代，临洪口开始淤塞，河道多处有浅滩，千吨级大船不能进港。迫使陇海铁路局设法追加投资，打通孙家山隧道，使陇海铁路东延老窑，同时在老窑加速码头建设。大浦港的淤塞更加严重，多次有船搁浅，英记公司的“英发轮”、日本的“白鹤丸”两艘海船，在临洪口触礁沉没，加速了大浦港口淤塞。后来800吨的小火轮也只能停在深水处，由小船接驳转运。1933年（民国二十二年）2月，民国铁道部部长顾孟余核准命名老窑为“连云港”，1936年（民国二十五年）底一、二号码头建成，第二年连云港港口宣告开业。大浦港还在克力强维持着，中国时局已现危机，1931年（民国二十年）侵华日军发动“九一八”事变，扶植伪满洲国。1937年（民国二十六年）卢沟桥事变爆发，紧接着9月13号日本侵略军占领前三岛，海面已被日军控制，大浦港陷入停顿。马玉清随其他大浦留守人员，紧急撤往上海，连云港港口也疏散撤离。日本人占领了大浦、连云港，选派日本人坨国为大浦大把头，汉奸丁立仲为二把头，连云港由一朱姓汉奸做了大把头。抗战胜利后，一切都在接收中，上海青帮通过一番运作，不愿放弃在连云港码头势力，由上海青帮大佬出面，陇海铁路总工会任命马玉清为连云港总大把头。马玉清带上老二、老三、老四三个弟弟，以及张胡庭、赵月林等一大帮人，浩浩荡荡自上海出发，前往接管连云港码头。日伪时期的朱姓汉奸大把头，早已逃之夭夭。马玉清等人在十二道房下面，找了房子做办公室，挂上了陇海铁路工会的牌子，代表上海青帮掌控了连云港码头的业务。1946年（民国三十五年），有天晚上徒弟李保请马玉清去吃海蛎汤面，吃完以后回到住处，当晚马玉清突然死亡。第三天港口码头，大小徒弟为马玉清大办了丧事，在大村找了块墓地葬了。后上海青帮安排其大徒弟赵月林接任，由陇海铁路总工会任命为总大把头，张胡庭任连云港陇海铁路工会主席，接着办起了陇海铁路工会员工学校，张胡庭后当选为民国国大代表。马玉清死得突然，是突发疾病正常死亡吗？马氏兄弟是不相信的。是逃亡的朱姓汉奸大把头报复？可能性不大。是马玉清年龄偏大工作不力，上海青帮想换将？还是徒弟有密谋暗生杀心？在时局动荡之际，马家兄弟既无办法查清，也无能力追究。青帮内部相互倾轧，走马换将历史上是屡见不鲜。1948年（民国三十七年）11月8日，国民党税警团逃离连云港，上海青帮在连云港码头势力也告结束。从1918年（民国七年）到1948年（民国三十七年），上海青帮在大浦、连云港码头势力，整整30个年头。

新浦电话局

20世纪20年代的新浦，是商业发展的初创时期。1925年的中国有北京、广州南北两个政府，1926年广州政府开始北伐，仅用一年多时间，北洋各路军阀战败，1927年民国政府还都南京，战争退去，经济进入了恢复期。

1925年陇海铁路通达大浦，新浦的经济发展上了台阶，有大振、合众两家轮船公司，开通南北航线。新东电灯公司开办，使新浦商家、百姓用上了电。商会也自海州搬来天后宫，新浦已取代海州，成为东海县的经济、交通中心。交通和商业的发展，对外的联络便显得尤为重要。早期的新浦对外通邮，都是各自派人去海州办理，1901年新浦设立了邮件代办点，此为旱班邮路，即人力步行一站一站递送。其时的新浦邮件是先送达清江浦，即今天淮安，再转镇江邮政枢纽对外发送，时间长效率低。

1907年新浦成立了邮政局，是为二级局，属镇江邮区管辖。随着新浦铁路、水运的发展，邮路的效率也得以提高。然而电报、电话的业务，还是要到海州去办理，这给用户带来了不便。特别是商家，一个电话一份电报，均需派人去海州，费时费力又耽误事，故而反响强烈，急盼在新浦能设立电话电报局。1929年9月5日东海县商民协会，应商民要求，呈请交通部，将海州电话局移设新浦。9月12日文号为第一八五二号的交通部批文，由时任交通部长王伯群签署予以批复。

批文回复："据各业商号呈请，将海州电局移设新浦，或于新浦另设分局，以便商民等情，转请鉴核施行。由江代电悉，查新浦商业繁盛，且为陇海线之终点，所请设立电局一节自属可行。惟海州为行政之区，既已设局，似毋庸移撤，应于新海间架设电报线一条及电话线二条，以利交通而便商民。惟此项建筑费用为数不赀，兹为赶速筹设起见，该商会可暂行筹垫，由将来新局报话费收入盈余项下分期归还。除令饬青沪干线工务处，迅即派员前来筹垫办法，再行勘估呈核外，仰即遵照商洽办理为要。"

交通部针对东海县商会，要求设立新浦电话电报局之事，认为海州已经设有电局，不必移撤。可以新开海州与新浦之间电报线一条，电话线两条，用以解决新浦话报困境。那所需建设的费用，暂由商会筹募先行垫资，等到新浦电报、电话费收入有了盈余再分期归还。匪夷所思的是，这位王部长在批复了这份东海县文件不久便辞职了。这是为什么呢？这里有一段插曲。王伯群贵州兴义人，1885年出生，中国同盟会先驱、中国近代民主革命先驱、政治家和教育家。1927年任交通部部长兼交通大学校长，私立上海大夏大学董事长，即今天的华东师范大学。批复东海县商会文件前，王伯群丧妻，正在忙于续弦。45岁的他看上了大夏大学的校花，19岁的保志宁。校花保志宁年纪轻却颇有些心计，面对王伯群疯狂地追求，开出了三个条件：一、先将10万美金存入她的国外银行账户，二、婚后保证让其出国留学，三、在沪购置花园别墅。王伯群拿不出这么多钱，怎么办呢？

承包民国交通部大楼的建筑商，酌辛丰记营造厂找上了门，愿为王伯群建造一栋欧式别墅，赠送给王部长。1930年建筑商在上海长宁区愚园路动工，1934年别墅建成，1935年王伯群、保志宁二人成婚。受贿之事不久暴露，王部长陷入了“别墅风波”。因碍于其为何应钦子舅，民国政府未予追究，王伯群被迫辞职。上海人讥讽道：“娶了一个美女，造了一幢豪宅，丢了一个官职。”这栋豪宅王伯群只住了两年半，抗日战争爆发，王伯群随国民政府去了武汉，别墅成为汪精卫公馆，现在是上海市长宁区少年宫。有趣的是，近年这栋欧式花园别墅，被评为上海近代十大优秀建筑之一。此为题外话。

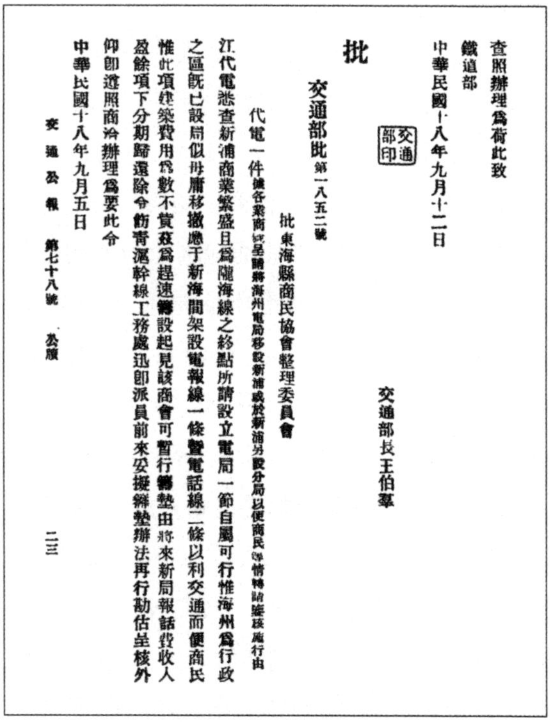
查照辦理爲荷此致
鐵道部
中華民國十八年九月十二日
交通部印
交通部長王伯羣

批
交通部批第一八五二號
批東海縣商民協會整理委員會
代電一件據各業商民呈請將海州電局移設新浦或於新浦另設分局以便商民等情轉請鑒核施行由
江代電悉查新浦商業繁盛且爲隴海線之終點所請設立電局一節自屬可行惟海州爲行政之區既已設局似毋庸移撤應于新海間架設電報線一條暨電話線二條以利交通而便商民惟此項建築費用爲數不貲茲爲趕速籌設起見該商會可暫行籌墊由將來新局報話費收入盈餘項下分期歸還除令飭青滬幹線工務處迅即派員前來妥擬籌墊辦法再行勘估呈核外仰即遵照商洽辦理爲要此令
中華民國十八年九月五日
交通公報 第七十八號 公牘 二三

来源民国交通公报第七十八号（1929年9月21日）

王伯群批复了东海县文件后，新浦商家筹建了四年，1933年先开通新浦、海州、大浦之间电话业务，有155门磁石交换机。这时新浦北往青口，南经板浦、大伊山、到新安镇的线路也已铺设完工。次年新浦长途电话交换所成立，新浦可与连云、东海、灌云、徐州、宝应，开通长途电话业务。电报业务直至1937年6月，新浦电报局设立，方才开通电报业务。

民主路上消失的老字号：万康祥食品店

现存于新浦公园内的《创建新浦天后宫记》碑，开篇写道："新浦据蔷薇河下游南岸，上沿沭河，土货泛而至焉；为运河尾闾，河流所及之，土货泛而至焉。渤海商舶，因是翔集，而交易成然……至是庙落成后，商业日兴，经营乃有今日。闻诸父老言，新浦之兴自有天后宫始。"这是1918年毕业于上海龙门师范学校、时任东海县商会副会长的刘振殿，应族人要求而撰写的碑文。新浦天后宫开工于清光绪十八年，1892年，历10年建成，天后宫见证了新浦从渔村到商贸城镇的形成，新浦的商业日兴自有天后宫始。

从清末到民国，新浦通河临海的地理位置，造就了这块土地成为苏北鲁南农副产品集散地，1925年陇海铁路开通新浦，大浦建港，外地商帮涌来，进一步促进了新浦街的繁荣。在那生产力不甚发达的年代，食品糕点消费的需求，就成了那个时代经济发展水平的标尺。新浦在城市发展初期，商贸日兴，也伴随着食品作坊兴起。在20世纪30年代，老大街先后有同复春、复泰永、稻香村、恒信、复源永、永盛祥、德康、仁康、恒康等食品杂货店开业，这些食品店临民主路开店，后院设有食品作坊，生产糕点和糖果。

民主路上食品店作坊，糕点、糖果制作的技术，一源自海州，二来自山东。古城海州糕点制作历史悠久，马金山、孙洪元、杨立业、潘秀华等人是海州糕点名师，都在民主路上各家食品店做过，他们制作的条酥、麻饼、蛋卷、蛋糕、糖果、桂片糕、芝麻糖、花生糖等，是地方传统糕点食品，甜味适中，在海州、新浦有一定的影响。由于工艺及模具所限，香味欠纯正，质硬酥少，整形不齐。稻香村、恒信食品店，请来的山东糕点师秦锡福、金铭清，由于学习过北京宫廷糕点技术，技术较高，带动了新浦糕点工艺水平提高。增加了萨其马、香酥片、千层酥、蜜三刀、京八件等多个品种，糕点香味醇厚、色泽鲜明，酥脆爽口，整形较齐，具有山东、北京的综合风味。

稻香村算是新浦老街开办最早的食品店了，1929年由山东黄县人金范五来新浦创办，地址位于后来开办的万康祥食品店东隔壁，这是富安刘氏的房子，坐南朝北，门面三间，仓库三间、点心作坊三间，后在门面上又加盖了三间楼房。稻香村有股东五家，金范五任总经理。上海、青岛、天津派有“座庄”，就是采办，在那里了解行情，组织货源，负责发货，青岛发来的食品货物通过汽轮运到大浦，再用卡车运到店里，上海、天津发来的货物要通过火车运来新浦。

青岛“泰康”的点心食品、上海天厨味精、章裕公司的葡萄酒，还有鱼翅、鱼肚、海参、干贝、鱿鱼、海米，人参、燕窝、银耳蜜枣、青梅红绿丝，样样俱全，琳琅满目。1939年2月日寇占领新铺，稻香村停办，恒信、同复春、恒康、复泰永等食品店后相继停业，只有永盛祥、德康等店维持营业。

万康祥开办较晚，1947年春，由顾翔哉约集李仲秋、胡敬同、董熙农、刘少山、杨震山等十余股东，凑股本8000万元法币，开办食品店。店址选用原恒信食品店旧址，坐南朝北，条件适中。这位于市民路东的老大街上房子，二层楼房，系殷家所有，恒信食品店息业后一直闲着，楼下有门面房五间，加上后院有20多间，门面开店，后院做仓库与作坊。

股东公推顾翔哉为名誉经理，负责在上海座庄，办理进货业务，掌握行情。李仲秋为经理，负责店务，主持营业，经管总账，苏树亭为账房，门市上有店员十一二人，后院做点心的有四五人。

万康祥经营的食品，由顾翔哉从上海直接发来，有冠生园的各种食品罐头，各式糖果，上海产的奶粉、奶糖、奶油巧克力、奶油饼干等。还有白兰地、葡萄酒、海参、海米、鱼肚、鱼皮等。自家作坊做的点心糖果：条酥、麻饼、金钱饼、白糖果、月饼、杂糖等。万康祥的罐头糕点、南北干货成了老街人请客送礼的佳品，逢中秋、春节，店里日夜赶制糕点、月饼，也难满足街上的供应。万康祥还有零打食油、曲酒、煤油等业务。

早期万康祥的生意很是兴隆，上午七点开门，晚上九点打烊，购买食品的顾客络绎不绝，节日里，货架上的货物销售一空，每晚伙计们补货忙得是不亦乐乎。经理李仲秋时常到洋桥巷等热闹地方，了解行情，探听商品涨价、跌价消息，对紧俏货，回来后便适当改动价格，缺货的赶紧写信去沪催办，顾翔哉也经常自沪来函通报行情。

万康祥食品店的生意货真价实，变质的立即撤柜，绝对不卖，有时还拿出样品请顾客先品尝再谈买卖，因而在新浦老街有很高的信誉。进来的八角参，先行挑拣，把碎的、差的拣出来再出售。对自家做的点心，要经过品尝，合规格才拿到柜台出售。为方便顾客，还采取送货上门的办法，无论机关单位，或行商老板，只要打个电话来，说出要的货名品种和数量，立即就由店伙计送过去。对客户委托给送别人的礼品，店伙计上门取他的名片，给直接送到。

职工的工资待遇按等级，店员一般每月24—25元（折合当时的银元），最低的是8元，学徒供吃饭。年终分红，凡盈利一万元，留30%扩大再生产，70%按股分摊。全体职工都在店里吃饭，早晚都有点心与两个熟菜，中午有两素一荤。免费理发、洗澡，职工家里遇到困难还能借点钱。

1956年合私合营，新浦11家食品店集中到万康祥和生庆公茶庄后院，搞了两个食品加工车间，在万康祥门店销售。20世纪60年代，两个食品加工车间从民主路迁移到连海路，成立了新浦食品厂，1979年改称国营连云港市糕点糖果厂，80年代改名食品总厂。万康祥老店址在1996年旧城改造中拆除。

民主路德康食杂店的兴衰

1933年在民主路东头，新开了一家食品杂货店，当时在老大街上，光是食品杂货店，已经有九家，这家叫德康的食品杂货店，虽然是后来者，却名冠海属之地，它的发迹颇富传奇。德康店的经理叫孟环清，出生于山东省黄县羊岚乡孟家村。不到20岁，便外出寻活路去打工。当时第一个落脚点就是韩国的汉城，今天叫首尔，到一家烟台人开的“瑞盛”商号汉城分号做事，学会了能说上口的韩语、日语。

德康食杂店旧址　作者 摄

孟环清爱动脑筋，觉得为别人做事，难以成就大事，不如自己当老板，于是辞掉了在“瑞盛”分号的事，独自在汉城开了家成衣铺，既来料加工又制作成衣。利用以往的人脉外出销售，业务逐渐开展起来，手头也有了些积蓄。有了闲余资金，听说烟台德隆印刷局的生意好，欲对外融资，于是投入千元入股，成为德隆印刷局股东。

日本商人仗势挤占在韩华人业务，孟环清发觉生意是越来越难做了，于是开始逐步收束自己的生意，变现资金一万元日金票，汇入烟台的德隆印刷局。安排家人回国，关掉商号，于1931年乘船回国到了孟家村。一日在翻看《中山全集》时，读到《建国方略》时，孙中山的关于建设海州港口的计划，引起了他的注意。《建国方略》中提到交通发展，设想三个一等大港——曹妃甸、上海、广州，四个二等港——营口、福州、海州、钦州，还有厦门等九个三等港。文中描述海州港时说，海州位于中部平原肥沃地区之东陲，在北方大港与东方大港间，海兰铁路终点（海州—兰州），海州内陆水运便利，是为不冻港。

海州可能作为中国的二等港口，这提醒了他，感到可能就是个机会。黄县到新浦四百来公里，陇海铁路已到达大浦，老窑港口也在筹建中，他听过在新浦经商的叔伯舅舅讲过，新浦的商业这几年发展很快，于是很想到新浦看看。孟环清到新浦，找到了叔伯舅舅李华堂，看了新浦、海州的商业市面，又到了板浦、大浦和老窑转了一圈。发现这地方盐商集聚，迎来送往，出手阔绰，大浦码头商船很多，老窑港已有了码头，觉得有商机。

于是孟环清投资3500元，拉上舅父李华堂入股，又联络了其他几个人，筹足5000银元，合伙开个食品杂货店。他和老舅在新浦大街上看了几天，选择店铺位置，看中了馨祥酱园西边的地方，与房主谈妥买了下来，拆掉草房盖起两层中西合璧小楼，拉起个院子。前楼一层门市，二楼账房、经理室，后院辟为作坊，取名“德康食品杂货店”。

干食品杂货这一行，孟环清没有做过，初期开业，聘请了熟悉业务的同乡张云升为经理，经营状况不知为什么一直不好？店里账面亏损多达一千多元。这时老舅开始担心，这个店开不好，怕亏了自己的那点老本，遂提出了退股。李华堂抽走资金，造成店里流动资金短缺，又加生意做不起来，真是焦头烂额。

孟环清是个仔细人，虽说自己是外行，可他知道生意道理是相通的，时间长他看出了问题所在。发现张云升的弟弟，在老大街西头的鱼市口，也开着一家小食品店，德康外庄在上海、青岛等地进的货，常在张云升弟弟的小店里卖，原来他的老乡是在利用德康的资金，做自家的生意。于是辞掉了张云升，自己来做德康经理。

当时德康食品杂货店经营南北土产、食品干货、名酒饮料、糖果点心。员工有十几个人，前店是销售，后院做点心，同时有派驻上海、青岛、天津的外庄人员。面对店里店外一大摊子事，孟环清主抓门市经营，掌握各地行情，统管人财物。他要求外庄人员利用业务关系，了解行情，随时与自己电话联系，重大业务都是自己亲力亲为。孟环清还坚持每天都听收音机，了解时局行情，做到适销对路，有利可图，因而德康购销两旺，生意逐渐红火起来，两年不到便扭亏为盈。

在分配上做到公平公正，店里一年分配一次，决算时留有两成作下年资金，余下按东六西四分配。即股东分六成，营销人员分四成。职员按职级来分，店里食宿，平时生活费用先予支付，这样的管理提高了大家的积极性。德康人每年收入都是不错的，有一位点心师，一年就能分得银元150块，这在老大街商铺中是够好的了。

1939年日本军队进攻连云港，飞机多次对新浦、海州轰炸，街上人心惶惶，不少店家关门走人。不久新浦沦陷，大批日本军、政、商界人员涌入，多数商家不敢开门。为繁荣市面，日伪政府强令各铺开市，否则要以通敌罪论处。孟环清觉得生意还是要做的，加之他会日语，可以为他的生意提供机会，便开门营业。

日本人正想利用德康来支撑市面，日商企业三井、三菱等洋行也与德康建立了业务联系，孟环清又用熟悉的韩语，搭上了韩国商人，孟环清成了民主路上为数不多的，能同时和日、韩开展业务的商家。

德康从日本商人手中倒来面粉、食糖、香烟、布匹、煤油，在海属地区批发零售，这些战争期间紧缺的物资，批发零售的差价很大，因而德康获利颇丰。至日本投降前，德康每天销售面粉500多袋，食糖日销售近2吨，这在当时是不小的销售量。德康还经营天津来的“永利”碱粉，上海的天厨味精，烟台张裕葡萄酒等商品。德康门市货架上总是满满的，这些紧俏商品，都是别的商家很难进到的。此时对德康来讲，罐头烟酒、糖果点心都是小业务了，海赣沭灌及临沂等地客商，争相前来批发大宗货物，每天开票取货的人都要排队，德康已成为新浦街上的大批发商。

德康不仅大宗批发做得很好，门市零售也很红火，由于孟环清会日语和韩语，门店来的日本人、朝鲜人就很多，还有街上富裕家庭以及四乡八镇来做生意的人，都愿意到德康买点东西带回去。德康后院的作坊，每天做点心一百多斤，品种有十多种，中秋、春节更是供不应求。

遇有资金周转困难，孟环清会去朝鲜银行贷款，由于业务量大，银行总是有求必贷，所认德康的生意一直运转良好。此时的德康是，客潮如涌踏破店门槛，财源似瀑生意浓。日伪时期是德康快速发展的黄金时期，短短的几年时间里，德康的总资产便超过千万银元，就在现代也是个不小的数目。

有了钱的德康便广置田地，在墟沟买地几十亩，在灌云仲集置田千余亩，又在民主路上盖起大片房产。然而好景不长，1945年日本人投降了，国民政府接收人员进入新浦，德康与日商的密切关系，成为接收人员考量的要点。虽说都只是做生意，可德康是在国难当头大发其财的，于是德康上了稽查名单，最后罚德康关金万元。关金是民国时期发行的，海关计税金本单位。可是孟环清不愿缴纳这笔关金，遂被作为敌产查封。德康食品杂货店，以它的方式，在老街上生存了13个年头，从亏损到辉煌，终于走到了尽头。

现位于民主路公大商行东面的德康食品杂货店，1949年后曾做过新华书店，今在民主路一条街的改造中，后院已经拆除，唯剩沿街门面二层楼房，虽修饰一新但旧貌仍存，作为老街上的历史建筑遗存，记录着那个扭曲年代曾经的故事。

连云港建成之初日商组织庞大代表团参观

1933年《建筑专刊》第四十八期报道：陇海铁路终点海州，其大浦码头地濒临洪口，日渐淤塞，潮水时水深七八尺，无潮时仅为三尺，轮船常遭搁浅。陇海路局为开辟西北货物出海口岸，决定建筑新码头，选择东西连岛对岸老窑辟为新港，取东西连岛与云台山二地名中一字，命名新港口为“连云港”。一号码头预计次年竣工，大浦港即行废止。

第二年一号码头经荷兰公司建造，初步工程已告完竣，10月1日开始停靠船只，预计年底可停靠海轮三艘。上海招商局为提前做好运输准备，在连云港设立招商分局，任命陈永杰为招商局海州分局长。总局关注这上海与青岛间的新港口，联络陇海路局，一俟码头建成即安排商船，组织揽货，抢占运输先机。故要求陈永杰赴沪汇报。

陇海路局根据码头建设情况，定于11月20日允轮船进入。关于水陆联运的营业事务，招商局设立专业部门，聘周凤图为主任，负责与陇海路局对接此项事务。陇海路局对此业务十分重视，派出专职人员8名，常驻上海招商局，协助调配联运物件与码头栈房堆放事宜。双方签订联运合作协议，陇海路局建造5000吨货栈一所，免费供招商局堆放货物，招商局海运货物在连云港由康正记独家驳载。

老窑码头的建成，引起了日本商界的关注。1935年1月10日，在华日本商界汇聚青岛，以日本纺织同业会理事平冈小太郎为团长，成员有福昌公司、大同洋纸行、正金银行、瑞丰棉行、大裕胶皮工厂、日华蚕禾会、三井洋行等15家组成考察团，拟前往连云港参观。日本驻济南、青岛领事馆为其成员签发两个月护照，并通过外交渠道知会江苏省政府，灌云县政府及陇海路局等相关单位。

日本工商视察团10日由青岛出发，夜宿济南，11日由津浦路南下，12日晨到徐州即转乘陇海路车东行。视察团在新安镇受到海属地方政府人员接应，于下午4：30到达新浦火车站，由地方政府安排下榻在老大街东头南首的大东旅社。13日，18人的日本工商视察团成员，兴致很浓，早上6：30乘坐陇海路火车，由新浦前往老窑参观。

在连云港码头，路局港务处主任张杰超、陇海路段长董耀堂，带领日本工商视察团一行，参观一、二号码头。二号码头即将完工，其西岸已停泊两艘轮船。一号码头正在抛填，荷兰公司承包的土石方工程，用小火车运石，工地甚为繁忙。日本工商视察团诸人对于水深、地质、吞吐量以及海州地方商业多表关注，询问颇多。码头仓储的棉花，引起纺织业日商兴趣，用手撕扯棉絮，检视纤维长度。

建设中的连云车站　龚振起 提供

团长平冈小太郎，提出要见荷兰建港负责人哈姆，因是星期天，其去休假，未及寻得。随行成员有人拿出相机，欲对码头拍照，遭路局人员婉言劝阻，日人颇感意外，竟有不满表示。1933年9月28日《天津益世报》有消息报道，日本参谋部收买汉奸张志东，陪同日人高桥长男，由大连转青岛往连云港，在偷绘老窑地图时被抓获。

由于安排的时间短，日本视察团未能上山参观小镇，中午11：00乘车返回新浦，下午2：00抵达大东旅社，早有灌云县政府提供的汽车4辆在门口等候。日本视察团要求再赴大浦码头察看，县政府人员告知道路因雨泥泞，公路交通不便，但日人仍很坚持。当听说四乡恐有土匪时，改为要求参观飞机场。14日早晨，日本视察团一行结束此次参观，乘陇海列车西去，晚8：30抵达徐州。

在徐州，日本视察团的平冈小太郎及伊泽分别接受《申报》记者采访，对连云港工程之宏伟，颇多赞赏。提出连云港距青岛很近，应加强海上运输合作，希望促进中日贸易云云。对老窑码头地处山脚，腹地狭小，将来建造货栈颇受限制。连云港两个码头竣工，只能停泊3000吨轮船6艘，不能与青岛可停万吨25艘轮船相比。认为连云港地处上海、青岛之间，西连中原，仍不失为吐纳货物之良港。

1935年盐河水暴涨板浦城危在旦夕

《申报》1935年报道，9月19日夜，沭阳六塘河老堤溃塌，早已与岸平齐的河水，如脱缰之马，狂泻奔腾。虽组织民夫抢险，无奈23日晚杰庄新堤又垮塌多处，无法抢堵。河堤上民夫只得退守柴米河堤，做最后的防守。决口处村庄已漫进水，民众拖家带口，慌不择路寻高处藏身。东海、灌云处在下游，形势危急。东海县署忙命召集民船，停泊新浦各河口，准备抢险。

此时的灌云自汤沟至杨口20多里，河水已抵岸顶，涟河交界之葛集、官庄又出现10多处险段，县府邀集民夫上堤日夜看守。受上游水势影响，柴米河已危在旦夕，河水随时漫过堤岸，薄弱处可能崩溃，灌云县政府只得将力量放在盐河。然而盐河水位连日暴涨，因潮汐关系，黄海潮位已连续两日上涨，盐河之水无法下泄入海。南方清江运河不让排水，恐致水情严重的里下河地区再雪上加霜。没有办法之下，灌云县联络涟水县，组织人力加高盐河大堤，自板浦大南门外，上至新安镇再到涟水县西门外。由于河宽堤大，用土量大，民夫拼力连日抢补。

到了10月4日早晨，大伊山街北头开始上水，大伊山至板浦、新浦的汽车公路积水，已有一尺多深，板浦城外农田尽在水中。城外居民千余家被淹，板浦小南门外的淮北盐务稽核所全部被淹，只得将所内重要文件、物品搬运至城内。此时黄豆无法收割，麦子也无法下种，如此水情，小麦将要耽误时节。当年的粮价已出现上涨，若地里无收，今冬明春将有饥荒出现，民众人心惶惶。

5日海面刮起大风，浪潮汹涌，海水倒灌。滨海、灌云境内的盐河西岸，南自大伊山，北至板浦城，面临河水威胁。由于海潮阻滞，原本还能勉强下泄之盐河水，不但不能排泄，海水顺着临洪口上漫盐河，岸堤在多日浸泡下，早已稀松。承受不住的河堤突然溃决，河西各乡一片泽国，房屋倒塌，秋禾漫入水中。漫溢的河水直逼板浦县城，这座土堆的小城，经连日水浸情势危急。县长许胁揆带领两万名民夫，抢修盐河东堤，若东堤溃塌，板浦城将不保，计划将县署迁往南城。

此次灌云水灾，受黄河决堤影响。当年7月初，黄河中上游连降暴雨，河水上涨，上游陕西段河水上升1米，一天后又上涨至2.5米，暴涨的黄河水不到10天，便狂奔到山东。鲁地鄄城董庄段河道弯曲，7公里的直线距离，河道长度竟有15公里之多，可见弯道曲折崎岖。当奔腾而来的黄河之水，得不到及时下泄，终于在董庄段决口。河水向着东南方向，择低处南下，淹没苏北直至海属大地，寻找入海之口。

沛县到铜山120里，苏北大堤首先溃决，大水暴至民众猝不及防，房屋倒塌，淹死无数。接着是风雨交加，水势奔腾直泻沛城，东、西、北三城门紧急用草包堵上，仅留南门进出，并派夫守候待险。大许庄向东至炮车，150里之地，沿陇海铁路两侧一片汪洋。路基上尽是难民，人们搭棚，大人小孩一片愁云。新浦到大浦尽成泽国，唯西巃、临洪乡地势较高，水湿地面，过王巷向东尽在水中。

至10月中旬，大伊山水势暴涨，城内街巷都筑有拦水堰，但城外周围水位高，水压所致，满街石板缝中水汪明亮，踩上去挤出一片泥浆。盐河西堤陈圩一带已决堤7处，水流奔向东海境地，此地离板浦7里路，澎湃的水声能传至板浦城内。又闻盐河东岸新筑河堤被冲塌，县府派人抢运草包修补，发现决口竟有30多里长，望水兴叹，只得再加固城围，做最后的抵御。

板浦城内，灌云“县府督军警民夫一致出动抢护，黄包车夫悉数被征参加”。10月19日，板浦西三里洪口堰附近之小石桥被洪水冲塌，盐河水直压县城，县府赶紧派夫加堰。然而盐河水势有涨无落，大王庙戴口前厂又出现决口，经抢险堵住。可红花堰堤夜晚又溃塌20余丈，直迫县城板浦，河水经大小南门注入中正河，一股涌向西门往北，朝着南城、新浦奔去。

板浦城东西是一片汪洋，城北200里早已淹没。城东门是通响水口之大道，门外木桥已冲垮，汽车交通中断，城门内用麻包堵住。小南门为通大伊山之大道，也被洪水阻断，无法通行。各城门外尽是洪水，城门口堆满了麻包，板浦对外交通均靠船运。县城以南盐河东岸大堤也处在危险中，财政部拨款30万保护淮北盐区，两淮盐运

板浦老街
来源《记忆中的海州》中国文史出版社，第220页

使调集盐民抢护东大堤。

10月22日夜，板浦大南门外十字河大堤崩塌，淹没许多村庄，县政府紧急召开各方会议，再次动员有钱者捐之，有力者上堤。议定由两淮盐运使置先垫巨款，县府组织人力，抢险为要。雇用民夫加高城墙，增高4尺，顶宽1丈，环城计960丈，马上施工。另一方面县府出面致电海属专署，请速开六里、白蚬、牛墩三坝，泄水入海，以免板浦城被淹。

为此在东海行政专署、灌云县政府加急电报下，江苏省政府召开紧急会议，允准拆除六里、牛墩两坝，以资泄水，白蚬一坝，待其下游疏通后再拆除放水。东海县挖通烧香河，引泄盐河水量，又开挖分水新河。至11月4日板浦水位开始下降，受水浸泡近两个月的板浦民众，似乎是看到了希望，多日高悬的心稍有放下。

黄河水南下，盐河岸堤决口，致灌云县大片农田遭淹，村庄陷落，当洪水下降，发现堤岸处死尸躺卧，惨不忍睹。东海县多处桥梁垮塌，海州至新浦，新浦到板浦道路毁坏严重。更加困难的是灾民无衣无食，急需救赈。省政府召集会议，研讨灾后救赈。红十字会也派出专员实地调查，详呈灾情，募集善款，购粮救济。1935年的大水致东海、灌云损失巨大。

百年风雨第一池

第一池位于原新浦区新市路，与市民俗博物馆为邻，两层楼房，中西合璧，是我市现存民国早期建筑。为什么叫第一池呢？乃因这家澡堂建于民国六年，即1917年，至今已逾百年，是我市第一家浴池。说起第一池，人们都会提到白宝山。1913年海州匪患四起，白宝山奉张勋之命统领7个营来海州剿匪，1915年被任命为海州镇守使，司令部驻扎在海州考棚，原址即现在海师附小。

出生于天津的白宝山，一心想在海州扎根，看中了离海州12里的水陆码头新浦，那时前河、后河帆樯林立，南北货物交汇，天后宫大殿刚建成，香火就很旺盛，这块新兴商埠已显出勃勃生机。白宝山考虑到新浦商业的发展，香客的档次，决定在天后宫东面百多米处，建设近代化商业服务建筑群，功能定位浴池、旅馆、饭店，形成新的街市。

关于第一池的说法有两种，一为白宝山所建，同时建成有白公馆、第一饭店，形成的街市名为“新市街”，即今天新市路。另据《新浦区新志》载：第一池原老板是朱冠五，他只经营一年多，便转给了刘某，后刘某又卖给了白宝山。一墙之隔的民俗博物馆，原是白宝山的公馆，人称“白公馆”，或白将军司令部，后来改为“东亚旅社”。

今日之“第一池”　作者 摄

海州镇守使白宝山辖一个混成旅，是海属地区最高长官。1917年的张勋忙于清廷复辟，率领辫子兵在京城拥戴溥仪登基，“听调不听宣”的白宝山，在新浦正忙于自己的公馆建设。

第一池与东亚旅社为同时期建筑，都建于民

国六年，1917年，至今都逾百年，哪一座建筑先动土，不得而知。从相邻的两座建筑位置看，第一池处东首，东亚旅社则位西。

中国传统方位风水源于八卦，东对“离”，西对“坎”，“离”义“日”，“坎”义“月”，因而民间习惯东为上，西为下。处白公馆上首的第一池，不论谁先建筑，难以经营是可以肯定的，卖给白宝山则是顺理成章的事。

传说白氏在第一池开业时，宴请地方士绅吃饭，海州地主杨八献媚，说楼盖得好，就是门前土路不相配，要是铺上石板就好了。白宝山当场决定：这石板路就交给你了。杨八捏鼻掏银子铺路，不论传说与否，保存至今的石板路，伴随着北侧的建筑群，历经百年仍保留当初的风貌。

第一池有房108间，可接待250人同时洗浴。楼下面东设理发室，可对外理发服务。东为大池，西为8个盆池，北是厕所，有一地下室入口。进门左手为上二楼木梯，进门有售牌处，那澡筹子为20厘米长木牌，牌首染上红色，上锯左右两道缺口，正面书写不同澡资价钱。二楼东为雅座，南、北分列。大浴池内有大池，小池，大池温水小池热汤，小池上铺木板，若嫌水烫可先在木板上撩水，慢慢适应再下小池，大池有搓背师傅。北面是4个男盆池，另设男士包间，西是理发室，配有专职修脚师傅。二楼备有供客人等候的长凳子，昔日服务员称茶房，待有客人洗好，茶房叫号引领下一位入座。冬天二楼安有大火炉，上置大茶壶，热气腾腾，客人招呼一声，茶房立马应道给你再续上茶水。

第一池的服务是很周到的，客人进门茶房迎候引座，先问有无物品交柜，售牌处专为客人保管贵重物品。雅座如同车厢，木板隔开，对面两床中放茶几，床铺毛巾毯，上有挂衣处。客人入座，茶房放正木屐，帮助客人脱下外衣，用挑叉挂在上方。随即为客人披上浴衣，引领到浴池口再递上毛巾，送进澡池，那一声“您慢洗”，让客人真正体会到了上帝的感觉。茶房的笑脸相迎、操作得麻利熟练，语言的亲切温和，都是在师傅的传帮带中练就的，没有个几年工夫是学不来的。客人出池时送上木屐、披上浴巾、喊上座，再递上热毛巾两条，一条客人擦脸，一条代为擦背。接着示意请坐、为客擦脚、换下披着的浴巾递上干净浴巾、上茶、换热毛巾擦脸。若客人不打算休息的话，茶房帮取出床下的鞋子，用擦鞋布擦一下，再挑下外衣、取回交柜物品，核对无误，递上热毛巾擦脸，一声“您慢走”送客。一套程序下来，看着茶房真诚服务的热情劲，忍不住有了给小费的冲动。

新浦街的澡堂业，除掌柜和账房有薪水，烧大灶及茶房只供食宿，收入全靠“小账分成”，客人交付的澡金归老板所有，客人还要付小费，即所谓“小水钱”。账房柜台有个上锁的小账桶，供客人投入小水钱，每十天由掌柜打开分成。

老板分三成，余七成雇员再分，按岗位、能力、服务评分而定。最低一份，多的两份，最高三份。也有吃“干份子”的，通常是街上有权势的人，或是老板用得着的人，在账房挂个空名，定时分得干份子。

白宝山在街上没有需要巴结的人，但那些跟他当年进驻海州的老营人，还有来自河北的老乡，都礼遇有加，有生活困难的，在第一池领个干份子，以示关照。普通的茶房，只得在服务上下功夫，那时的第一池服务是一流的。

早期的第一池没有锅炉，用的是大锅烧水，烧的是马尾松和大柴，后来改为烧煤。1949年后一楼改为女子部，设女大池、女盆池。澡资：男大池一毛二分，男盆池五毛，搓背一毛五分。女大池两毛，女盆池两毛五分。楼顶改造成储物间，内放洗干净的毛巾、浴巾等物品，原出烟口改到储物间屋外。

1964年11月1日第一池失火，就因这烟囱冒出的火星，引燃三楼的储物间毛巾而起。那是一个星期天的下午，洗澡的人很多。楼上的人纷纷逃出，一楼女子部更是一片惊慌，大人小孩喊声一片。三楼的易燃物品越烧越旺，接着烧至二楼，火光冲天，浓烟滚滚，惊动了整个新浦老街。好在消防队不远，就在东方大厦附近，消防车及时赶到，对着三楼灭火。由于二楼木楼梯着火，消防队员架起梯子救人，火势太大，消防车内水很快用完，有人喊着快到对面人家找水！南面宿舍住户配合围观的热心群众，一盆盆、一桶桶水，接力传送至梯上几位消防员手中。数十人的接力，一盆水已剩下半盆，泼进二楼，大火终被扑灭。浴池经理蹲在路边呜咽哭泣，烟灰伴着泪水糊在脸上，第一池失火是那时的特大新闻，第二天的《连云港日报》专题报道，赞美市民勇于救火的精神。

直至20世纪70年代，新浦第一池仍是我市上档次的浴池，很多领导人都曾在第一池洗过澡。改革开放后，国企改制，第一池属于个人所有，虽然仍为浴池，只是被更多洗浴中心所超越。今天相较于那些几十元，甚至几百元的洗浴中心收费，第一池六元的澡资，显得是那么微不足道。

海州首开航空港引起日本强烈反应

中国航空公司沪津飞行航线，原为上海飞天津航班，1933年经过筹备，各机场航站电台均布置周妥，改为飞北平（今北京），称沪平线，这条航线由中美合资的中国航空公司负责运营。最初国内只开辟4条航线，即沪蜀、沪平、沪粤、沪昆。沪平航线开通的消息，当年1月10日《申报》即以“中国航空公司今日开航沪平线”做出专题报道。该文报道称沪平线航班每个星期三班，隔天飞行一班，均为上午7：30在上海起飞，8个小时可达北平。飞机采用当时最新型的司汀逊式300马力摩托飞机，首航由中国航空公司聘请的总技师安利生驾驶，正常运行后将增加德籍飞行师吉士特二人共同驾驶。

沪平航线由上海出发，绕道南京，再经停海州、青岛、天津，抵达北平，在北平停留后再顺原航线经海州返回上海。首航为试航，仅运邮件，除飞机驾驶员外，还有公司机航组主任聂开一，以及所携带的783公斤邮件，飞机命名“蚌埠”号。这是一次不太顺利的处女航，1月的天气非阴即雪，原定10日的航班，当日因天气有雾延至中午，起飞途中又遇浓雾被迫返回上海，直延至12日上午9时方再次起航。飞机在南京稍作停留后，于12：25降落在海州机场。飞机降落海州机场后，因当地气压太低，停留至13日方飞青岛。在青岛又遇漫天飞雪，飞机延至次日晨9时起飞，因天气不佳，航行甚缓，午后12：25抵达天津，停留15分钟，下午1：40终于安抵北平，单线航程用了两天半时间。

1月17日飞机返回上海后，机航线主任聂开一，在接受新声社记者采访时说，南下时系上午7：40在北平起飞，至下午2：40即抵龙华，每小时行135英里。其飞行速度实出于意料之外，因预定时刻为上午7：30开行，须下午5：10可到也，返航算是顺利。根据机师飞行经验，谓之三四月间风向更适宜飞航，时间尚可再缩短。聂开一说南下时仅青岛所载邮件就有200多公斤，海州也有70多公斤，可见此航线之甚有前景。今后应经常开航增加航班，每日对开，邮件当更有发展。海州、青岛两机场开航仓促未致完善，须建盖航站房屋以供休息，增设汽油储存及零部机件。

2月1日中国航空公司通知开始销售乘客机票，为缩短航程起见，航班不再绕道南京，而由上海直飞海州，经青岛、天津抵达北平，起飞时间由早晨7点30分改7点出发，并公布航班价格表：上海至海州75元、至青岛120元、至天津200元、至北平220元。乘客每人得带行李25磅，机票一个月内有效。

海州作为新开辟的沪平航线上的一站，是华东、华北沿海之地5个航空港之一，这突显了当时海州在这条航线上的重要性。陇海铁路在沈云沛倡导之下，经海州籍人士近20年的努力争取，东延海州。1925年7月1日火车通达新浦，次年铁路筑至大浦港，1932年陇海铁路修往老窑，民国铁道部部长顾孟余核准命名老窑为“连云港”，时连云港成为青岛与上海间的重要港口，东眺日韩，西接中原，正是这样优越地理位置，促成了海州航空港的设立，使其陆海空枢纽地位初见雏形。

为促进中国航空业的发展，国民政府发行航空公路建设奖券，并在各地设立办事处，劝募企业、团体、个人购买。中国航空公司7月1日派遣飞机，在“上海、南京、海州、汉口、成都、重庆、青岛、天津、北平等处散派传单，散派时万人空巷，争相拾取，国人之同情可见一斑”。

正当国人为中国航空业发展而翘首企盼，支持航空发展之时，海州开为航空港，却引起了日本帝国的强烈反响。当年8月18日大阪《朝日新闻》以“陆军对抗中国，我空军亦大扩张”为题发文，文中提到自去年上海事变发生以来，中国方面已知我日本空军之威力。中方欲极力扩充空军，即与某国缔结空军契约，最近陆军部接各方情报，中国积极发展航空业，不出数年必完成轰炸机、侦察机、战斗机800余架，将与我日本陆军之总数相匹敌。

为此日本加大了扩大空军步伐，至1937年日本已有91个飞行中队，作战飞机2700架，有4艘航空母舰，而中国各式飞机600架，其中能作战的飞机仅有350架。1937年日本制造卢沟桥事件，遂占领北平，7月12日沪平线航班改由天津为终点站，随着日军不断南侵，7月21日沪平航线，只能由上海经海州飞抵青岛，至31日全线航班被迫停航。

我市曾有三座机场

2012年连云港市决定搬迁白塔埠民用机场，2014年7月，中国民用航空局批复确定灌云小伊场址为新机场首选场址。连云港新机场定名“花果山国际机场”，2019年2月12日开工建设，计划2021年建成投入使用。在这之前我市的航空港一直由白塔埠机场承担，这座开通于1985年3月26日的老机场，历时36个年头，届时将结束其民用航空任务，搬迁至小伊机场。

连云港市在白塔埠飞机场之前，历史上曾有过三座飞机场。据《申报》报道，1934年11月18日，孔祥熙与宋美龄乘坐康道飞机来海州，降落在海州机场。此机场是为杨圩机场，乃因此地原为海州杨家土地称杨圩。该地位于原德邦化工集团北面，江化路东侧，南面是海宁路，北面是幸福路。

海—滬客機

本星期內有巨型客機一架直飛上海旅客請逕向本台登記定機票價二十二萬行李限帶十五公斤

中國航空公司海州電台啟

（26——28）

航空机票
韩世泳 提供

1933年1月10日中国航空公司沪津飞行航线改飞北平，在上海与北平之间增加海州航站，也即海州杨圩机场，所以才有孔祥熙与宋美龄乘坐的康道飞机在杨圩降落。

杨圩机场所在地，清末为海州杨家的盐圩子，海水东退后，盐田荒芜杂草丛生，已为荒草滩。北伐军打败孙传芳的五省联军，国民政府军进入海州，1932年驻防海州的蒋鼎文师长，从杨家手中买下这片荒草滩，或许这位蒋师长听说中国航空公司要在海州建机场？1933年中航公司又从蒋鼎文手里买下了这片荒地，建成杨圩机场。

当时机场西边是东北军炮六团的两排营房，东边还是一片乱坟地，营房四角有砖砌的碉堡。机场占地约200亩，跑道是人工碾压而成的土路面，当时的机型较小，载重不多。飞机单引擎，双层机翼，起飞前还须人工摇把发动。机场仅有几间平房，设备简陋，只是在平房前立有一根红白相间的旗杆子，上挂测风向的长筒形布袋。

中国航空公司海州办事处，租用海州东大街磨盘巷葛家的房屋，作为办公用房。葛家西院正厅四间作为经理室、营业室、经理卧室。西厅三间为机房和员工宿舍。机房外间是发报机和小型发电机，员工乃两名报务员及一名机械师。报务员除去接发电报外，还兼卖飞机票，对外称中国航空公司海州电台。机械师则是在飞机降临后，负责检修、加油、加水。

早在1932年9月9日《申报》载，宋子文前日“乘坐的塞可斯飞机，飞往海州一带视察”，陪同的有盐务署长兼稽核总所总办朱庭祺、财政部秘书黄纯道等。宋子文一行在海州停留两日，于9月9日乘原飞机返回上海。那么宋子文飞来海州是降落在什么机场的呢？因为杨圩机场是1933年才从蒋师长手中买来的土地。那么第一座飞机场在哪里呢？

彭云先生的《海州乡谭》书中有文“中国早期的航空港”说海州开埠，铁路开通，连云港建港，“确定把机场设在已成为商业中心的新浦，位置就在今天龙河广场东北的空地上。那里是一片荒滩……俗称‘土佬地’——土老爷的家。”“管理者先纵横挑出几条排水大沟，再用压路机将地面压实，虽无水泥跑道，但接纳小型客机尚不成问题。机场还配备了临时指挥房、电讯器材，以及一些必需的信号标志。”彭云先生指的龙河广场东北的空地，似为天晴大厦附近。

1958年我市在锦屏磷矿以南，大普安附近也曾修建过飞机场，后来“飞机场变成了养鸡场，只在路边留下个汽车站的站名：机场”。

彭云先生所述的天晴大厦附近飞机场，是我市第一座飞机场吗？1932年9月9日，宋子文乘坐的塞可斯飞机是停在这座机场的吗？还是降落在海州杨圩机场呢？不得而知。我市的第一座飞机场在哪里呢？欢迎有兴趣的朋友可以一起探讨。

我市第一座飞机场

1937年1月26日的《大公报》，以“海州航空站试放探照灯”为题，报道海州地方新闻。1933年1月10日《申报》报道开通沪平航线，中途停靠海州的新闻中，称海州航站为“海州电台”，时海州机场选择在海州的杨圩，中国航空公司海州办事处，租用海州东大街磨盘巷葛家的房屋，对外以“海州电台”名义售票，那时还不能称作航空站。

1月26日《大公报》的报道说：“新浦，中国航空公司海州站，近以业务日渐发达，搭乘旅客日渐增多，特呈准增加班次。订于每星期一二四五及星期日，南北对过海五次，并于1月21日，新由上海运到新式3000支光探照灯一架，光达70华里。定于1月21日在新浦东桥外飞机场先行试照。”

报道中提及的机场地点“在新浦东桥外飞机场”，查新浦地名从未有过“东桥外”之说。时新浦城区不大，南有前河，北有后河，西是盐河，东为龙尾河。那时人们为解决交通问题，在东、西河上搭上艞板，船来时抽回艞板，让船通行，船过再放上艞板让人行走。故东西两头称东艞、西艞，城区外则称作东艞外、西艞外。

《大公报》的记者是否误将“东艞外”称作“东桥外”呢？不得而知，由于“艞”字生僻，很多人用其他字替代，正如今日宋艞处的立交桥上误写“宋跳”一样。要说到桥，新浦东面的龙尾河上曾有座石桥。1900年因临洪河海运日盛，朝议海州自开商埠，于东艞外设立海关，为便于交通将东艞上的艞拆掉，改建石桥，因东临大海称“东海桥”，民间称其为“东艞桥”。

由此可知记者文中的“东桥外”应为东艞外。彭云先生的文章“中国早期的航空港”中，提到新浦曾经有过的飞机场，“位置就在今天龙河广场东北的空地上”，与《大公报》记者报道的机场应是同一个机场。《大公报》记者发稿的时间是：1937年1月26日，说明新浦东面机场的存在应该有年头了，那与1933年在海州杨圩的“海州电台”机场，正好是一前一后。

韩世泳先生在《港城第一个飞机场，在海州杨圩的考证实录》中写道："中国航空公司海州电台驻海州城内葛家西院约两年，后来便搬到新浦第一池西旁的东亚旅社里了。"说明海州机场已于两年后的1935年搬至新浦，应该是"龙河广场东北的空地上"的机场，也即《大公报》记者所说的"新浦东桥外飞机场"。

1912年北洋政府裁州设县，海州一分为二，设东海、灌云二县，机场位置在东海县，但报端仍习惯称这一地域为海州，称"海州航空站试放探照灯"，便不足为怪。至此可知我市最早的机场，应是海州杨圩机场。海州机场搬至新浦后，客流量大增，中国航空公司航班增至每周五班停降新浦机场，海州站为沪平航线江苏唯一的航站，可见地理位置重要。小小的海属之地，民国时期竟出现过两处机场。

1948年的东海县商会

1948年对东海县商会来说是个不寻常的一年，这一年发生了太多的事情。先是水灾的影响，东海县已是连续三年遭受水灾，因战争原因水利失修，逢雨便涝。青伊湖、司家荡一带方圆六七十里汪洋成片，排泄不畅积水难消，无法耕种连年歉收。再是解放区面积不断扩大，沙河、墩尚已是八路军的范围。东海县商会成员与农村商业通道受阻，生意萎缩，商业只局限于市区内进行。据东海县商会第一届第三次会员代表大会报告指出："以本埠商号来说，在短短的一个月间，报闭歇的有100余家，约占全市商号四分之一强。"

1904年（光绪三十年）由海州富商殷克勤发起，筹建商人组织，经筹备第二年商会在海州成立，公推殷克勤为第一任会长，称海州商会。1912年（民国元年）海、灌分治，海州商会改称东海县商会。1925年（民国十四年），因新浦已成为新兴商贸中心，为便于工作，各商业公会一致决定迁入新浦，东海县商会随后也自海州搬至新浦天后宫。次年北伐军光复海州，东海县商会改名为"东海县商民协会"，后又恢复东海县商会之名。1939年（民国二十八年）日军侵占新浦后，商会停止了活动，直至抗战胜利，东海县商会在新浦召开了第一届第一次会员代表大会，时间是1946年（民国三十五年）三月，东海县商会算是恢复了正常活动。时有同业公会14家，入会商户506户。1947年（民国三十六年），同业公会发展至24家，入会商户1107户。到了1948年（民国三十七年）10月份，时局发生急骤变化，同业公会虽然

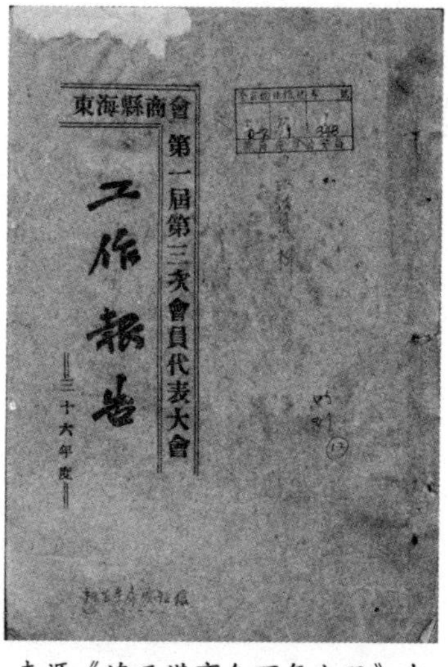

来源《连云港商会百年上册》中国文史出版社，第40页

仍为24家，但在会商户仅剩下了754户。

东海县商会第一届第二次会员代表大会1947年2月召开，到次年6月召开第三次会员代表大会，共一年零四个月。会员商号停业逐渐增多，会员户数不断减少，商会密集召开会议。其联席会议15次，各专门会议5次，平均每个月都有会议，多者一个月数次，且不包括私下协商筹措在内。商讨工商贷款是县商会主要议题，几次会议研究应对方案，决议解决办法。公推商会理事长李岐嵩等，向中信局面洽工商贷款，拟欲成立县工商银行，希解资金短缺，以挽救市。由于时局动荡人心惶惶，市区5家银行皆惜款吝放，致商会会员雪上加霜。商会决议电请省财政厅，豁免有关月份营业牌照税。另一方面召集专门会议，吸纳未入会摊贩，分别参加各所属商业公会，增加会员户数。重新调整摊款比例委员会，改进会费收取办法，按货物进出数量0.1%收取。面对不断涌入之饥民，成立救济委员会，制定临时募集办法。随着战事紧张，劳军是商会的硬任务，那一亿元的劳军费是必须完成的。商会多次联席会议、专门会议、私下协调，商讨摊派办法。还有那普爱小学津贴由2000万增至6000万、遵照县府要求筹款成立商团武装、集资购置商会办公用房等，1948年的东海县商会既感捉襟见肘，又无更好的解决办法。经济环境不济，各种势力挤压，通货膨胀市面萧条，市民怨声载道，商家各有苦衷。正如商会在创办县《工商日报》时指出："工商日报之产生……因为感觉商民的痛苦，得不到社会的谅解，动辄加以'囤积居奇'，其实本县商民同样受着官僚资本的压迫，同样受着物价动荡的威胁，苦堪不安。创设工商日报，借此把商民实际的困苦，反映到社会上去。"1948年的东海县商会是困惑的、困难的、困境的，能否走出如泥之潭？商会也不知道。商户的疑虑、焦急，甚至失望，影响着商会。1948年5月各商业公会普遍改选，6月县商会改选，用商会的话说，是"本着自由的意志，选贤用能，来充实本会的力量，而求本会的业务向上发展"。"陇海铁路东端抢修，已获可靠消息，即可通车。本县商业前途已获一线曙光，这是值得庆幸的。"

据时为东海县商会监事的亿兴公布店老板张晋阶回忆，6日早上他先是到汽车站对面的县商会去看看，大院空空，商会只有会计一人。楼下县党部门前的地面上，是燃烧文件的灰烬，还在冒着烟，看来县党部人员走得匆忙，时间不久。张晋阶交代商会会计保管好账务，随后折向三和兴处，返回亿兴公布店，路过东街发现已有人在抢东西。张晋阶急忙伙同烟酒店老板管启斋往西，想求助于三民镇自卫队。经过协商由商会出钱，自卫队负责西艞里地区商家安全，自卫队叫上了十多个人，背着枪沿着西艞至大庙巷（市民路口）巡逻，这一片是三民镇的地盘。张晋阶、管启斋则沿街至各家商铺店前，敲门临时凑钱，两趟下来凑了金圆券1500多块钱给了自卫队，西艞老街商家6号一天算是躲过了一劫。7号早见有磷矿来人，说是见到了穿黄军装的人，正往新浦这边急匆匆赶来。后来知道是驻守刘顶子村的新海武工队梁如仁接到消息，匆匆带上二十几个人赶往新浦的。听此消息张晋阶约上管启斋，准备往西巄去迎接解放军，路过王巷又遇上大振布店经理王友芝，三人伙同一路向西。经过西巄桥，闻讯的街上人都跟着一起向西走去，张晋阶回头一望，有六七百人。快到临洪滩时，果然遇上了解放军部队。从6月东海县商会改选，至11月商会人士往西巄外迎接解放军，时间仅为5个月，东海县商会经历了翻天覆地的变化，商会除理事长李岐嵩去台，其他成员都留了下来，参与了新海连特区临时商会的活动。

民国东海县卷烟业职业工会

民主路福利昌巷是老新浦街一条有名的巷子，因巷内民国期间曾开过福利昌车行而著名。巷内3号是两进的院落，仿上海石库门设计，为中西合璧式民国建筑。1955年9月新浦区盐河联合诊所曾设立于此，对群众开展医疗服务。巷内东首，有建于1920年（民国九年）的基督教堂，教堂南侧是朱少亭诊所，人称“朱大先生”的老中医，擅长妇、儿专科，昔日甚有口碑。巷内西侧有一院落，曾是民国三新镇镇公所，对面是义隆锅厂早期原址，开办于1943年。福利昌巷近邻西天池，是老西艞人取水挑水必经之道。福利昌巷有赣榆人家卷烟手工作坊，1948年（民国三十七年），东海县卷烟业职业工会，就设在福利昌巷西侧的天池边上。

新浦的家庭卷烟兴起于日伪时期，20世纪30年代末，失地进城的农民，城市贫民为维持生计，形成家庭卷烟群体。初期搞家庭卷烟，无须申请登记，加上手工卷烟简单易学，无需厂房场地，花钱少生产快，因而涌现出很多家庭卷烟作坊。各家生产规模不一，少的家庭两三台卷烟机，多的要有二十几台，有的家庭成员齐上，有的雇上亲戚。这种家庭作坊一般五六个人，大一点十几个人。生产方式灵活，床上、桌边、堂屋、家院都能卷烟。大人能做，大孩子能做，老人能做，亲戚来了也能帮卷上几支。只要把握好手推用力，摆正纸条，不要推歪，封口粘好，废品就出得少。手工卷烟推子，推一次出一长条，可切成三支香烟。

到了1940年，新浦已有卷烟家庭300多户，福利昌巷、前河底、同兴街、建国路，都有人家制作卷烟，一般人家一天下来，能卷个三四十条烟，多的百多条。卷好的烟批给小店，赊给小贩，市面上到处是手工卷烟，价格便宜就有人抽。小贩走街串巷，端着个木盘子，系上绳子挂在脖子上，沿街叫卖。贩子销售灵活，遇有贫穷的烟民，三支两支拆开也卖，手头暂时无钱的，一包也赊。洋桥巷摆粮匾、支布摊的多，人气也旺，烟贩子也多，熙熙攘攘的人流，成了手工卷烟的大市场。

手工卷烟机简单，就是一个木制的框子，一根木棍插在中间，帆布连在木棍和轴上，放入烟纸条铺上烟丝，推动小木棍卷成卷，粘上封口就成了卷烟。手工卷烟机又叫卷烟推子，它的发明人是范庆善，还是1899年（光绪二十五年）时，范庆善在上海创办了“范庆记”手工卷烟作坊，用卷烟推子做手工卷烟，白皮包装每包50支。由于价格低廉很有市场，深受底层烟民欢迎。

为了与机制香烟竞争，又改成20支一包，也印制了图案包装，成了机制香烟的竞争对手。卷烟推子简单易做，即使不是木匠，看了几眼也能学会，因而仿效者众多，很快风靡各地，家庭卷烟兴起。城市贫民乡村农民，买来烟叶切成烟丝，掺上香精拌好原料，用买来的盘纸手推卷烟，每天能卷个上万支。手工卷烟利薄价低，销售对象是底层人士，销售方法灵活，手工卷烟挤占了市场，抢了大烟厂的生意。

新浦家庭卷烟业的兴起，带动了与手工卷烟相关联的生意。街上有专为烟牌设计刻板的摊子，原新海中学美术教师陈少林先生，抗战胜利后就曾在解放中路上，为家庭卷烟户设计、刻制烟牌子。街上的新生印刷局、奇铭印刷局、禄记印刷局等几家印刷局，都承接印刷手工卷烟牌子。新浦的烟叶来自山东益都、临朐烤烟产地，后街山东王老板开的“富丰隆”烟叶行，王巷头赣榆人开的土产行都售卖烟叶。也有山东人在产地收购新浦贩卖，有的干脆在新浦开店卖烟叶。

开始时烟叶都由家庭手工切丝，手工卷烟行情好了，有人买来手摇切烟机，代客加工切制烟丝。新浦卷烟用纸分两种，上海的、开封的两个产地，上海的盘纸质量好，开封的差些，也有商人跑上海捎带盘纸卖给用户。有的烟农自山东运来烟叶，委托烟行代销。烟行又将烟叶赊给卷烟户，卷烟户将赊来的烟叶、盘纸做成卷烟，再赊给小贩售卖。那下游的摆摊烟贩子，街上吆喝的小贩子，洋桥巷头都是卖烟的身影。家庭卷烟从原料、加工、制作、销售，是这条链上人们的饭碗子，成了日伪时期畸形的经济生态。

在新浦叫得响的万家“进宝”牌香烟，源于选料讲究货真价实，烟叶选用山东益都的，卷烟盘纸选用上海的，因而一个牌子在新浦能畅销六七年。“进宝”牌香烟就出自福利昌巷里，是家庭手工卷烟的佼佼者，浅绿色的烟盒上，印有元宝图案，上标“进宝”二字。香烟烟丝纯正，质量保证，口味清香再加上精美的包装，深受老街烟民喜欢。当年新浦人走亲访友，招待宾客，多愿买“进宝”牌香烟，一时间成了香烟市场的畅销品。“进宝”牌香烟是赣榆人万家制作的，开始时全家一起上，三四台手工卷烟机，从早忙到晚。牌子有了名气，市面上口碑好了，万家又弄了几台手工卷烟机，雇了几个人一起做，成了家庭卷烟小工厂。

当时在老大街受欢迎的手工卷烟，还有前河底陈家的“大力士”牌、建国路上李延年家的“花鸟牌”以及赣榆人周自康家的“天坛”牌卷烟。由于家庭卷烟投资少门槛低，学做手工卷烟的多，新浦街的几百户卷烟家庭，按平均每家每天做50条烟，那全街每天就是15 000多条。新浦街当时也就5万人口，就是加上连云、海州、灌云等地，市场也是有限的，因而竞争就很激烈。手工卷烟看似简单，却也是个细致活，卷歪了出废品，粘不牢散了。装烟丝也是个经验活，装少了松，装多了又吸不动。还有那烟梗、香精、盘纸等关口，一道工序马虎，做出来的烟粗糙，就卖不动，砸了牌子便没有了市场。于是有的家庭，采用不断更换烟牌子，有的一家有五六个牌子，有的十几个牌子，当时小小的新浦街，竟有上千个手工卷烟牌子。有的家庭为了节省开支，采用劣质烟叶，粗糙烟纸，走低价路线。有的给点小钱，收购小孩上街捡的烟头，取出未燃烟丝，卷烟时夹在中间，以次充好。

抗战胜利后，东海县政府当局，为了整顿家庭卷烟市场，制定了条例。其中由东海县总工会，于1948年（民国三十七年）5月，组织家庭卷烟户，成立了所谓东海县卷烟业职业工会。由朱时德任理事长，陈怀扬、张守棠、唐信荣、顾廷增为理事，监事由李镜涵担任，书记嵇鸿启，干事郜庭庚、赵庆丰两名，其中郜庭庚非卷烟业户，乃稽征处征收员。东海县卷烟业职业工会9名人员，除干事郜庭庚是东海人，其余8名成员均为赣榆人，且从事家庭卷烟最少的三年，其他人都四五年以上，说明新浦家庭卷烟赣榆人为多，可见赣榆人在家庭卷烟业中的地位。这些卷烟户中多人住在福利昌巷，东海县卷烟业职业工会，就设在福利昌巷里的西天池边上。

新浦街上的银楼

孟良崮乃山东省蒙阴县与沂南县交界的一处小山，主峰海拔536米，传说因北宋抗辽名将孟良曾屯兵于此而得名。各地都有叫作孟良崮、孟良营、孟良梯的地名，估计孟良早年曾是绿林好汉，啸聚山林，后在宋军营中成为抗辽的北宋战将。在评书《杨家将》中孟良和焦赞同是杨家将中两员大将，都以勇猛著称，事实上，焦赞和北宋前期的杨延昭根本不可能相识，焦赞被安排给杨家将作下属，就是评书艺人的加工了。

1947年3月，汤恩伯率领45万兵力，进攻山东解放区。最终张灵甫被击毙，整编第七十四师3万余人遭歼灭。战后部分俘虏被遣散，也有漏网者窜逃。

整编第七十四师中南方兵居多，这些释放的俘虏兵、漏网的残兵们，要返回家乡，便从临沂一路南下。新浦距离孟良崮170多公里，是临沂向南第一重镇，是那些被释放的俘虏兵与漏网残兵必经之路。他们落荒而逃，有的一路劫掠，风餐露宿逃到新浦时，已是衣衫褴褛，形态猥琐。败兵们潮水般涌入新浦，有钱者挤入各家旅馆，败落者则沿街席地而息。他们的到来，吓坏了新浦的街上人，见着都躲得远远的，生怕惹上麻烦。

1947年的新浦处在两军对垒前沿，人心惶惶，各行业生意难做。由于时局动荡，新浦5家银行皆惜款吝放，致使商家资金周转不灵，雪上加霜。2月东海县商会第一届第二次会员代表大会在新浦召开，为挽救市，公推商会理事长李岐嵩等，向中信局面洽工商贷款。商会决议电请省财政厅，豁免有关月份营业牌照税。另一方面召集专门会议，吸纳未入会摊贩，分别参加各所属商业公会，增加会员户数。

就在这市面商业萧条时期，银楼业却迎来了难得的繁荣期，那些从前线下来的人，纷纷涌进各家银楼。这些捡了一条命的南方兵，夹杂着半懂不懂的民国官话，连说带比画，吓坏了银楼的伙计，当听明白了，才知道是要用金银首饰来换钱的。

那时的银楼，多集中于南极路口至通灌路口这段老大街上，以现在的民主中路为多，在这一里多长的民主路上，有着大小银楼17家。其中浙江一家，由银楼业公会监事鄞县人应溥仁所开，其号宝成银楼，位于生庆公茶庄对面。最多的是东海人开的银楼，如：永华、德华、九华、荣华、震华、天祥、新和、天森、三宝9家银楼。来自灌云的5家，有老天宝、天华、金城、久城、聚兴银楼。还有淮阴来的许寿炳、许寿辰兄弟俩开的，中孚银楼和义成银楼。

南方兵们，掏出不知从哪儿弄来的金银首饰，就要兑换银元，在这动乱年头唯有银元才是硬通货。对银楼来讲这是在做金融生意，真是天上掉下馅饼的大好事。银楼的收入在于经营，各有门道，外人不晓，其实行内都知道。加工金银费用不多，收钱有限。首饰重在加工环节，各家客师桌台的抽屉里都铺有草纸，加工的细末落入纸上，这便是银楼的赚头。

加工细末落入的多少，全在客师掌握，大件下来得多点，小的要看具体情况，还要看客户身份，是否计较，当然大大咧咧的客户就要多吃点亏了。那时的银楼都备有黄铜，这个不说谁都明白。收购的金银制品，成色以银楼说了为准，这些南方兵哪里知道首饰金银的成色是多少？其价格仅按市价的八折计算，一进一出的价差达两成。那些急着要回家的外地兵，只要能兑到银元，管他成色是多少呢？以致晚来的银元缺货，银楼高利向有钱者借贷银元，当然那些南方兵们兑得就更少了。这时的老大街银楼，家家赚得是盆满钵满，这是新浦银楼的黄金时刻。

四　维　里

四维里是一处民国建筑群，位于老新浦建国路南，新市路北，东面为市民俗博物馆，西侧是津海巷。这是一处长方形的院落，平分成南北两个相通的大院子。北院子东、西又分隔成两个小院子，有房42间，两个小院有两个走道相通。

南院也分为两个院落，左侧院子有房11间，东侧是一个硕大的花园，大门位于南面新市路上，后门朝西通往津海巷。整个建筑群房屋均为砖石墙体，杉木地板带顶棚，这座建于1925年的建筑群落，有房53间，带有花园，在民国时期的新浦是很高档的。

连云港市近邻山东，北方风俗浓重，地面建筑划分街、巷，叫“里”的群落很少，新浦已知的有海昌里、盛彝里，连云镇的有果城里。海昌里建于20世纪20年代，是鸦片商人郭海山混迹上海，发财后在民主路上盖起的东西两大楼群，中间道路命名为海昌里，后为海昌巷，是今海昌路的前身。

果城里建于20世纪30年代，它与连云港车站钟楼是同一时期建筑，聘请的是上海建筑工程师建造，建成后为荷兰专家居住寓所。这几处叫作“里”的建筑群，是受上海里弄的影响吗？众说纷纭，不得而知。

为什么新浦这处建筑群叫作“四维里”呢？在调查采访中，有年纪稍长者告知，听老辈讲过，是由赵、马、王、江四姓人家盖的这个大院子，所以叫作“四维里”。由于年代久远，没有多少人能够说得清楚。

1940年任普爱小学教师的中共党员顾东石，在四维里和刘芗芸租房完婚，1947年因地下工作需要，为收集情报进入国民党东海县《海报》为记者。顾东石利用《海报》记者身份，将国民党驻军编制、人数、武器装备及动向等情报，送出新浦交由接头人，受到滨海军区表扬。在不到一年的时间里，顾东石为新海工委提供了10多份有价值的情报。不幸于1948年4月的一天晚上，在四维里家中被抓走，国民党44军在西去碾庄参加“徐蚌会战”前，将其枪杀。

四维里位于民主路与建国路之间，处在白宝山开建的新市街上，这儿有第一浴池，东亚旅社、第一饭庄、东海舞台，以及由海州迁来的中国航空公司办事处，成了近邻民主路的又一商业街道。新市街70米长的石板路，两边中西合璧建筑，整个街道显得洁净整齐，端庄典雅，街道两端各置铁门，成为独立街区，时称新市街，与老大街相呼应。四维里在民国时期是一处富人居住区，发生在这里的故事鲜为人知。

1959年当时的新海连市公安局收到一封查证信函，这是由山东省威海市公安局发来的，请求协助查证与日本特务赵文浦、赵玉浦兄弟有关人员的情况，赵氏兄弟曾住在新浦四维里。因群众举报，赵氏兄弟曾向驻青岛日本特务铃木七郎传递情报，于前一年的10月被威海警方逮捕。二人交代战后受日本特务机关安排潜伏威海，其他人员隐藏在新海连市。

从信函得知，赵氏兄弟初中文化，大哥赵文浦，1934年在新浦、青岛两地做生意，日伪时期曾在新浦维持会、伪东海县公署、苏北公署任会计，后在日本三友洋行任职，接受日人训练搜集情报。弟弟赵玉浦原在青岛布庄任经理，后来新浦三友洋行下属公司做经理，协助日军收购粮食。日本投降前二人接受任务，领取经费，联络多人潜伏下来。

新海连市公安局收到信函，派出人员赴威海提审赵氏兄弟，又赴淮阴、烟台、青岛、北京等地收集信息。在市区组织干警，深入街道，分头走访，逐户调查。得知赵氏兄弟父亲赵镇南，原籍山东省黄县，军阀白宝山时期来新浦做生意，在陇西街开设亚细亚煤油公司，生意做得风生水起，在新市街四维里赚有大片房产，1932年老婆去世将赵氏兄弟接来新浦。后娶了南城“一枝花”的女人，就住在四维里北院的东院。

这叫“一枝花”的女人，在当时灌云县南城镇很有名气，从16岁开始就在家里接客，与新浦“一枝花”，名妓王柱芳，拜为姐妹。二人合作联手，相互介绍，资源共享，一时间名响新浦、南城。姐妹二人的客人多为日伪大人物，像伪海州市市长邵竞生、东海县县长黄瑞之、新浦警察局局长张洪盛、伪军大队长杨九洲等，都是她俩的老熟人。

这时的赵镇南，在新浦、青岛两地的生意做得不错，家财丰厚，四处寻花，自然也是南城“一枝花”的客人。没有老婆的赵镇南常将“一枝花”带到四维里家中厮混，“一枝花”看到四维里洋气的房子，漂亮的花园，动了心思，18岁的她知道赵镇南长自己20多岁，就看这一片产业，嫁给了他。

赵镇南带着儿子经常青岛、新浦两地跑，有了个老婆看守新浦的家业，也感到满意。可“一枝花”是个不甘寂寞的女人，赵不在时便重操旧业，四维里成了她的营业场所，除了当官的，就是有钱的，别的一概不见。时间长了传到了赵镇南的耳朵里，可他畏于“一枝花”所接的客人权势不小，只得忍气吞声远去青岛，偶尔回新浦收收账，这更加方便了“一枝花”。

1949年新海连市政府关闭妓院，取缔暗娼，1952年赵镇南回到新浦，提出与“一枝花”离婚，经过法院判决，“一枝花”分得四维里北院房子9间，近200平方米。“一枝花”到了水利单位当上了炊事员，赵镇南于1957年去世。当警察在街道干部陪同下出现在四维里时，“一枝花”吃了一惊，害怕查询她与日伪人员的关系，听说是调查赵家之事便滔滔不绝起来。

经过长时间的调查取证，公安局寻摸到了赵氏兄弟的联络人：潜伏多年的孙哲明、刘格民。

1958年四维里房屋纳入社会主义改造，赵镇南、“一枝花”的房产被改造，该处建筑院落成为中共新海连市委组织部、监察委员会及机关党委的办公用房。后来市机关管理局拆掉四维里，建起了机关宿舍。

船民协会

新浦四面环河，沭河、蔷薇河、盐河连通鲁南苏北，造就了新浦的捕捞业兴起。临洪口处海州湾底部，位于江苏、山东两省交界，是我国三大海湾之一。海州湾渔场有13个渔区，面积近8000平方公里，占全国渔区面积的3%，是良好的捕捞作业之地。早期渔民小船就近捕鱼，后期发展到三桅帆船河捕，五桅帆船出海捕捞，至清朝末年已有渔船160多条，其中黄花鱼船100余条。

盐河在没有改道前，于现在新浦中学处，原火柴厂至木工厂段，形成一个大河湾，人们称此段盐河为后河湾。后河离民主路一里多，紧邻临洪口，河湾处宽130多米，相对风浪较小。成为渔船、货船的停靠码头，长年停靠大小渔船、货船百多艘，有本地的、赣榆的、山东的，也有自南面来的船只。

后河底码头

来源《记忆中的海州》中国文史出版社，第172页

常年在后河码头的赣榆渔船，以宋庄柳巷的为多，东海的渔船则是太平庄的，两地的渔船都比较大，在40吨左右，海州、新浦的渔船相对较小，在20吨上下。海上捕鱼风险系数大，事无定数变幻莫测，人们为保平安，烧香许愿祈求神灵护佑，因而妈祖崇拜风行，我市海州、新浦、赣榆都建有天后宫庙宇。

日军占领新浦前夕，大批船只纷纷向西逃避，新浦2000多条民船，躲至涟水六塘河藏身。日伪海州专员公署，为了战争物资运输需要，成立了伪东海县码头工会，到处找船运输。当局命令码头工会刘俊丰、张心斋两人西去招募船只，连哄带劝凑了一批大小船只，

200来名船工。为防止船只逃走，实行互联互保，两条船为一帮，选一帮头负责。整个船队由日本军方背景的华北株式会社负责经营，因而船队名为华北船队，集中停泊的码头称华北桥码头，即现在盐河桥附近。船队负责运送盐、粮及军需物资，往返于新浦、板浦、中正，船队由伪军押运，以防中国军队阻截。

抗战胜利后，1948年（民国三十七年），东海县船员工会改选，由原县总工会理事、船员工会理事、渔会理事李殿生担任理事长；常务理事两人，分别由原船员工会理事、渔会理事万乐夫和原县总工会监事、船员工会理事王金弼担任；理事4人：理事王桂先原为船员工会理事，理事李殿远曾做船员20余年，理事高学舜原船员工会监事、渔会监事，理事吕惠伯原船员工会书记、渔会理事。

时东海县船员工会会址位于西天池边上，现今门牌为西池路3号，这是一个四合院子，有东屋4间、西屋4间、南屋8间，北面为两层小楼，上下各3间。共计平房16间，楼房6间，总面积345平方米。小楼北临西池路，楼东为四合院入口。抗战前三新镇镇公所租用过此楼，日伪时期曾是日本洋行。同年11月7日，随着新海武工队梁如仁带队进入新浦，这届东海县船员工会理事会，成了最后一届。

1954年9月27日，新海连市船民协会筹备会议，在新浦召开。会议由市海员工会主席庞世正主持，参加会议的有：海员工会干部3人、民船干部3人、航运办事处1人、公安局1人、基层工会航运干部1人，共有9人到会。会议研究决定成立新海连市船民协会筹备委员会，会上选出船民协会筹备委员会委员13人。

筹备委员会主席由市海员工会主席庞世正担任，副主席由连云区船民协会副主任许伯明担任，秘书由市海员工会秘书张福林担任。另有陈家港民船工会干部孙鸿香、猴嘴船工所干部张名楼、王恒茂、市海员工会干部王玉濬、航运办事处主任朱洪德、市政府水产科长王玉佩、市公安局魏永渤、连云民船工会不脱产干部程聚安、陈家港民船工会不脱产干部徐学山、新浦民船工会不脱产干部周振麒等担任委员。

会议决定：孙鸿香负责陈家港、王玉濬负责新浦、张名楼、王恒茂负责猴嘴、许伯明兼管连云。新海连市船民协会筹备委员会组成后，连云区船民协会、陈家港民船工会、猴嘴船工所、新浦民船工会将进行改选，筹备成立各地区船民协会。

市船民协会下设基层机构为：新海连市船民协会陈家港委员会、新海连市船民协会连云委员会、新海连市船民协会新浦委员会、新海连市船民协会猴嘴委员会。新海连市船民协会属中共新海连市委部门之一，各船民协会在各区委领导下开展工作，下设工作小组。筹备委员会将会议内容，上报中共新海连市委。

1954年10月3日中共新海连市委员会，将市船民协会筹委会报告，以（54）0059号文，批发给四个区及有关部门。要求各区做好船民协会人选和区、市船民代表选举工作。时新浦地区有盐河区、龙尾区，市委关于船民协会文件，下发至盐河区委，新浦船民协会由盐河区委领导。

同年12月新浦、陈家港、连云和猴嘴四地，先后进行改选或成立了船民协会。同时撤销海员工会、民船工会、船工所。据新海连市1954年统计，全市有民船1300余艘，船民8000余人。各区船民协会在成立的基础上，推选参加新海连市船民协会会员代表大会代表，市船民协会会员代表共61人，名额：陈家港21人、猴嘴15人、新浦14人、连云11人。

遵照华东军政委员会的要求，各协会经费来源，来自会员会费及人民政府的补助。会员会费每年标准，不得超过当地10斤鱼的价钱。协会办公用房、办公用具由各地政府拨给。新海连市船民协会经费，先期由市海员工会拨付1亿元（旧币：1万元相当于1元），会员每人每月缴纳1000元—5000元会费。工作人员工资，原享受政府供给制的不变，其他人员由船民协会从经费中解决。

市船民协会办公用房，选择在福利昌巷里，民国时期船民工会旧址，即西池路3号。1954年12月20日，新海连市船民协会筹委会，在今后工作计划中指出，要继续贯彻总路线和总任务教育，大力开展增产节约活动，同时加强船民组织纪律性，做好生产安全工作。

对明春海洋捕捞、内河运输做好准备工作，要求新浦、陈家港、连云三地船民协会，摸清出海船只、捕捞工具、人员组织的准备情况，与市水产科保持联系。有困难有问题，请各区委出面联系航管站、水产科、银行、淮北盐务局给予技术指导、资金帮助。要求1955年黄花南洋鱼捕捞量，比1954年增加100万斤，摇纲船可争取打东洋鱼。

为确保春讯捕鱼顺利开展，各区船民协会注意调整技术力量，人手缺乏单位允许通过组织关系，去外地联系协调解决。对有内河运输任务的陈家港、猴嘴两地，要求在一月份完成修船所需的人工、材料、资金准备工作，至二三月份全面完成船只整修。冬天是陈家港、猴嘴两地船民协会生产淡季，要帮助船民订好副业生产计划，帮助他们渡过难关。

1956年新浦成立木船运输合作社，从事内河运输。同年盐务管理局，将猴嘴木船社迁来新浦，编为新浦木船二社。1959年新浦木船一社、二社与船舶修造厂合并，成立国营新海连市内河航运公司，专事内河运输。1958年9月，蔷薇河下游临洪口建挡潮闸，新浦渔船无法出海捕鱼，新浦的渔业合作社迁往连云，与海锋渔业社、先锋渔业社三家合并，成立新海连市水产大队。

草 棚 球 场

连云港市是一座热爱篮球运动的海滨城市，群众性的篮球活动遍及城乡各个角落，出现过许多篮球骁将，让球迷们如数家珍。我市篮球运动兴起于20世纪20年代，在民国十六年，也即1927年春天，新浦普爱小学以操场作篮球场，竖起我市第一副篮球架，聘请益三医院王益三医生为篮球指导，组建小学生篮球队，开展篮球活动。这是新浦地区第一个篮球场。日军占领新浦期间，伪政权曾利用原许鼎霖赣丰机器油饼公司旧址，也即今天汇金广场身底，在废弃的场地上辟为篮球场举办过赛事，民众称“兴隆”体育场。后来也曾在铁路北南广场，现海昌中路原体育场办过球赛。

民国二十五年，1936年，山东青岛英商轮船公司驻新浦办事处，组织喜好篮球的华人篮球队，由办事处负责人张憩园牵头成立健华体育会，组建“健华篮球队”。其队员有史伯荣、周子虹、王铁英、郭新白、时白龙、刘锦帮、滕子馨等人，其中就有曾经的普爱小学篮球队员。健华篮球队利用普爱小学篮球场，开展训练组织赛事，曾经代表东海县去徐州、青岛、上海等地参加比赛。后来成立的“体友”篮球队，由仲延亮、谢振亚等民间篮球爱好者自发组建，在日伪时期曾三次去徐州参加伪淮海省运动会，是海属地区篮球劲旅。此时的篮球队还有商工队、虎啸队、兰心队、试试看队、林林队及兄弟篮球队，分属商会、军队、中小学及民间爱好者，经常在新浦、海州两地组织比赛。1941年在新浦第九新民小学组织比赛，商工队代表商会，联徐队代表海州，结果商工队获银盾奖。1947年新浦也曾举办过“霖茂杯”篮球赛，体友队夺得冠军，虎啸队获亚军。

20世纪50年代初，我市有两支篮球劲旅，体友队和试试看球队，这两支球队建队时间久，实力雄厚。1951年在团市委大院（后为市第一招待所），举办的篮球比赛，可谓是盛况空前，当年只有5万人的新浦，竟有数千人前往观看，团市委院内是人头攒动，群情振奋。体友队有李长兴、谢振亚、张得劲、刘瑞文、范晓峰、仲延亮等。试试看队有花开秋、陈玉栋、张定安、马立信、樊家茂、丁宜和、赵良珂、董文成等。两支球队实力相比，体友队在历次重大比赛中屡建功勋，是一支王牌球队。比赛争夺激烈，体友队实力过硬，试试看队处于挑战地位，没有心理负担。每当试试看队进球，群众便报以热烈掌声，赛场高潮迭起，观众看得是如醉如痴。这场球打得是相持不下，比分一再追平，最后以两球之差，体友队遗憾败北，试试看队荣获冠军，这是试试看队首次打败体友队。当年5月由这两支球队组成新海连代表队，赴临沂参加地区篮球赛，荣获冠军，又代表临沂地区参加山东省第一届体育运动大会。

草棚球场的建立是在1957年，这是我市第一座室内体育场所，其址位于解放中路，现中央商场对面。这里原是新浦的一处大水塘，1952年市总工会、团市委组织青年义务劳动，拉土将水塘填平，上面建起简易场地，立上多副篮球架，开展群众性的篮球活动。1957年市政府筹措资金2.8万元，用福建运来的毛竹搭成草棚球场，纵横支撑的屋架犹如钢梁一般，上挂大型罩灯，十多层看台围着篮球场，高大的空间方便新浦市民观看，犹如现代化体育馆的感觉。馆内三合土地面，用草作顶，竹笆作墙壁，全馆建筑面积2000平方米，可容纳观众2000人。草棚球场的建成，不再受雨雪天气的影响，可在室内开展篮球、羽毛球和乒乓球比赛。草棚球场最吸引观众的还是篮球比赛，市里组织的系统循环比赛，赛事要几个礼拜，每当劲旅球队的比赛，那入场券是很难买到的，都要提前排长队购票。尤以建工队、公安队、新中队、盐场队，还有新浦区队，群雄逐鹿甚是精彩。晚上球场大门前，等退票的是里三层外三层的，特别是决赛场次，一声“谁要票”，立刻就会有数十

1952年新浦解放中路　来源《新浦区志》方志出版社，图第6页

人蜂拥而抢。有的人天未黑先到球场边体委宿舍暂避，等检票进入再混进去，当然这都是体委家属熟识的人。也有人趁黑夜干脆翻墙进去，总有侥幸者，当然被抓住的也不少。实在等不到退票的，一直徘徊在大门外，不愿离去，听那场内阵阵喝彩声，等散场时打听是谁家赢了。

草棚球场建成之初，团市委给起了个好听的名字叫“青年体育馆”，可老百姓却不这么称呼，那茅草的屋顶，毛竹搭建的看台，在解放中路就是一个巨大草棚，大家都称它是“草棚球场”。虽然体委赛事张贴海报，称青年体育馆，民间还是说到草棚球场去看球赛，久而久之草棚球场成了它的名字。那个时代过来的人，说到青年体育馆未必有人知道，若提到草棚球场一定会是滔滔不绝的。茅草作屋顶的草棚球场，时间久了，有的地方草腐烂，常会发生漏雨情况，影响赛事，1960年改为石棉瓦作屋顶，但大家仍旧称它草棚球场。后来毛竹出现虫子，强度产生问题，看台竹钉脱落，竹片弹起，虽经不断维修，由于安全问题不能再使用。1976年市体委军管小组将草棚球场转让给市商业局，草棚球场终因漏雨，毛竹腐朽而拆除，其场地北侧临市化路处，建起简易舞台，名曰“井冈山广场”。后市商业局在上面建起了人民菜场、迎春商场、红光五交化商场等建筑。

鼓 鼓 荡

前河岸边的洋桥巷，是清末的老巷子，那儿商号众多，沈云沛的甡茂永布庄、甡茂杂货店、甡茂粮行，对面是杨景衢开的裕兴永粮行，市井往返穿梭，是老新浦一条热闹的巷子。洋桥西侧是前河石阶码头，前河北岸巷子两边，就是一个大市场，摆摊设点的，购物闲逛的，算卦遛鸟的，杂耍卖艺的，行乞偷盗的，繁杂热闹人来人往。每逢过年这儿更热闹了，到处都是人，大人小孩熙熙攘攘。蒸糕的那儿冒着热气，炉旁的小桌子上插着各色三角旗，花花绿绿。

卖花棒的吹着竹哨子，晃着拨浪鼓，身旁架着彩绘的木刀木枪，上面还挂着鬼脸子（面具）。摇糖球的唱着糖球谣，竹板敲击着挂在胸前的木盘子，鲜红透亮的串串糖球插在草棒上，令人垂涎欲滴。算卦先生头戴瓜皮帽，一张草纸夹在帽前，那紫晶圆眼镜后面一双小眼睛，看着求签的老妇人，不知在说着什么。河南来的拉洋片围着不少人，里三层外三层的，有站着的有坐着的，那拉洋片的，一身黑棉衣，拉着鼓踏着镲，拽着洋片的绳子，绘声绘色地描述着画面的内容。咚咚锵！咚咚锵！随着鼓镲的敲击声，木箱上的两个小木偶，身披战袍头挑雉翎，不停地旋转着。

"鼓鼓荡"那儿人不是很多，主要是一帮小孩子。看那摊主吹吸着鼓鼓荡，一种金属的敲击声，悦耳动听。看的人多买的人少，那时的鼓鼓荡记得好像是3分钱一个，而当时鸡蛋才2分一个，算起来可不便宜。鼓鼓荡现在是看不到了，它是玻璃制品，形状像是长颈烧瓶。大肚子长脖子，底做得很薄，吹吸起来瓶底抖动，发出类似金属的玻璃清脆声。吹吸时要把握好气力，均匀地慢慢吹，气大了瓶底鼓坏了，气小了又不响。很多人都是因为这个原因，并不想大方地出手买，毕竟是3分钱哪，一上嘴吹坏了，3分钱就没啦。栓子他哥太喜欢鼓鼓荡了，那好听的玻璃敲击声，悦耳动听令他着迷。站在摊前好半天了，看那摊主吹那小的，又吹那长的，每个的声音都不一样。鼓鼓荡有蓝玻的，有透明的，摊主

作者 摄

熟练地表演着，吸引的人越来越多。栓子他哥是精灵的，认真地看着摊主那鼓着的腮，一鼓一瘪吹吸自如，下意识地鼓起嘴，像是自己也在吹似的。

摊主好像也不急着卖，看围的人多了，只管尽情地卖弄着，鼓鼓荡那金属撞击声，撩动着栓子他哥的心。有人掏钱挑了个长的，摊主告诉他要领，他说会的，吹吸起来还行，人家是吹过的，有把握。栓子他哥终于等不及了，说："我也要一个，就要那中号的。"他心里想大的没把握，小的声音不脆葱，买个中号的适中。摊主接过钱，拿出一个中号的鼓鼓荡，试吹了下，很好听。摊主接过钱说："嗯，是好的，不退的。"栓子他哥接过鼓鼓荡，看了看，学着摊主的样子。双手捏住玻璃把，嘴对着管口小心地试吹了一下，哇！还吹响了，摊主看了很高兴说，不要急，慢慢吹。栓子他哥又吸了一下，很得意地朝摊主望了一眼，心想这有什么难的？当他再吹第二口时，忘记了摊主刚才说的，要慢慢地吹。栓子他哥得意地吹了下，气力没有把握住，鼓鼓荡破了。

大家都傻了眼，不一会又都笑了。摊主说："气力要匀，要不再买个试试？"栓子他哥呆了一会儿，望着没了底的鼓鼓荡，满脸地不高兴，怎么就碎了呢？半天回过神来，但又不甘心，便要了个小聪明："我再要一个，不过要先吹吹，吹好了就给钱。"这小儿科的把戏，能骗过生意人？立刻遭到拒绝，栓子他哥又埋怨那鼓鼓荡是有裂口子的，于是就争执了起来，最后栓子他哥愤愤不平地对着摊主嚷着："鼓鼓荡、鼓鼓荡，越吹越上当！鼓鼓荡、鼓鼓荡越吹越上当！"边说边愤愤离开走人了。

小巷里的儿童班

老街小巷里有一家儿童班，先生姓李，街上人都称李大先生。他是旧式人物，长年老式蓝布长衫，头戴瓜皮帽，紫色眼镜，常担在鼻子尖上。那时新浦只有一家幼儿园，收纳不了那么多五六岁的儿童，多数孩子不是在家里散玩，就是被家长送进儿童班去。小巷儿童班就设在李大先生家的堂屋里，墙上挂一块小黑板，我们几个孩子背着妈妈缝的小书包，拿着家里的小板凳去他家上课。他教我们识字，上下来去，天地日月，他在黑板上写着，一字一字带着我们念。他不紧不慢地教，我们跟着一遍遍地念。他也教我们算术，开始时是数手指头，什么大拇指、二拇指、三拇指，有时会问我们，两只手是几个手指头啊？手指头不够用时，就让我们数火柴棍，以致家里面妈妈经常找不到火柴用，而我们的书包里都是火柴杆。

建于20世纪30年代西药房
来源《新浦区志》方志出版社，第9页

李大先生高高的个子，白净的皮肤，留着山羊胡子。教累了就叫我们练字，那时我们都背着块小黑板上学，比16开书本小点，石质的黑板，外镶个木框子，用滑石笔在黑板上一划就是一道白杠，写错了不是用手擦就是袖子抹。儿童班开始有六个人，大的孩子上小学走了，还剩下我们五个。我们练字时，李大先生就躺在竹躺椅子上，端着他那擦得锃亮的紫砂壶，吸上一口。看着我们在小黑板上认真地画着，他放下茶壶，会眯起眼睛。二奎子笑着对我说："先生睡着了。""谁在讲话呀？是二奎子吧！"

李大先生最不放心的就是二奎子，经常迟到不说，还常要上茅房，又不好好学，几次李大先生要送他回家，说不教他了，他妈妈好说歹说才留了下来。夏日的一天，李大先生喝茶，感觉不对劲，掀开壶盖，里面有半截粉笔头。李大先生认定就是二奎子干的，从那时起，就再也没有看见二奎子来上学。

李大先生高兴时，也会给我们小孩说文解字。李大先生说：古时候呀有个大官，是个很大的官，专门管学堂的，就是管你们和你们老师的。他呀好喝酒，一喝就喝得很多，经常是晕晕乎乎的。有一天要去很远的地方，觉得这事重要，应该禀告皇上。于是拿出笔、墨、纸、砚，说有重要的事要出远门，如何如何……

李大先生推了推眼镜，接着又说：古时候出门的“出”字呀，是用千、里二字来表示的，也就是“重”字。形容出门要走千里路，是很远的意思。而多重的“重”字呢，是用两个山字垒在一起，也就是“出”字。表示很重，你们说两座大山重不重呀？

孩子们齐声说：“重！”

这一下李大先生更来劲了，喝了口茶又接着说：那天呀大官喝醉了，将两个字写颠倒了，禀报皇上。而皇上呢，整天陪着娘娘，在后宫里面玩呢。哪有闲工夫去管这等小事呢？便不耐烦地说，可以，可以，就批准了。你想这皇上是金口玉言哪，哪个敢不听呢？从此，这“出”字和“重”字就颠倒了。李大先生说完，得意地捋了把山羊胡子，那时我们觉得李大先生是最有学问的。

水泡花生

老新浦大街上最热闹的地方，就是洋桥巷到海昌巷这一段，每天下傍晚准时有一老者出现在大街上。他左膀挎一篮，右膀挎一篮，一晃一摇，不慌不忙走在民主路上。突然高喊一声“水泡——花生”，那“水泡”拖长声很久后，以“花生”两个音戛然而止收声。街上的大人小孩都知道，这是他的水泡花生来了，那时他的水泡花生是新浦街的名小吃，他的到来，总会吸引着一帮小孩子跟在后头。他腿脚不好，挎着篮子一摇一晃，装满炒货的篮子，吱吱作响。一个篮子里有水泡花生，一个篮子里油炸蚕豆瓣，16开的旧书本一撕两开，整齐地放在篮子里边。见有人来买花生，他会放下篮子，蹲在地上熟练地称好，还会再添上几颗，表示不会少秤。秤好后用纸卷成三角筒，将秤里的花生倒入纸筒递给客人。基本上从西艞口到海昌巷，他一篮子的炒货就剩不多了。

这位老者叫王成堂，海州锦屏酒店村人，生于1900年，20多岁到新浦街讨生活，在西艞外搭个棚子安生，先是拉黄包车，后拜师学做炒花生。王成堂心灵手巧，在掌握了炒货手艺的基础上，自己琢磨出新的炒法，那独特的水泡花生，剥开壳红皮一搓便碎，白白的花生仁，吃到嘴里酥脆咸香令人陶醉。还有他那色香俱佳的油炸蚕豆瓣，看着就大吊人们的胃口。故王成堂的叫卖吆喝，除去水泡花生，还有那独特的“蚕——豆——花唻”，王成堂的吆喝声，成了民主路上一道奇特的风景线。王成堂的耳朵听力差，他高声吆喝还怕别人听不到，所以他的喊声越来越大，有人说他站在西艞口喊上一嗓子，大华商店都能听到。街上人送他一个外号“王聋子”，说王成堂的水泡花生没有人知道，要是说“王聋子”的水泡花生，街上无人不晓。

王成堂的耳朵本不聋，是无故被人打聋的。1945年底，王成堂挎篮在普爱小学的“国民礼堂”附近叫卖。他按照习惯一声吆喝“水泡——花生”，再一声“蚕——豆——花唻”，当他再次吆喝时，突然有一军头模样的男人，上前抓住他的前胸衣服就是左右两个耳光，打得他眼花头晕，半天没有回过神来。那军头边踩踏着撒满一地的花生和蚕豆瓣，边叫骂道："蚕豆花也是你能叫的吗！"原来那军头陪姨太太来看戏，花名就叫蚕豆花，是军头赎身出来的妓女。在这大庭广众下，姨太太蚕豆花以为是被谁认出来了，回头一看竟是一个卖花生的，感觉到被羞辱，唆使军头出手教训。打了人的军头不解气，命卫兵将王成堂押回东边营房，吊起来接着打。幸有地方商界人士，出面调解好言相劝，让王成堂赔礼道歉才算了事，从此王成堂的听力下降，别人说话听得似懂非懂的，腿脚不再自如，走起路来一瘸一拐的。

王成堂很喜欢逗小孩子玩，有时趁跟在身后的小孩不注意，冷不丁地会回身突然大喊一声："嗨！"当看到小孩子被吓了一跳，得意地就又吆喝起来："水泡花生！"特别是看见小大姐，在后面喊得就更响了，女孩吓了一跳，他会得意地一摇一晃的，挎着吱吱作响的篮子，沿着民主路向东走去。引着一帮小孩跟在身后，学着"水泡——花生！""蚕——豆——花唻"跟着吆喝。高兴时他也会给个一两个花生米尝尝，时间长了就会讨厌小孩子，会突然对准他们的耳边大喊一声："嗨！"那时候小孩子们手里没有多少零花钱，买不起水泡花生，有个三分两分的舍不得花，还想攒着看个小画书。有时实在馋了，几个小孩凑个几分钱，想买点要趁他高兴，这时他不会称，用秤盘尖铲了点花生，倒入他们的纸包里。几只一天都没有洗的小手，三下五除二，剩下一个两个就拿在手上，仔细品慢慢吃。

大约在1969年，王成堂一病不起撒手西去，他的儿子接了班，还是挎着篮子沿街叫卖，祖传的手艺祖传的经营方式。大嗓门一惊一乍的，人越多他喊得就越响，生怕别人听不到，以为别人跟他爹一样，耳朵不好。过了四五年，他的儿子也走了，民主路上没有了"水泡——花生！"的叫卖声，再也听不到"蚕——豆——花唻"的独特吆喝。

时下各式炒货到处都是，就是吃着仍然会想起王成堂的那水泡花生，至今令人口中生津。

猫 耳 饺

20世纪50年代的新浦老街，有一家祖传的猫耳饺，摊主赵四爷，在这条街上有些小名气，人们提起他都说是“赵四猫耳饺”。此地馄饨叫作“猫耳饺”，为什么叫“猫耳饺”呢？也许是形状像猫的耳朵吧。虽说那时没有吃过，可那沁人心脾的香气至今让人回味。

天还没有黑，摊主赵四爷就担着挑子，晃晃悠悠地出来了。钉着黑纽扣的绒布棉帽子，盖在圆瓜似的脑袋上，胖乎乎的脸上好像从来就没有笑过，显得光滑没有一丝皱纹。蓝布棉袄上罩着白围裙，下摆大口袋处是油乎乎的。

挑子就摆在洋桥巷头，这是老街的热闹地，白天人来人往，什么摆地摊的、摇糖球的、测字算卦的，都说这是老街的大栅栏。挑子一头是炉子，上面顿着锅，冒着热气。挑子一头是个柜子，柜子里尽是碗、盆、筷子、拌料等杂物，柜子面就充做桌子。赵四爷把长凳子摆放在两边，取出香油、酱油、肉馅、面皮，摆在锅边，两个蓝瓷碗里，一个放切好的葱，一个里面是绿绿的芫荽。

一切停当，赵四爷掏出别在腰间的烟袋，蹲在巷头一角，黄铜烟袋锅在烟末袋里挖了挖，又按了按。随手取下夹在帽边的火柴，点完烟的火柴在手里晃了晃，扔到了地上。天渐渐地黑了下来，赵四爷吧嗒吧嗒地抽着旱烟，昏暗的路灯下，只有我们几个孩子在玩着。夜晚的民主路上，少有行人。阵阵凉风划过脸庞，让人感觉天要冷了。

抽完烟赵四爷开始包饺子，只见他右手拿着根签子，左手掌放上一沓面皮。右手签子熟练地挑出肉馅，点在那面皮上，左拇指飞快揉着面皮，一弹一个，猫耳饺就落到了锅旁的盖子上。左手掌的面皮没了，又拿起一沓面皮，不一会儿盖子上就包了一小堆。

望着摊子上的罩子灯，在冒着热气的锅台边，若隐若现，朦胧摇曳，看着它心里觉得暖暖的。赵四爷不时地掀开锅盖搅着，勺子划着铁锅的声音，伴着浓烈的虾糠汤，鲜气扑鼻，令人生津，吸引着孩子们围在锅边。“去、去、去，去那边玩去！”赵四爷不太高兴小孩子们围在锅边,撵着我们,怕影响他的生意。

东边传来了阵阵的脚步声,由远而近,有人哼着戏,三三两两朝着我们走来,是人民舞台的戏散了。望着走近的人们,赵四爷使劲地吆喝着:“猫耳饺噢!猫耳饺!”并不停地搅着锅,浓烈的虾糠汤随着热气,飘在散戏人们的鼻间,吊着他们的胃口。“猫耳饺噢!猫耳饺!”赵四爷的叫卖声,吸引一对情侣朝着摊子走过来。难得一笑的赵四爷,堆笑着脸,用大围裙擦了擦凳子,说:“来两碗?”男的点了下头。“好的,您稍等。”赵四爷拿起放猫耳饺的盖子,熟练地用勺子放锅里划拉着,“一对!二对!”边数着边划入滚开的锅里。似乎是让情侣们知道,十对20个两碗,一个不少。赵四爷边搅着锅,边吆喝着:“猫耳饺噢!猫耳饺!”冲着散戏的人们。热气腾腾的虾糠鲜味,拂着那对情侣的脸,飘向街上的行人,也搅着孩子们的胃。

情侣俩轻轻地吹拂着摊主送来的猫耳饺,用汤勺慢慢地划着。男的用勺捞起两个,放在女的碗里,轻声说:“很鲜的!”看着他们含着猫耳饺,慢慢地吮吸着,孩子们都远远地咽着口水,直勾勾地望着。赵四爷边撵着我们,边吆喝着:“猫耳饺噢!猫耳饺!”望着又一拨的散戏人群,这是晚上最好卖的时光。“小六子,跑哪去了!”随着一声喊叫,吓得小六子“噢!”了一声。是六子他妈,叫他回家睡觉。小六子转身就往家里跑,还不忘回头望了下那对吞着猫耳饺的情侣。

猫耳饺,是那时天下最美的夜宵。

巷头的茶水炉

旧时人们烧开水，通常人家用的是铁锅，烧的是草，烧不好是满屋子的烟，呛得流眼泪淌鼻涕。当遇到雨季，只能喝生水了，锅屋里的草还要省着用，留着做饭呢。有钱人家用锡壶烧水，烧的是煤炭，也有用木炭的，既干净又不会呛烟，当然这只是少数人家的事。

巷头有家茶水店，我们都叫它茶水炉，也就是卖开水的小店。由于这儿有医院、商店、银行等单位，用开水的人多，用今天的话来说是有市场，挨着不远就有两家。每当早晨上班，是灌开水集中的时候，人多了还要排队，有时候要等上很长时间。炉中开水放了一阵子后，要添加冷水，还要再烧上一会儿。人们拎着水瓶拿着筹子，静静地排着队，前面的人看着手忙脚乱的店家，后面的人望着街上匆忙而行的人们，那会没有手机，可大家似乎并不太着急。其实着急也没有用，用茶炉烧水在当时已经是够先进的了，长长的灌水队伍，是那时清晨老街上的一道风景线。

茶水炉是用白铁皮焊成，一人多高，五六十厘米粗细，与暖水瓶比起来就是庞然大物。茶水炉内外夹层，中间烧火夹层装水。下面有个炉口可供添煤，煤渣就通过炉条掉落在渣坑里；外壳上有个水龙头可以放热水，为了防止水溅出，细心的店家在水龙头上缠块纱布条，方便热水流进暖水瓶里。若是小孩子来灌水，吓得店老板是要亲自操作的，灌好开水还要叫家长来拎。茶水炉上部有报警的水哨，当发出哨声就表示水开沸腾了，这种不用压力表的土办法还真管用，哨子吱吱响的时候，也算给周围打水的人一个提示：水开了。

茶水炉是个小本生意，贫穷小户养家糊口的行当，算不上什么买卖，别人还在熟睡的时候，店老板就披衣起床了。打开炉门扒开炉火，用铁钩捅捅炉条增大进风量，再添上点煤，用手拍拍炉壁听听声音判断水位。每天不到晚上十点钟是不能关门的，有些单身汉或情侣，听完戏还会来灌开水。一壶水一分钱的生意也要做，一个茶水炉能养活一大家子人呢。炉子要是未封好熄火了，早上就更忙了，店老板急着找木柴引火，引火柴是火柴厂处理的废木头，也有用松子球或其他树枝之类的东西，这时的茶水店烟囱里冒出浓浓的黑烟，在那还算是洁净的天空上，倒显出有几分生机呢。

私人灌开水都是现金交易，一分钱灌一瓶开水。商店、单位来灌开水，都使用小筹子，由单位统一购买。所谓小筹子，就是茶水店老板用竹片子做的，竹片有10厘米长，一两厘米宽，用烧红铁条烙上印子，一道杠能灌一瓶开水，两道杠可灌两瓶开水。筹子制作虽然简单，那时却没有人去仿制，大家都在用良心做事。那小筹子相当于现时的会员卡，谁能说现今的会员制消费，不是从那时的茶水店开始的呢?

为了扩大经营，茶水店把自家吃饭的小方桌摆到门前，放上几个板凳，有的人早餐就在茶水店吃，带块饼就开水，热乎乎的就是一顿早餐。学生上学，路边买几块蒸米糕，冲上开水，吃得美滋滋的。茶水店提供碗筷，吃完了给添上开水，再问喝好了没？那时的早餐简单、便捷、省时间，老大街上的茶水店惠及了不少人家。

茶水店老板最怕是忘了加水，烧干了炉子那就惨了，有时是事多忘了，有时人多麻痹了，都容易烧干了水，那白铁炉子是用焊锡焊上的，耐不住高温干烧。焊点漏水也是常有的事，这时就要请白铁工来帮忙，小毛病要好半天，要是大毛病可能就不是一天能解决得了的。

茶水炉子坏了影响太大了，一家茶水店供着小半条街的开水，炉子一停工，苦了那些灌开水的人，大家只好涌向另一家茶水店。虽说是生意来了，可紧烧不够慢灌的，长长的灌开水队伍，急躁的情绪也会影响到这家店老板。只见他一会儿用炉钩捅捅炉子，一会儿再加点煤，还不时地用手试着炉筒壁。他虽然不懂得什么热力效应，可经验告诉他，热水是往上跑的，冷水在下面。要是上半部热的面积大了，他便会高兴地告诉大家："快了！快了！"

民主路没有装自来水前，茶水店用水都是雇人挑来的。那时有专门的挑水工，一桶水二分钱，一挑水四分钱。一根扁担两只木桶，桶边挂只水瓢，扁担中间还裹着布条，用来减缓肩头摩擦。聪明的挑水工为了防止水溅出来，木桶里放个桶圈子。桶圈用枯树枝编成，也有用竹篾子扎的，随着挑水工晃悠悠的步伐，桶圈在桶沿边来回碰撞，在反作用力下，减少了水的波动，阻缓水向外溢出。真是实践出真知，也许力学原理就是这样诞生的！挑水工一天赚个四五毛钱，能养活着一家子老小了。

20世纪30年代前民主路上用水，取自"天池"，所谓天池就是人们挖坑贮水的池子，开始池子不大，后来住户多了又不断地开挖，逐渐形成了大水汪，老百姓叫作"天池"。夏天雨水注入池中，冬天人们则把冰雪推进池里。天池是那时老大街的饮用水源，人们生活离不开水，这些贮水的池塘，在人们心中就是上天赐予的，美其名曰“天池”。1934年以后老大街安装了自来水，人们才逐渐告别了不洁净的天池水。

中华人民共和国成立前夕老大街上先后分段建起了供水站，取自南云台东山庄的水，供应着东龖、西龖、大庙巷和海昌巷等供水站，那时水厂规模小水压低，不能保证正常供水。人们就在供水站盖起两人高的蓄水池，夜间往里打水，白天卖池里的水。时间长了池中的水就会变质，常有老鼠等小动物淹死在蓄水池里面，于是就要清理池子，几家供水站不能一起来，要轮流刷洗池子。一家清理其他几家供水站可就紧张了，排队等水的有半里路长，有时一个上午只能排上一次，大街上挑水的、抬水的、用木板装轴承拉水的，整个老街笼罩在抢水的氛围中。

挑水工是不用排队的，好像是与卖水说好的，随到随放。他要是排队，那茶水炉子非烧干不可，他一天一毛钱也苦不着。那自来水一分钱150斤，每桶50斤，一挑水再找二厘五的纸条。供水站有专用的水桶测量，然后在用户桶上用油漆标上线。要是遇上天旱又有刷池子的，人们要半夜起来排队，也有投机取巧的，头天晚上放块半截砖头或石块先占着，你就是三点来也只能排在后面。有时一块砖头塞进三四只桶，有的人家弟兄姊妹齐上，一人一只桶，于是矛盾爆发了，冲突随着天热在升温。当动手打架时，已不是两家之间的事了，不服气看不惯的都加了进来，水成了矛盾的焦点，于是过火失手打死了人，排队抢水成了刑事案件。

随着时代的发展，茶水店退出了历史舞台，茶水炉也成了古董，时下饮品琳琅满目、品种繁多，热饮冷饮甜的酸的，连山上的泉水都装进了塑料瓶中。人们充分享受着现代化带来的红利，不再为喝水而劳累犯愁，更不能理解为什么挑水还会闹出人命？现在街谈巷议网上微信，关心的倒是环境污染，饮品安全的问题了。

新浦弹花制冰厂

新浦弹花制冰厂旧址 作者 摄

20世纪50年代末，新浦唯一的制冰厂，叫作弹花制冰厂，位于建国路上，建国路小学斜对面。为什么叫作弹花制冰厂呢？因为这个制冰厂是季节性的，夏天里制冰，冬天就弹棉花。每当夏天，这个不大的制冰厂，人头攒动长龙摆尾，围满了人。制冰厂是不零售的，只做批发，先去会计室前开票，再去冷库领冰，不过多是要排队的，因为老新浦独一家嘛。那时好像老街特别的热，少有树木的街上，伴着单调的知了声，令人心烦也催人流汗。前来打冰的人，头顶湿毛巾，脚踏木屐板，男的光着背，女的汗湿衣衫。人们好像都特别焦急，这么大热的天，只有他们坚守在一线，仿佛越热越是机会一样，都盼望能早点拿到冰。小贩们手拎冰壶，一种竹编外套，内装真空瓶胆的壶，加一木塞盖，能装20多支冰棍吧？大商贩用的是冰箱，一种木头做的大箱子，内里裹垫棉被，能装上百多支哩。

老街不宽，并排很难走下两辆汽车，房子挨着房子，东面说话西面都能听到。光秃秃的街道上，立着的是木头电线杆子，很难见到棵树。夏日的烈焰下，路面与瓦片的热量，交织地混合在一起，你想不淌汗都不行。那“冰棍！冰棍！”的叫卖声，在正中午的伏天，犹如一丝凉意，撩拨着人们燥热的心。冰棍是二分钱一支，当小贩接过钱递上冰棍时，凉意似乎已传达至心。早期制冰厂生产的是白冰棍，就是自来水中加点糖精，模子中插上一根竹棍，冷冻后就是冰棍了。二分钱的冰棍，在今天看来，是那么便宜，对于当时每月40多块钱的家庭来说，五六口人每人一支，也是不小的开销，要知道当时大米也就一毛二分钱一斤。

冰棍对孩子们来说，浑身都是宝。那包冰棍的纸，是印着画的蜡纸，男孩子搞收藏，收集不同颜色，不同画面的冰棍纸，像集邮一样。女孩子则用手抹平冰棍纸，夹在书本里做书签，夏日里的冰棍纸，看着都有种阴凉的感觉。冰棍中的竹签，就是孩子们的玩具，收集起来玩挑竹签子游戏。那会孩子们没有什么玩具，算是就地取材，废物利用，这挑竹签也是锻炼耐心的游戏。有的孩子为了有更多的竹签子，上街四处去拾竹签，街上倒是环保了，可个人卫生就差了。

冰棍不是天天都能吃的，夏天里还是要喝水消暑的，学生上学都会拎着个瓶子，瓶脖子上系根绳子，里面装上冷开水，这就是防暑降温了。有讲究的人家，会放上几片甘草，水黄黄的甜甜的，是那时最好的饮料。也有在孩子的瓶里，放上几瓣蒜的，说是可以消炎防暑，就是味不太好。不少的学生喝生水，寻找校门口学生家，水瓢一舀，咕咕喝个痛快，拉肚子事情也是常有发生。

夏天是老街人最难忍受的季节，那时房子矮小，通风不好，外面热屋里头也热。屋阴处巷子口，就是避暑的好地方。男人光着脊梁，女人穿着宽大衣裳，坐在板凳上，都说这天是太热了。有的不停地淘洗毛巾，有的拿着芭蕉扇子，纳鞋底的倒是不紧不慢，说是心静自然凉，可她那前襟后背，也是湿了一片。那时别说是空调，就是电风扇连店家也没有的，要想凉快，只有扇子。王巷头那家剃头店，有架手拉风扇，挂在二梁上，来回拽着扇风。店里五六个师傅带着两个徒弟，滑轮穿上绳子，下面挂上硬纸板，徒弟不停地拽动绳子，硬纸板来回晃动，风还不小呢。不过师傅倒是常提醒徒弟，“慢点拉！头发茬都飘起来了！”

孩子们也有自己的降温办法，动手做扇子。短竹竿劈开缝，夹上硬纸板，就是把扇子。女孩子手工巧，用纸折叠也能扇风，这样的扇子带着方便，掉了再做一个就是了。扇子是夏天的必需品，人不离手，有孩子在扇子上写上字：小扇在手，凉风自有；有人来借，就说没有。

老街的气候是海洋性的，酷暑多日便会有雷雨调节，雷电伴着大风，豆大的雨滴在街上溅起水花，敲打着瓦片撞击着墙。雨天街上没有多少行人，偶有穿蓑衣戴斗篷的，也是匆匆而行。大雨带着凉意，将原先扩张的毛孔，收缩起来，顿感清爽。家家户户房前檐下，摆满了盆盆罐罐，在那挑水吃的年代，这雨水能洗刷好多东西哩！男孩将脚伸出门外，尽享雨水的洗礼，女孩坐在窗前，望着如帘的雨水，不知在想着什么？

街头店前那躲雨的男孩，望着从天而降的雨水发呆，身边的冰壶里还有不少的冰棍呢，这样的下法，壶中冰棍会化掉的。他也喜欢雨，喜欢享受雨水的沐浴，但他更希望天天是烈日高照，他不惧酷暑高温，也不怕汗流如注，夏天是他挣学费的机会，壶中的冰棍就是他的希望。

雨越下越大，风也愈刮愈猛，老天爷真的是生气了，要将多日的暑气一扫而光。老街沉浸在雨中，秋天不会远了。

露天电影：几代人共有的记忆

20世纪50年代，部队283大院，每逢周末都会在院内的操场上放映电影。283大院，位于解放中路南侧，是清末许鼎霖的赣丰油饼公司，后一直为驻兵之地。283司令部搬到墟沟以后，这里是连云港市政府驻地，后来房地产开发成汇金广场。283大院与原解放路小学一墙之隔，每当有电影时，孩子们便会翻墙过去看电影。283大院是解放后新浦街最早的露天放映电影的地方，据《新浦史话》载，新浦第一次露天电影放映是1924年，在东毓普爱小学的操场上，也即今天市第一人民医院北侧，当时放映的是无声电影。

南广场上放映电影要到60年代初，也即今天海昌路上的体育场。露天电影是那个时代的文化盛宴，每当有电影的消息传出，人们是一传十，十传百，不用发通知，是家喻户晓。各家各户早早吃完晚饭，碗筷也不涮，全家老少倾家出动，走向南广场。路上扛板凳的，拿着小方凳的，牵着孩子的，熙熙攘攘好不热闹，像是过年一样。南广场露天电影如此受欢迎，因为是免费的。

所谓露天电影就是在南广场，立上竿子拉上幕布，场地中央架上16毫米的放映机。天还未黑，有利地形已被孩子们抢占一空，有人放上石头，有的摆着砖头，各自划着范围。最好的位置是放映机的前面，这儿能看到放映员的操作，看着他装上胶片盘，将胶片从一个一个滑轮之间绕过，再合上镜头。

天黑了，放映员还在调试着放映设备，来晚了的人，只能围在圈外，黑压压的一片，只有中间的放映机上亮着一盏灯泡。终于放映机灯光打开，那一束耀眼的光柱，可以看到很多飘浮着的尘埃，孩子们好生稀奇，摇动着小手，在灯光中晃动，有的伸长脑袋，做着各种怪模怪样的动作，得意地看着打到银幕上的样子，一片欢笑，南广场是一片欢乐的海洋。

电影，是一种集视觉、听觉、文学、科技等多种现代艺术的综合体，在那文化生活匮乏的年代，偶尔能看上一场露天电影是难得的近乎奢侈的精神大餐。夏天蚊子多，大人们用扇子为小孩驱赶飞蚊，男人则拍着大腿上的蚊子，最兴奋的是孩子们，拥挤着、皮闹着，南广场上是一片期待。当“新闻简报”片头出现后，嘈杂的南广场顿时静了下来。

南广场的露天电影放映的是《英雄虎胆》《边寨烽火》《羊城暗哨》《徐秋影案件》，还有《国庆十点钟》《寂静的山林》以及《古刹钟声》。孩子们最喜欢的是《羊城暗哨》《徐秋影案件》《寂静的山林》等反特影片。南广场的露天电影也不是经常有的，一到周末孩子们便会相互打听，什么时候放电影呀？调皮地调侃说：“国庆十点钟！”其实他也不知道。心急的孩子，有时在南广场空等上一场，第二天解嘲地告诉同学，昨晚放的是《寂静的山林》，引起哄堂一笑。

露天电影通常是本地电影院放过的老片子，即使是老片子，电影胶片也是只有一部，各个区轮流着放，需要有人传送，放映员称之为“跑片”。拿来的胶片如果别的区放完没倒好，放映员要用空胶片架子，把胶片连接好，再摇把倒片子。不过有的时候，放映机也会出现故障，出现黑幕或者跳帧的现象。

由于是露天电影，有风的时候，影幕会随着风晃动，影屏上的人也会摇晃变形。露天电影银幕两面都能看，来晚了的人为了看得清楚，在后面一样看，只是背面字是反的，左手会看成右手，右腿看成左腿，但想看电影的人并不介意这些。要是遇到雷阵雨可就惨了，人群躁动，一片混乱，放映员忙得手忙脚乱，场上留下的是挤掉的鞋子和那遍地的石头、砖块。

1973年露天电影要凭票观看，当年市文教局影剧场革命领导小组在解放西路南侧，原新海中学斜对面空场地建起露天电影院，设有门面房、售票处、放映楼、屏幕、围墙，使用35毫米放映机放映。1978年建条形石凳4000余座，观众对号入座。1978年夏，新浦公园建起露天电影场，用16毫米放映机放映，每年4—10月营业，每晚放映两场。1979年，区文化馆利用西天池人防工地空场建成露天电影场，由市电影公司放映队放映。1980年底，砌有阶梯式座位，可容纳1200余人。同年，由区文化馆电影组用35毫米提包机放映。

露天电影是几代人共有的记忆，自20世纪50年代到80年代末淡出人们的视线，露天电影是儿童时代夜空中的一抹绚丽烟花，消失在几代人美丽的记忆里。

打　酱　油

小时候打酱油都是现吃现打，打个两毛钱吃完再去打。中午烧菜酱油没了，妈妈叫去打酱油，递过两毛钱拿起锅边的空瓶子，我便拿着瓶子接过钱，刚要转身，回头问了下白的？黑的？那时候酱油只有两个品种，一种是白酱油，类似今天的生抽，色淡味鲜，用来炒菜。另一种就是黑酱油，跟现在的老抽差不多，颜色深厚，用以红烧。问清楚了不会打错，这是我的经验，否则又要挨骂。在得到了是白酱油以后，兴冲冲地跑出了家门。

路上想起孩子们讲过的笑话，妈妈让他打酱油，不要打醋，他怕记不住，一边走一边念叨："打酱油不打醋，打酱油不打醋。"结果路上被砖头绊倒，还好瓶子没破，但爬起来却念成了："打酱油打醋，打酱油打醋。"到底是打酱油呢？还是打醋？一时想不起来，可能是打醋吧？结果打了醋，到家被一顿好骂，屁股上少不了几下子。想起来觉得好笑，但也提醒自己不要犯同样的毛病。那时还没有超市，只有酱油店，专门卖酱菜、酱油、醋的店，记得老街上东面有家馨祥酱园店，离家一里多路，还有大庙巷一家酱园店，都是公私合营的大店。家后不远也有家酱园店，是一家私人作坊，河北人开的。他家有酱油、香油、醋，还有咸菜、盐等大路货，没有走进他家的院子，就能闻到浓烈的酱菜香味。

小时候贪玩，不想很快就打到酱油，还想到街上转上一圈，顺便再玩玩。一路看看街上的人，再瞧瞧店里的景，慢悠悠地拎着个瓶子，边走边逛边看。我踱着步子拎着个瓶子，向东面晃去，天快晌午了街上还有不少人，急匆匆往家赶的，去店里买东西的，端着碗要饭的，还有看闲溜达的。

巷头店前有几个孩子，不愿意在家里等着吃午饭，趁着大人做饭空当，在店前台阶上崩杏仁。块头大的孩子，手指有劲，杏仁能崩上两三个台阶，那两个小孩只有陪玩的份，力气小光输。看见汪大头他们正在那里斗铜，围着几个小孩子，我走了过去。大头是直愣愣地站着，低着头拿着块铜，地上粉笔画的方框里有几块铜。只见大头眯着一只眼，对准边上的铜块一角，屏住呼吸猛地一松手。也许是个子高加速度大，一个小块铜猛地被砸了出来，而大头的铜块也跳出方框外，大头很是得意。捡起小块铜拾起大铜块。大头赢了接着斗，其他铜块的主人可就紧张了，急得说“快！快！”想用语言激他让其慌乱，可大头却不紧不慢，又赢了一块，大头今天手气真好。

我只顾着看斗铜，突然想起酱油还没有打，急急忙忙就往东面酱园店赶去。来到酱园店刚要进门，就看见南边空地上围着许多人，是干什么的呢？很想过去看看，想到家里炒菜急等酱油，还是赶紧去打酱油吧。又一想就看一小会儿，看看是干什么的？回来再打也赶得上。于是快步过去，拨开人群找了个空当钻进去，一看是卖大力丸的，想挤出来再去打酱油。刚要走就听到：“怕不怕死？”“怕！”“咋办？”“求求各位了！”回头一看一个光着脊梁的大汉，举着刀对准躺在长条凳上小孩子，两人在一唱一答着。就听那孩子眼巴巴地求着：“各位大爷大妈、大叔大婶、大哥大姐帮帮吧？”那大汉举着刀，在孩子边上转着，说家乡遭灾，爷俩逃荒到了这里。几天没混到一个钱，想着留这孩子也是活受罪，不如……

大家都站在那无动于衷，面无表情地看着。地上红布摊上摆着个瓷罐子，罐子前面有几粒蜡制的黑丸子。这种卖野药的，人们见得多了。大汉看这番说辞没有效果，急得又高举起刀，喊道：“老天呀！快开眼吧！”举刀的手不住地抖，就见他猛起慢落，对着孩子的脖子就是一刀。血顺着刀流了出来，小孩的脖子上、凳子上都是鲜红的血，那双小手也可怜地落了下来。“父老乡亲们，可怜可怜吧。”“可怜这孩子吧，可怜可怜俺们吧。”“赏点钱买领芦席吧。”大汉用近乎哭腔号着，刀还在孩子的脖子上晃动着，又一拨鲜血从刀口流出，地上的土都染红了。

人群中有人开始掏钱，你五分我二分，纷纷落到那块红布上。“各位行行好吧，帮帮这个可怜的孩子吧。”大汉不住地号着。望着那和我差不多大的孩子，看他脖子上还在流淌着的血，吓得我连忙把那打酱油的钱扔了过去。

当那大汉双手拱拳，小孩从凳子上爬起来去捡钱的时候，我傻了！炒菜是没有酱油了，家也不敢回，无精打采踱回家前的巷子，呆坐在巷头商店的台阶上，如木鸡一般。直到妈妈找了过来，说明原委，屁股没有受到惩罚，但教训几句是免不了的：“缺心眼是不是？你怎么能相信他们那些鬼把戏呢？”

叁

地名杂谈

云台山的“台”在哪里呢

连云港云台山　作者 摄

康熙四十九年（1710年）海州知州姚陶在《登云台山记》中写道：“云台山在海中围亘200余里……形势险阨，与海州犄角。”“云台山即郁洲山，旧名苍梧山……世传此山自苍梧从南徙来，上皆有南方物也。”这里的苍梧，即苍梧郡，今广西梧州市苍梧县。有传说云台山自古苍梧飞来，故山上南方植物丰富，是为奇观而称苍梧山。云台山从苍梧到郁洲至而今天的云台，因“形势险阨”又云雾缭绕，更增加一份神秘之感。可是云台山的“台”在哪里呢？

连云港的山峰尖峰不多，平顶不少，多呈平台状，故有不少山头不称“峰”而称“顶”。锦屏山中就有石龟顶、刘顶山、香炉顶、张果老洞顶、龙生顶、白鸽顶、九龙顶。刘志洲山有平顶山、青龙山有淮河顶。我市云台山最高山峰玉女峰，为青白色变质岩，矗立云际，在阳光照耀下，亭亭玉立，如含羞少女，楚楚动人，故名玉女峰，而历史上却叫清风顶。

为什么叫作清风顶呢？相传唐僧的二哥，即地仙之祖，是三元大帝中的地官，他得到元始天尊的简帖，邀他到上清天弥罗宫中听讲混元道果。于是他便留下两个最小的徒弟看家，其中一个叫明月，另一个就叫清风。相传正是这位清风弟子，化缘重建了三官殿，为后来的三元宫奠定了基础，山顶也因他而得名，此乃清风顶的神话传说。云台山脉中还有不少山顶，像苏文顶、雀儿顶、草蓬顶、大龙顶、炮儿顶、推磨顶等众多台状平顶。

连云港地质属于华北古陆一部分，又称华北台地，地质上把辽东半岛、山东半岛划为胶辽台凸，连云港就是这个台凸的南延部分。北面的泰山、沂蒙山绵延向南，至海属之地而止，往南则鲜有大山。港城大地上形成了三大山系，即北云台、南云台和锦屏山。这三大山系各有大小山头多座，各山头高度不一，基本上从海拔600米左右至100米左右，分为多个层级。

各个山脉从最高峰向周围山头逐级降低，且高度落差不大。锦屏山最高峰为马耳峰，高度为427.6米，峰下山坡呈平台状，从刘顶村东北的石龟顶看，其高度为299.4米，此顶东南的刘顶山是266米，到了马耳峰南的张果老洞顶是310米，而西北的香炉顶是220米。高度落差逐级降低，其高度却相差不大。

北云台山的玉女峰是江苏省最高峰，海拔624.4米，与其遥相对望的是大桅尖山峰，海拔高度是605.4米，二者相差仅19米。从云台山侧面横向看去，自猴嘴往上到九层顶，再到玉女峰，各个山顶呈阶梯状逐级向上，层层抬高，那九层之顶便是那“台”。当云雾缭绕时，远看山之台在云中若隐若现。张传藻在他的《连云港地理与经济》中提到云台山，是《西游记》中的东胜神洲，“因地层走向、岩层倾向而形成台阶状的‘单面山’成了道家眼中的‘云台’。”

这种现状与地壳上升和水流侵蚀有关，中生代末期的燕山运动，使我国东部沿海地貌进入大规模的剥蚀、夷平阶段。当地壳上升稳定时，受流水的长时间侵蚀，致上层山体软弱部分变为沟谷或夷为平台，较硬部分相对隆起成山。如此长时间上升、稳定、水浸，再被夷为平台，形成了云台山区一级一级的台地。云台山几度在海中，海蚀明显，层级阶地清晰，多处可见到海阶地，这里是我国东部沿海地壳运动最好的科考之地。

美丽的云台山神州大地有多少座呢

连云港是美丽的海滨之城，也是山海之市，这里的山就是风光秀丽的云台山，云台山由前云台山、中云台山、后云台山组成，若论云台山脉则要涵盖锦屏山及鹰游山。云台山古称郁林山、郁洲山。《清嘉庆海州直隶州志》载："云台山，即郁洲山，旧名苍梧山。《山海经》：都州在海中，一曰郁洲。"可知旧时云台山在大海之中，称都州，也即郁洲。《明一统志》也说："朐山东北海中有大洲，谓之郁山，一名苍梧山。或言昔从苍梧飞来。"系指由位于湖南省与广东省交界处的九嶷山飞来。

云台山大小山峰若多座，尤以花果山名誉于世，这以古典名著《西游记》而名闻海内外的花果山，千百年来的古建筑、古遗址、古石刻及历代文人墨客的游踪手迹遍布山中。10岁即位的明神宗朱翊钧，在万历三十年（1602年），颁旨花果山中的三元宫为天下名山寺院。康熙皇帝玄烨也闻花果山之神灵，亲题"遥镇洪流"四字，镌刻在海拔624.4米的花果山主峰玉女峰上。

唐代诗人李白在《哭晁卿衡》诗中有："日本晁卿辞帝都，征帆一片绕蓬壶。明月不归沉碧海，白云愁色满苍梧。"唐天宝十二年，753年，李白闻晁卿归国海上遇难，十分悲痛，挥泪而就"白云愁色满苍梧"。

宋神宗熙宁七年，1074年，苏轼由杭州通判移知密州。"以十一月十五日至海州，与太守会于景疏楼上。"《次韵陈海州书怀》："郁郁苍梧海上山，蓬莱方丈有无间。旧闻草木皆仙药，欲弃妻孥守市阛。雅志未成空自叹，故人相对若为颜。酒醒却忆儿童事，长恨双凫去莫攀。"李白与苏轼提到的都是云台山，可见此山在唐宋时已名闻华夏。

连云港花果山风景区是国家重点风景名胜区、国家AAAAA级旅游区、国家地质公园、全国文明风景旅游区示范点、全国文明风景旅游区创建先进单位、全国青年文明号、全国重点风景名胜区综合整治先进单位，中国十佳旅游景区、中国最值得外国人去的50

连云港云台山 作者 摄

个地方金奖、全国“黄金周”旅游直报点和全国空气质量预报系统点。可谓名气不小。

云台山名既美且又神秘，如此美妙山名，神州大地岂非连云港一家，在江苏省就有三座云台山。位于南京市江宁区西南的横溪街道，也有一云台山。《金陵胜迹志》卷4：云台山“在殷子山东陶吴镇旁，有石龙池，澄泓可爱，清鉴毛发，纤鳞游泳，或云龙族，西迤十里为虎肱洞”。江宁区云台山，山体呈北东走向，总面积约720公顷，主峰高319.1米。山势巍峨，山体由三叠系黄马青组砂岩和侏罗系闪长玢岩等组成。据传此山因古有云台寺而得名。

江苏另一座云台山在镇江，《清一统志・镇江府一》：银山“一名云台山。上有金鸡岭，下有紫阳洞，其侧有镇屏山”。镇江云台山，即古蒜山，又名算山。元代山上建银山寺，因与金山对峙又名银山。山巅原有云台院，故又名云台山。鸦片战争以后，云台山区域被划为英租界，建有英国领事馆。

此云台山不高而在秀，云台山顶新建的云台阁，属于仿造宋元代古建筑，主体楼阁四层，总高31.5米，建筑面积1773.26平方米。主阁、前厅的左右两侧分别以曲廊连接有二翁亭与聚明堂，组成云台阁建筑群。登临云台阁上，可以眺望四周镇江山水风景：金山、焦山、北固山、南山，诸山环列，北湖、长江一江横陈，镇江老城区与新城区尽可入目，尽收眼底，一览无遗。

河南云台山近年来名声渐起，2004年2月13日被联合国教科文组织评选为全球首批世界地质公园。2007年5月8日被批准为国家AAAAA级旅游景区。2014年1月被列入资源型城市重点旅游区自然风光旅游项目。

河南云台山位于河南省焦作市修武县境内，距离焦作市区50公里，总面积280平方千米。河南云台山以山称奇，整个景区奇峰秀岭连绵不断，主峰茱萸峰海拔1304米，有落差314米的云台天瀑。踏千阶的云梯栈道登上茱萸峰顶，北望太行深处，巍巍群山层峦叠嶂，南望怀川平原，沃野千里、田园似棋，黄河如带，不禁使人心旷神怡，领略到“会当凌绝顶，一览众山小”的意境。

河南云台山东汉泛称太行山，末代皇帝刘协禅让帝位于魏王曹丕，封山阳公，死后葬于山南麓，后人称这里为古汉山。唐代称覆釜山。因山势高峻，山顶常有云雾缭绕，金代称云台山，清代称小北顶。为发展旅游，在专家建议下，改称云台山。魏晋时期，云台山因“竹林七贤”在此相与友善，但古籍仅有“竹林”称谓。

在四川苍溪县东南，也有一座云台山，《舆地纪胜》卷185阆州：云台山，“《元和郡县志》云：在苍溪县东南三十五里。《述巴志》云：一名天柱山，上有鱼池，宜五谷，无恶毒，可度灾难。张道陵升仙之地也”。《寰宇记》卷86苍溪县：云台山“高四百丈，上方百里。……《周地图记》云：汉末张道陵在此学道”。苍溪云台山，又名灵台山、凤凰山。

湖南省的云台山，坐落安化县马路镇驻地西方，这里是雪峰山北段腹地。云台山海拔：998.17米，益阳第二高峰，是天台山区域，总面积19.18平方千米。山上特产安化黑茶，甚有些名声。贵州省施秉县云台山，孤峰白云台海拔960米，溪流纵横，涧深谷幽，林木葱郁，集奇、险、幽、绝风光于一体，被誉为“苗乡桃源”。还有山东莱芜的云台山、贵州施秉县的云台山等，真是美妙的名字大家用，各领风骚数千年。

海州曾有5座市桥

自古城市为排水方便，都于城内筑河，方便交通运输物资，南京有秦淮河，海州古城也不例外。海州有城起于南北朝时期，据《梁书》载：梁武帝天监十年，511年，朐山民杀琅琊太守刘晰，魏徐州刺史卢昶以众十余万赴焉，南朝镇远大将军马仙埤率兵征讨，卢昶败走。为了巩固边界，512年，马仙琕在锦屏山北侧筑土城和壕沟作为军事据点，即今天海州上崖头地带，鼓楼至东门隆起的台地上。土城长宽各0.5公里，设2个城门，东门位于甲子桥西侧，西门以镇远大将军名号命名为“镇远楼”。那时土城还算不上城市，仅为南朝抵御北方入侵之要塞。

到了南宋绍兴十一年，1141年，金兵大举南侵，南宋大将张俊不抵抗，下令海州百姓南迁，民众多不愿意，遂下令烧毁海州城。绍兴三十二年，1162年，魏胜率300义士在宿迁举起抗金大旗，攻下涟水，又聚集500多人的队伍杀败金兵千余人，占领海州城。金军组织兵力欲夺回海州，魏胜便带领兵士、民众加固城池，在鼓楼西又筑一土城，为了防止金兵占领白虎山制高点，遂将白虎山也围在城内，昔日州城的西门鼓楼便成了州城之中心。

海州城内筑河始于南宋宝祐三年，1255年，投降蒙元的金朝大将李全儿子李璮，占据海州，对古城加以整修。为解决粮草运输进城，在西城开挖河道，引蔷薇河水入城，自西向东，河流经现秦东门大街地段（老新建路），因经流市区民间称“市河”。据清《嘉庆海州直隶州志》中“海州诸水”中载：“玉带河在城内，自城东马家汪至西水关，故迹存焉。”志书中所载玉带河与李璮所开之河路径吻合。市河成了城内交通水道，为了方便城中民众能乘船去鼓楼东之州衙，市河在上崖头前经鼓楼西侧，折向利汪崖，也即今天准提寺（古称准提庵，后称过百子庵）附近。

市桥顾名思义，市内之桥，海州的市桥乃市河上之桥，历史上海州城内有市桥5座。

景定四年，1263年，东海安抚使张汉英为便于城内通行，在市河上建石桥三座，鼓楼西石桥，取名为“清宁桥”，从清末美国人拍的照片来看，时鼓楼为“文昌阁”，三层，阁前之桥为清宁桥，弧形桥面可知那时桥下之河是能通船的。东西向市河上的桥两座，东面桥位于石室书院前（原海州高级中学），也即今天“海州古城”牌坊北侧路口，现上面新建了原本不存在的门，这座桥取名“三元桥”，寓意三元及第，老百姓却称其是“东市桥”。西面的桥，南通十字街，北可去北门，人称西市桥，也就是民间所说的“市桥”。明洪武二十四年，1391年，千户魏玉在新西门建石桥，因临近水关门，称水门桥。另在州衙之北市河上，也建有石桥，叫北市桥。

海州古楼西侧市桥 李彬 提供

海州城不大，城内只有一条市河，故桥不多，不似扬州河湖交错，有二十四桥明月夜之景。不过海州的市河，倒也给这海隅之州城带来诸多方便，市河西出水关门，也即新西门，可连通蔷薇河，上溯沭河，下连运河，成为海州对外交通水道。市河方便了城内外交通，粮草物资可由蔷薇河运进城内，昔日在鼓楼清宁桥处设有码头，上崖头所需物品可在鼓楼码头装卸。市河也方便了城内民众交通，舟楫替代步行，市桥沟通州城南北来往，人员通行方便。

然而市河由蔷薇河自西向东入城，又折向西南利汪崖大水塘，乃无源之水，成为盲河。虽经乾隆年间开浚，不免因无源而渐干涸。清时曾有东连甲子河想法，但甲子河水面低于鼓楼东段地面标高，两条河流虽近在咫尺，却无法连通。只能眼见市河日见水干成平沟，市河上的石桥坍塌荒废，留下了一个叫市桥的地名。

石棚山上古道

南宋时期，海州一直处于宋金交战之地，时而属宋，时而又被金占。南宋绍兴十年，1140年6月中旬，大将韩世忠为攻打被金人所占之海州，派出都统制王胜，率统制官王权与王升，去攻打海州。夜二更时，宋军竹竿绑上长刀，斩断北门吊桥的拉绳，用草卷火烧吊桥，攻占了海州。1161年，绍兴三十一年十月，金兵南下围攻海州，宿迁人魏胜带领义军坚守海州城，宋军李宝率水师战舰驰骋助战，与朐山魏胜义军双方夹击，战败金朝军队。金人不服，次年又组织军队攻击海州，被宋将王刚战败。双方拉锯战多年，后海州又被金人占领。

时孔望山濒临大海，锦屏岗嘴的夹山口是海港，人们出海或从州城去南乡，多走塔山和白鸽顶之间的山坳。本来无路的山谷，走的人多了，自然就形成了一条山间小道。这条小道连着州城通到海边，南下经陆路可达淮安，成为南北商家、客人的必经之路。两边山势险要，易守难攻，是为兵家军事重地。

南宋绍熙元年，1190年，金世宗驾崩，金章宗即皇帝位于柩前，改元明昌。金明昌二年，海州仍为金朝边塞之地，与南宋朝对峙，时金朝海州的地方长官，为了军事上的需要，调动役夫在州城东的石棚山上，以原有的山间小道，照山势进行了修筑，平地铺上石板，斜坡处凿成石阶，遇有高冈錾成凹槽石路，连接锦屏、州城直至板浦。

作者 摄

道路修好以后，州官命人在路边勒石为志，题《新设山路记》。可见山路在当时是一项不小的工程，也是海州当政者的大事。

遗憾的是由于年代久远，现存石棚山上的石刻已模糊不清，多处字迹难辨。隐约可见勒石宽150厘米，高80厘米，有文字19行，每行12个字，字径大小5厘米，字体为楷书。幸有我市文史专家骆玉宽先生专门做了拓片，让人们能领略到勒石大概意思。

勒石拓片："今县北山凹凹下不平故难行往□昔但□就直行往今未谒禅寺同□城北营忠显徒单所鲁□千户□蒲察乞德谋克下徒单兀惹百户所修石湫桥功德主□福照同妻□□城北开副功德主秦□正兴□心缘仇祖印城北开付忠蒲察善友福□敦武阿鲁母谋克娘子李善友福□忙刮敦武步鲁赤花克下蒲察□□忠显蒲鲁□百户妻善友忙刮□□南营修武校尉温迪痕王家□□□敦武校尉蒲察撒木鲁谋克□□满福朗□义校尉为古路□海□□下蒲察福敦武校尉号□□木不□□□女善友蒲察福通明昌二年春三月日笔"。

此山路本无命名，到了清乾隆五十五年（1790年）至六十年（1795年）期间，知州任兆炯，为激励士子读取功名，在州城这条重要的山道上，建造起文峰石塔。塔身6层，高8米，实心。前往淮安赶考的学子，途经古道，远远便能看见石塔，鼓舞着学子前往考场。时间长了石塔所在小山便称作"塔山"，山谷小道叫作"塔山古道"。清代板浦是淮盐产销基地，盐运史司设在板浦，塔山古道成了来往于海州、板浦之间的交通要道，客流量也是海州历史上最繁盛的时期。直至20世纪50年代初，当地民众走亲访友来往于两地时还是走塔山古道。

塔山古道的发现是为偶然，据1981年10月10日的《连云港报》报道：当年"4月市光明碳素厂的薛济民同志游塔山时，发现塔山古道旁有一块文字石刻，经市博物馆派员赴现场考察，证明这块石刻是金代的《新设山路记》碑……与《嘉庆海州直隶州志》核实，其内容无疑是《新设山路记》"。至此塔山古道被发现。

塔山古道是我省首次发现的唯一有确切纪年的古道，它的发现对研究海州古代交通史、经济史、筑路史，具有重要的历史价值和科学价值。1982年被公布为连云港市第一批文物保护单位，2006年被公布为江苏省第六批文物保护单位。

塔山古道历经830年，现存仅有一小段，留存在海州区朐阳办事处孔望山村吴窑塔山西侧，长度不过450米，路宽为2.6米。山道古朴、林木扶疏、空谷幽静，两旁风景优美，不失为一处世外桃源。塔山古道自古就是游览胜地，朐阳八景中的"阳谷朝霞"，说的就是塔山古道。清晨的阳光，洒满山谷，遍山金辉，若置其间，恍如仙境。古道西侧的一处石壁上，有清人题写的诗刻："不见桃花树，云封石室空。登山怀旧迹，留咏翠微中。嘉庆九年秋九月，长洲吴廷翰偕江宁王宾登此题石。"

考棚路上话考棚

考棚路是条很不起眼的小路，东连幸福路，西接新海路，位于宝利商业街南侧。考棚路因清代考棚而名，乃海属之地学子科考之地。说到科举世人都知道，那是古时为朝廷候选官吏而制定的一种选拔办法，读书人通过科举而入仕途，报效朝廷，加官晋爵，荣宗耀祖。科举是那时读书人上升的唯一通道，所谓万般皆下品，唯有读书高。科举考试自隋朝大业元年，也即605年开始，至清朝光绪三十一年，1905年停废，前后经历了1300年。考棚就是科举考试的场所，科举时代各州、县都建有考棚。古时官办的学宫课堂不过10多位学生，至于民间私塾课堂，学生仅有三五人，多不过十来人，所以授课的房间一般不大。若考试同时要容纳那么多学童，不能满足使用，便产生出了专供科举考试的场所，即考棚。古代地方科考一年仅有几次，一些州县受条件所限，考前根据考生人数，临时搭建简易棚子作为考场，考后拆除，是为考棚的由来。考棚多为单人一舍，也有分前后两舍的，前舍可伏案，后室供起居。考棚编号以千字文："天地玄黄，宇宙洪荒，日月盈昃……"依次作序。考棚三面是墙，敞口无门，每排数十间，排距不过6尺，棚高6尺、深4尺、宽3尺。号舍内置两块木板，上下交错插入墙沟，上板为案桌，下板即为座凳。

海州考棚范围东至市第二人民医院门诊楼，西达新海路也即原海州高级中学西侧，南到秦东门大街北临考棚路。海州地处淮沭河流下游，土地贫瘠旱涝频发，田地荒芜民不聊生，教育甚是落后。清嘉庆七年（1802年）以前，海州风尚僻陋科举不振。自清顺治二年，1645年，至乾隆五十一年，1786年的141年间，海州只有杨纯、凌廷堪二人乡试中举，且凌廷堪又属安徽歙县籍，后自海州赴江南贡院乡试，故《嘉庆海州直隶州志》未有录入，只能算是中举一人。科举不振，激发历届州官图治，州署在赴考路上兴建文峰塔，修葺文庙，改山名为孔望山，都是希冀借助圣力改良文风，兴文倡学祈盼福音，一改海属之地文化落后之貌。海州作为直隶州，一直没有自己的童试场所。生童科考都要远赴淮安应试，长途要五百余里，短程也有三四百里，遇水渡河逢田跨沟，艰辛自不必言说，费时费力费财，影响了海州科举之势。乡贤士绅不断呼请在海州开设试院，方便学童就近应试。1802年，时知州唐仲冕于州城西北，在原明守御千户所地址上兴建石室书院，也即原海州高级中学地段。据《嘉庆海州直隶州志》记载：建讲堂五间，堂侧斋房东西各三间，堂前东西考棚九间。这是海州首次出现考棚，这考棚仅是生员学习场所。到了嘉庆十年，1805年，为将石室书院建成试院，知州唐仲冕又扩建海州考棚，后任知州师亮采接手续建，前后共建考棚850间。作为石室书院的附属建筑，海州考棚四周挖有围沟，东西各建有石桥方便出入，考棚有大门、仪门，建有大堂，海州历史上第一次科举考试，便是在这新建的考棚中举行的。嘉庆十二年，1807年，江苏学政浙江绍兴人莫晋亲临海州，主持海州历史上的第一次科举考试。到了道光十八年，也即1838年，知州王用宾又增建号房430间，至此海州考棚达到1280间，可容纳海赣沭千余名考童应试，海州考棚在淮沂一带也算是颇具规模的了。

海州考棚的建成使石室书院成为试院，方便了海州学子岁科考试，学政亲临执掌院试，激发了地方学风振奋，使海州科举教育迈上台阶。从嘉庆十一年，1806年，到科举废止的光绪三十一年，也即1905年，近百年间海州考棚共举办院试34场，江苏学政亲临海州33次。海州学童在这百年间，通过海州考棚共走出34位举人、4人进士、17人恩榜、9人拔贡、20人恩贡。这与嘉庆十年之前的百年相比，变化是相当之大。从海州考棚走出的，后来大都为朝廷重臣、海属名人。如“板浦二许”许乔林、许桂林，清乾嘉时期著名的学者，李汝珍著的《镜花缘》曾请其斧正并作序。清邮传部右侍郎沈云沛，实业救国的践行者，力主陇海铁路东达海州，促进了海州的经济发展。著名水利专家南城武同举，曾任民国江苏水利署主任，著有《江苏水利全书》《测绘海州港口导记》《吁兴苏北水利》等书，对江苏河港发展建树颇多。又如唐昆基官至内阁中书、程钰三品衔户部郎中、唐恩灏贵州司主事、许萃内阁中书、

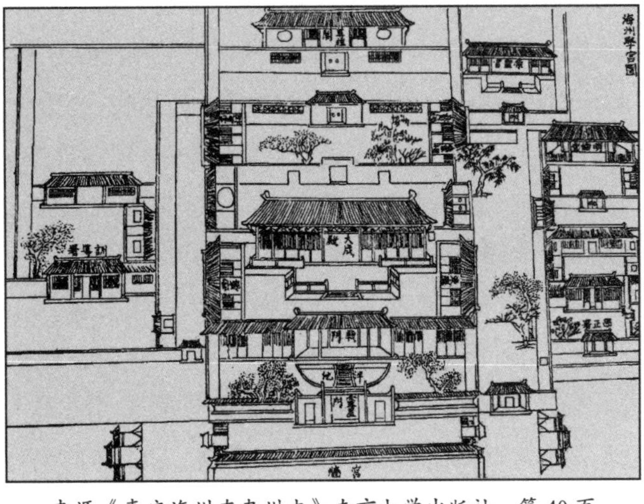

来源《嘉庆海州直隶州志》南京大学出版社，第40页

朱路内阁中书等。江苏是个奇特的地方，从地势上看，南下北上呈阶梯状，从经济文化上看，南方发达北方滞后，反过来也呈阶梯状。相比南方常州，清代开科112次，出状元12人、榜眼6人、探花14人。就连苏中小县兴化，历史上也出过状元11人，其中文状元9人、武状元2人。海州自科举以来的千余年间竟没有出过一个文状元，那武状元卞赓也仅是全州千百年来之唯一，不得不令乡人唏嘘。难怪知州唐仲冕在《送石室诸生省试》中提道："江南解额百有十，上下两江万人集。州人至者十一二，众寡相悬岁易捷。"面对众多江南考生，海州的十一二位考生，能否考得好成绩？州官唐仲冕心中也是无底。

海州考棚1280间房，排间距六尺，棚分东西两场，中有甬道，建有大门、仪门、大堂，外挖壕沟，出入有石桥，这是多么大的一片考场。昔日考棚五更进场，凌晨4时点卯，搜身、找号、看题，申时交卷，至下午4时整整12个小时，年龄小的仅7岁许，年长的已是中年，可见仕途之艰辛。考棚内巡捕检官一行公干，考棚外参将兵士严防守卫，大堂正襟危坐考官，从凌晨至午后甚是威严。道光十九年，1839年4月18日那场海州院试，五更时分童生点名，千名考生进场。突然狂风大作暴雨如注，雨大似珠倾盆灌顶，风啸雨号人声鼎沸。但见羽帽漂流红缨挂梢，生童四处逃散，检官如落汤之鸡，考场里是一片混乱。考官祁寯藻举伞着袍立于甬道，任雨拂面凭风卷袍，严令整肃。巡捕检官四处维持，考场得以安静有序，院试终能顺利进行。海州最后一场科举考试，是在光绪三十一年，1905年，时江苏提督学政唐景崇，主持完徐州院试来海州。第二天五更考棚礼炮响起，众考童提篮依次进场接受检查，巡捕检官两人一组，从头到脚，内外衣裤甚至发辫细查个遍，接着20名童生一组进门领照，牌官导引入大堂点卯，军士再搜二遍，加盖学政大印，发号牌进考棚寻找号舍位置。巡捕官按令分东西两场检查各排号门，领取钥匙锁上大门，仪门官也将仪门上锁，堂上击板三声，此时天将放亮，考棚内寂静无声。考童领卷，提调官高报童生数目，6名小吏肩扛试题牌，沿考棚檐前小道缓行，是为公布试题。有视力不佳者，须申请再看题牌，小吏折返待考童诵读试题方离去。巳时上午9—11点，是考生饮茶如厕时间，但听仪门击鼓三声，供给官高声叫道：各考童饮茶如厕一次。须知那如厕是要获准的，有公人随行。未时约两点大门外击鼓三通，堂上巡捕官敲云板三下，高呼誊清试卷，至申时4点大门外鼓声阵阵，堂上云板连敲，急催考生交卷，不论是否做完一律交卷。若申时前交卷是为头卷，交头卷者约20人，集于堂前，学官重视，遇有文句佳者，学官在卷侧注上标志。头牌交卷者从仪门木栅口侧身鱼贯而出，谓之放头牌，随后二牌、三牌逐一而出。试卷批阅十日发榜，录取者次日参拜学政，三日到学宫换穿蓝布长衫参拜孔子，四日新生随州官送别学政至渡口去淮安。

提督学政唐景崇的这一去，结束了海州历史上的这最后一次科举考试。此次岁科，沈葭、沈芃等中生员，沈葵、张学瀚、黄金科、江恒源、刘振顺等通过考试。光绪三十二年，1906年，清廷降诏所有乡会试、岁科试停止，仿西学建立学堂，普及教育。海州和全国一样改书院为学堂，石室书院改为海州中学堂，聘沈云沛为堂监（校长）、黄道传为舍监（总务主任）、海属知名学者江恒源、杨友熙、谢希愚、吴铁秋相继聘为各科教师。海州考棚自嘉庆十二年，1807年，江苏学政浙江人莫晋，主持海州历史上的第一次科举考试开始，至光绪三十一年，1905年，江苏提督学政唐景崇，主持海州最后一次科举考试止，海州考棚走完了近百年历程，终于退出了历史舞台，淡出人们的视线，逐渐冷落荒芜。1938年，侵华日军轰炸海州，考棚致成废墟。1966年以前海州中学修建东操场时，曾有旧时考棚碎砖残瓦浮现，如今位于宝利商业街南侧的考棚路，无声地提醒着路人，这儿曾经是海州历史上的科举考场——海州考棚，曾走出众多海属名人、国之栋梁。

新浦第一棵树

自盐河路过民主桥，沿着民主路向东，不远处便是天池牌楼，这里是新浦老街的最西端，民间俗称西艞口。抬头可见一棵大树，挣扎着从居民楼院中冒出。这是一棵老榆树，树冠硕大突出楼顶，枝叶繁茂生机盎然，蓝天下显出翠绿。这棵老榆树，高约十多米，树干一抱粗，虽逾百多年，立于老街独树一帜，至今依然是西艞口的标志。古时海边在板浦南，由于大海东退，板浦成陆。西盐河流至板浦，是为板浦口，当板浦口逐渐淤塞，无法运盐。1798年(嘉庆三年)，板浦盐商疏浚朐山河连通盐河，在孔望山北玉带河桥处入海，相较于板浦是为“新浦”，确立为“新浦口”，这时“新浦”之名开始出现，距今220余年。随着海岸不断向东北迁移，民主中路西段地势高处露出海面。海岸东移，新浦由海滩成为荒草蒿莱、蓄卤晒盐、捕鱼捞虾之地，灶户渔民增多渐成村庄。早期新浦四面环水面积不大，清朝末年进入这片滩地的第一人，是看“柴”人，即看管芦苇的人，蹚水过河用的是小木船。后有渔民捕鱼在此搭舍留住，新浦有了“茅屋星星”，出现了人烟，称为“新浦庄”，属于临洪镇。

西艞口第一棵树　作者 摄

大榆树所处的西艞口，是原前河与未改道前西盐河的交汇处，是海州、东海、赣榆进出新浦老街的主要通道，是为道口。随着前河盐运及粮食土产运输的增多，来新浦谋生的人不断增加，人员来往得频繁，西盐河上架起了木板，是为“艞”，方便行人通行。本地艞口习惯以看艞人姓氏称呼，至今新浦地区，仍保留有“宋籪”“马籪”“刘籪”等地名。西籪的看守人为丁成堂家，至今逾130多年，民间习惯称丁家看的籪为“丁籪”。后因东面龙尾河上也有了籪，以方位称为东籪，西面的丁籪就改称西籪了。

丁氏祖上当年看籪，曾经种下观音柳和榆树两棵，供过河之人驻足休息，乘阴纳凉，后观音柳枯亡，只剩下了这棵榆树。这块盐碱荒滩之地，丁氏是如何种活这两棵树的呢？由于新浦曾为盐田，不但老新浦不曾有树木，就连出西籪四五里地均不见一棵树。我市作家彭云，在《马车》一文中写道：“下去六七里后，才看到茶水棚旁边几棵歪歪扭扭的老榆树。再往前去……那就快到海州北门了。”彭云先生当年出新浦，要走上六七里路，快到海州北门（现新海电厂冷凝塔附近），才能看见有树，而且是几棵歪歪扭扭的树。早在1926年《国闻周报》记者鉴吾来海州调查时写道，自新浦“赴海州，沿途经过之地，遍属荒秽，未有树木”。可见新浦早期的盐田，留在土壤中的咸碱之浓，植物难以生存，西籪口存活的这棵老榆树，在植物界真算是奇迹。那时西籪口外土地荒芜，“蒿莱一望间”，海州人来新浦，出北门不远便可看见西籪口这棵老榆树，它成了老新浦的地标象征，以至于一直误传新浦为“独树浦”。

到20世纪50年代，新浦道路边上栽树都一直难以存活，当时城建部门采用深挖树坑，换上海州城墙土的方法，死亡率仍然较高。后当大海远去，雨水不断冲刷，碱性才开始逐渐变淡。接着又试种了耐碱的柳树等树种，方能成活。每年春天满天柳絮，房上地下一片白色，虽说飞絮令人不悦，但毕竟柳树为新浦土壤改良是做出了贡献的，才有了几十年后，今天市区郁郁葱葱的行道树。西籪口的这棵老榆树历经百年，见证着老新浦从盐滩成为市镇，从荒凉到繁荣。这棵生命顽强的老榆树，目睹过民国替代清王朝、白宝山军队进城、奉军的溃败、籪口木门上挂着的土匪人头；经历过日本人的侵略、迎接过解放军进城；看着前河逐渐淤塞、盐河去弯改道、籪废铺路。时过境迁，这棵在盐碱地上存活的老树，成了新浦唯一的百年老树，据植物界人士讲，榆树存活百年实属罕见。然而现今大树包围在居民院内，树根周围堆放着杂物，土地干硬，上面留有垃圾油污。大树紧贴两层砖楼，小院拥挤密不透风。树干原有两枝分叉，已有一枝枯朽，露出白色的树干，只剩下另一枝还勉强活着。老树现状令人担忧，再不加以保护，前景堪忧。吁请有关部门，结合我市申报国家历史文化名城之际，对老榆树设定保护范围，制定保护措施，延缓其生命周期，让它成为老新浦活的历史文化名片。

西艞口的碉堡

新浦是一块海水退去的土地，那自然生成的河流，清末盐田开挖的沟渠，构成了这块土地上河网纵横，沟渠遍布的地貌。新浦东有龙尾河、西是西盐河、北面是后河，南面的市化路是当初的前河。当时社会生产落后，做不到遇河架桥，当时的人们因地制宜，创造了一种新型交通设施“艞”。新浦地区的艞，遍布于各交通河口，它是在河岸两端打入木桩，横梁上置板，河中间留有三四米宽距离，方便行船通过。两岸木桩上木板固定，中间木板可以移动，船来时抽回长板，让船通过，船过后再搭上木板方便行人。东面龙尾河上架起了艞，为方便称呼，东面的艞叫“东艞”，西面的称为“西艞”。清末前河宽约40米，在西艞处与未改道前的西盐河汇合，这儿成了西去海州，北上赣榆、日照的要道口，街上人称其为“西艞口”。

为了防土匪骚扰，1918年东海县商会在新浦成立了商团武装，由商号集资购置枪支，招募兵勇。初期数十人，后来发展至一个中队。接着在西艞口东侧建筑碉堡，上下两层，高约6米，射击孔向西，由商团兵勇驻守。现碉堡水泥基础仍在，外露钢筋没有锈迹，黑黝如初。西艞口设有木头挡门，挡门上有门楣，晚上抽回艞板关上挡门。据九旬知情老人讲，时有被砍的人头挂在上面，说是土匪人头，起到恐吓作用。1919年，西艞口交通仍然靠艞，当年传教士古多玛的美国汽车，自海州来新浦教堂时，因汽车不能过艞，只得花一块铜板雇人看守在河西岸。1920年后西艞改建为木桥，1925年10月28日，奉军张宗昌部邢士廉师攻入海州，奉军随后进占新浦，奉军士兵以胜利者之态，如入无人之境，大肆抢掠，凡是值钱的一扫而光。同年11月中旬，白宝山在孙传芳部队支援下收复海州，新浦的奉军如惊弓之鸟，作鸟兽散。西艞口碉堡前一片拥挤，桥窄人多拥挤，有腰缠钢洋首饰的，有身穿多件皮衣的，有大包小裹的，也有扛着箱子的，仓皇中挤出西艞口，向北逃去。推搡中有的奉军士兵掉下河，呼喊挣扎，无人顾及；有的干脆涉水过河，那时河宽又深淹死不少奉军。事后落水钱财，便宜了那些胆大的西艉人，发了意外之财，盖上了瓦房子。1927年12月国民革命军17军独立一师攻占海州，白宝山残部投降，北伐军由海州经过西艉口碉堡进入新浦。1934年，两淮盐务局在西渡口建木桥（原造纸厂附近），西艉人去海州、赣榆不再乘船摆渡过河。20世纪30年代初前河开始淤塞，至30年代末部分河床已见干涸。西盐河改道向西取直，原西艉口处水干填平，铺成道路。

1939年2月28日，国民政府税警团在连云港保卫战中，与日本侵略军激战4个月后，经西艉口向西撤退。新浦无有守军，一些富户早已逃离，有些人避难跑反乡下。正月十二、十三两天出现抢粮，前河粮行遭抢，粮囤被扒，市面上一片混乱。据目击者江锦尧老先生回忆："正月十四日，阳历3月4日早晨，市面上一片沉寂，还有些零星的逃难人离去。听街上人传说，日本侵略军已从青岛经日照、赣榆向新浦开来，先头部队已到新浦西艉外北面。"当时只有10岁的江锦尧老先生，怀着好奇心理，伙同几个孩子，想到西艉外去看看，日本鬼子到底长什么样子？那天刚下过雨，道路泥泞，他们小心通过西艉口的碉堡，又过了通往赣榆的"黑木桥"，远远就看见几个人在那儿接耳交谈。人群中有几个中国人，还有几个穿着黄呢军装，脚蹬皮靴，挎着刀别着枪的人。他们半圆形军帽上，缀着黄色五角星，孩子们猜测那可能就是日本鬼子了。下午日本大队人马，经由西艉碉堡前进入新浦，铁轮马车拉着物资，日本士兵头戴钢盔，扛着枪列队进入新浦，路上更加泥泞，西艉口的碉堡站上了日本士兵。

日寇的侵入引起了抗日人士反抗，这一年洪门北后墩庄人李庚山，用狼头手枪，在新浦伏击了汉奸维持会总务长，伪新民镇镇长赵开炯。第二天日军赶往后墩庄抓捕李庚山，幸李庚山外出有事，免遭于难，恼怒的日本人砍死其妻掳走儿女。家仇国恨更加坚定了李庚山的抗日决心，他组织起20多个人的"铁血锄奸团"游击队。人多枪少怎么办呢？脑子灵光的李庚山，想到从伪军手中去夺枪。经过化装侦察，西艉处有两座炮楼，一处在西艉口里，有日军把守。一处在西艉口外黑木桥头，有伪警察看守。炮楼有警长一人，警员五人。4月的一个下午，李庚山带领十几名游击队员，悄悄来到黑木桥北，观察了地形，向队员们讲了自己的想法。然后将手枪藏在帽子里，冒充日伪便衣，独自一人走上黑木桥。桥南炮楼前站岗的伪警察，远远就大声喝道："干什么的！""是办公的！"李庚山不慌不忙地答道。待李庚山快步走到伪警察面前，来不及反应的站岗伪警察，发现李庚山的枪口已经

西艉口碉堡遗址　作者 摄

抵住了自己的胸口，李庚山命令其下掉枪栓，带他进入炮楼。桥北游击队员们看到动静，一拥而上冲进炮楼，伪警长面对数支枪口，乖乖地举起了双手，下令其他警员一起投降，李庚山他们缴获了六支长枪和一些子弹。绑好了伪警察，游击队员在桥上，对着西艉口方向，连放数十枪，庆祝夺枪成功。西艉口碉堡的日军，吓得连忙拉上铁丝网，躲进炮楼里不敢出来。

1948年11月7日，新海武工队与滨海爆炸队进入西艉口。第二天，鲁中南第六军分区政委谷牧，带领军分区机关从西艉口进入新浦，部队排成单列，着黄布军装，腰间别着布袋装着碗，进驻新浦天后宫。9日成立中国人民解放军新海连临时军事管制委员会。今西艉口碉堡基础，一半盖进沿街房屋，一半遗留在路边，让人想起那过去的年代。

十八年的东海、灌云县域之争

龙尾河是一条南北向的自然河流，源自海州区锦屏镇许庄，全长5.2公里，进入市区经华联商场西侧至沈圩桥东首入大浦河出海，是市区东、西盐河之间的一条排水干河。清末海州为直隶州，辖赣榆、沭阳二县，进入民国撤州改县，海州所辖沭阳、赣榆二县分置，海州本州改为东海县，范围东起高公岛，西至郯城县，南自安东县（涟水县），北达赣榆县。

1912年4月11日，北洋政府江苏都督以第十三号令，析东海县为东海、灌云二县，从东海县50镇中划出板浦、大伊、湖坊、东路、西路、莞北、莞渎、莞南、新安、张店、铁牛等11镇为新的县置，以境内灌河、云台山各取一字，称灌云县，县治板浦镇。

这一划分引起了东海县士绅、民众的强烈不满，以为不公。从海州到东海都是以海命名，虽从东海50镇中分出11镇置灌云县，但从东西连岛到临洪口、大浦，再到灌河口，所有海域尽归灌云，新浦与大浦分离，连出海口临洪口也属灌云，新浦有城无港，东海县有县无海。

盐业在当时是财税主要来源，淮北的济南场、板浦场、中正场、莞渎诸盐场，盐田9900顷，苇荡营田400顷，悉数尽归灌云。东海县政府指出，分治后县财税收入流失八成。

农业方面肥沃土地多在东路镇（今南城镇）、西路镇（今朝阳镇）及杨集之地。清时东海39镇应完漕米1800石，而西路镇（今朝阳镇）一镇则2100石，分治后东海县成为农业穷困封闭县。

东海县提出“分治不公”，反对拆分。晚清四大才子、清邮传部主政朱路，不忍看到东海丢掉海岸与大片沃土，鱼盐之利一无所有，于是挺身而出，联络李培贤等人上书省督，力陈分县之不公。学政黄道传组织700人签名上书，陈述省督没有得到东海人同意，偏听一面之词，指分不公，要求省督撤回成命。

清代海州本州以州城为中心，称东海部分为西北乡，灌云部分为东南乡，灌云的土地大都集中在海州各大姓手中，尤以沈家、杨家为甚，那杨集就因杨家地多而名。沈云沛与许鼎霖创办的“海赣垦牧公司”，沿海滩涂新生之地，北从临洪口鸡心滩，南至灌河口燕尾滩，土地面积5000余亩，享受开发优惠，自官府购得，引起东南乡士绅不满。

清末以来，两淮盐业，淮北之盐已超淮南，淮北盐业四大场三家在东南乡，仅济南场产盐，其产盐量等同于淮南，超过淮北半数。盐税收入丰厚，盐商交完国家部分，余地方税种归地方财政，而东海籍盐商在淮北盐业中举足轻重，灌云籍士绅对此如鲠在喉，力欲早日摆脱这种困境。

民国初年撤州改县，省督认为海州土地辽阔，民风强悍，治理其难，应一析为二。这给灌云籍士绅以希望，是为脱离苦海机会。在省灌云籍人士邵长镕、张福来等，在省里做事，与总督熟识，遂联络在省乡亲，商议脱离海州。

由张伟如出面向省临时议会议长张謇呈报，得到支持，邵治田以省议员身份提出商量好的议案，送交省临时参议会获得通过，待东海籍人士得知已为事实。

海灌分置议案通过，在海州城内引起强烈反响，有反对析分的，有言撤州改县无法改变，但要归还东、西路两镇。东海人印制《东海人民呼吁书》在省城广为散发，秉述析分不公，伤害了东海民众之心。

灌云人则以《灌云县十一镇人民伤心史》《东海人民呼吁书驳议》回应，在省城双方各执一词，对立严重。当年省参议会虑及新浦出海口需要，将临洪口归属东海县。

1913年4月省议会第四次会议，东海代表吴宝芳提出东灌不能分县案，东西路两镇派出代表到会，要求仍归东海。灌云代表宋球、赵镇请议东灌不能合并案，并请出东西路镇中苍梧等5乡议事会成员，提呈东西路两镇应属灌云，不能归附东海。

两县矛盾激烈，东海县拒不交出东、西路两镇田粮征税名册，收获季节派出武装人员前往征粮。灌云县得知派出武装马队赶往现场，抓捕东海委员及随从，押往板浦拘禁。东海方面以此为由，组织两镇代表144人上书江苏都督，表明乡民要求归属东海。

两县疆域争执还另有隐形一面，邮传部署理尚书沈云沛，力主陇海铁路东延海州，遭到张謇反对，其提出自徐州折向清江南下通州方案，在清邮传部受阻。此时临时议会议长张謇，支持海灌分治态度就显得耐人寻味。若陇海铁路通达海州，大浦将是建港选择，双方对经济前景心照不宣，都想着各自的利益最大化。

1923年陇海铁路即将铺筑海州，海灌争界交涉愈发激烈，有传说港口将定在临洪口，大浦成了争执热点，东海人士认识到铁路通达，商埠即开商业前景诱人，意欲夺回大浦。海州城内官府及士绅，聚集在关庙巷关帝庙内开会，搜集证据提出应对方案。灌云方面则有县知事出面，约集地方士绅，为防东海争夺大浦，商议如何将新浦一并收回。

事件终于爆发，次年陇海铁路局为筑路之需，购买沈氏海赣垦牧公司大浦土地，钱款交讫地籍转移。灌云县教育局表示抗议，认为此乃县属学田，陇海路局不应将款付与海州沈仲长，应交于县教育局。双方各电呈省督及省教育厅，各诉其理，指责对方。

两县界域之争，随着陇海铁路通达新浦、大浦，争执愈发激烈，两县议员在省议会展开角力，互不相让。江苏省政府为平息两县之争，请沭阳县县长作为中人，依据历史、地理关系，出面调停。几经周折数次反复，历两任沭阳县县长实地勘察，梳理证据，提出以新浦龙尾河为两县之界，提交省政府。1929年江苏省政府第二九七次会议决议，新浦、大浦归属东海县。至此东海、灌云拖了18年的县界之争告一段落。

前河岸边听戏

前河是盐河的支流，东通龙尾河西连西盐河，位于民主中路以南，即现市化路位置。新浦是海水东退形成的陆地，从1798年（嘉庆三年）算起，板浦盐商疏浚朐山河连通盐河，建立坨地设置新的入海口，确立为“新浦口”时，至今不过220余年。前河是条自然生成的河流，它长约1500米，宽时近50米。早期是临洪场运盐通道，清同治元年，1862年，盐运码头在前河兴起，时盐码头在市化路与南极北路交汇处附近。新浦西盐河向东为东滩盐田，圩下之盐汇集于前河坨地，再装船出运。昔日蓄卤晒盐、捕鱼捞虾之地，灶户渔民增多渐成村庄，被人习惯称作“新浦庄”。盐田荒废后新浦成镇，前河北岸又为运粮码头。兴盛时前河岸边有粮行30多家，那商号门面一字摆开，布帘招牌高挑，迎风飘逸。兴义永、三兴公、华新永、同兴祥、元和盛、福兴祥、大丰、新昌恒、振颐公、吉星祥、万兴祥等粮行粮栈鳞次栉比。粮行规模大小不等，以当地人经营为多，专为零散用户买卖粮食，也兼批发收些佣金。

前河上粮船大的可装数万斤，船小的有万余斤，粮食来自西南等地，由灌云、沭阳经六塘河、善后河再转盐河运至前河底。然而好景不长，随着市镇扩大人口增多，特别是陇海铁路开通，铁运逐步取代河运，历经百年的前河开始淤塞。1930年（民国十九年）7月12日，江苏省政府4773号文，核准东海县政府，同意拨款疏浚前河，可知那时前河已淤。20世纪40年代初，前河已淤塞得很厉害了，四五十米的河道，萎缩成了十来米的水沟。船已经不能通行了，原来的前河边沿，水退成了滩地，形成二三十米宽的空旷地带。白天粮行照开，岸边尽是卖布摊、摆粮匾的，自南极路口向西䴌口，足有一里多长。为什么叫“前河底”呢？也许因为这儿是码头，有船到码头货到站的意思吧？也许是前河萎缩见了底吧？反正老百姓都叫那空旷地带是前河底。

每当夕阳西下粮行关市，那些卖布的、摆粮匾的也都收了摊，这时的前河底就热闹起来了。一里长的河滩，熙熙攘攘的多是人群，尤以鱼市巷到西艞口一带最为热闹。鱼市巷往西，在华新永粮行门前空地是唱小戏的，夏家巷往西新昌恒粮行前面是说书的，还有那摇糖球的、炒白果的、糖炒栗子的、卖馄饨的、卖糖块的，热闹得就像是新浦的“天桥市场”。河南岸的空地搭着草棚，也有搭布篷的，是唱唐山落子的（落读闹音）、徐州落子的、说大鼓书的、说相声的地方，街上人都把那叫“落子园”。南极路口有“洋桥”通前河南岸，新昌恒粮行前也架有独木艞，方便通行。那时看大戏听京剧要到新市街的“东海舞台”、建国路的“国民舞台”，看小戏、听说书的都在这前河底。华新永粮行前的空地是班头“郭大发子”的地盘，他的淮海戏班有大家喜爱的“小花褂”（朱桂洲）、“大嘴小李”（李秀英）、“杨大牛子”等一帮名角。戏场子，也就是那块空地，中间铺一领席子，席子那头放张桌子两条板凳。锣鼓是一个劲地敲，吸引着听戏的人们。有的牵着孩子带着小板凳，有的扛着高腿凳，都围着席子成一个圈子，空手的干脆在圈子外面站着。孩子们个子小，挤进去就坐在席子边。锣鼓还是在不停地敲，班头并不着急，他心中有数，每晚怎么也应有个二三百人的。

终于等到开演了，马灯也点亮了，两个弹三弦的不紧不慢地，弹着开场过门。郭家戏班也没有什么道具，因陋就简象征性地表示一下。老生也就是戴顶帽子，再挂上胡子，穿上长衫，就进入了角色。白胡子、黑胡子表示不同人物，什么皇帝、大臣、达官、贵人、商人都能表演。女演员扎个头巾，穿上裙子，再拿把扇子就是花旦。佘太君、穆桂英、樊梨花、祝英台就这么演。三遍锣鼓一敲，演员就从桌子后面步到席子上，那地道的海州话道白，咿咿呀呀的唱腔，伴着悠扬的三弦弹拨声，听得观众入了迷。随着唱腔和剧中人，一块掉泪一起高兴，唱到热闹中，有人会情不自禁地叫起好来。正当人们看得入迷，听得上瘾时，三弦不弹了，要开始收钱了，就像今天看电视节目一样，关键时候是要插播广告的。那班头手拿柳条匾子，挨个点头“赏点吧”。什么一毛两毛不嫌少，一块两块当然也不嫌多，反正花点小钱过下戏瘾，乐得去掉了一天的疲劳也值得。露天戏场也是有点戏的，戏班子巴不得有钱人家的捧场，富裕人家得到了面子，大家也乐得跟着看戏。班头为着多赚点钱，拿着戏折子也叫“京折子”，报着戏名在场子里转悠，有人掏个十块八块的点戏了，班头会高声喊道，什么“鼎丰源老板娘点王婆骂鸡了”“万鑫涌张大娘点皮秀英四告喽”。场内顿时一片沸腾，激烈的锣鼓伴着三弦，点戏的感到风光，吸引着场上不少人的眼光。当晚的演出进入了高潮，敲得起劲弹的激昂，唱得更卖力听得愈兴奋。戏班子一个晚上能苦上个几十块钱。

夏家巷西面的新昌恒粮行前，是工锣鼓的地盘，工锣鼓又叫淮海锣鼓，新浦街人都称是说书的，是流行于苏北地区的一种说唱形式。工锣鼓起源于200多年前的清嘉庆年间，最初的发源地在涟水的灰墩。工锣鼓属于吟诵类戏曲艺术，声腔用海州一带方言，深受海属民众喜爱。工锣鼓的演唱方式简单，唱者只需一锣一鼓一长凳，鼓小如球锣小似盘，鼓旁有环吊于支架上，锣挂左手右手敲鼓。那有节奏地鼓声伴有间歇锣响，时而激烈时而舒缓，随着剧情变化无穷，紧紧抓住听众的心。那时民众识字的少，看书人几乎没有，对古往今来的了解，全都来自小戏、听书。沭阳“毛窝嘴”经常在前河底演唱，还有李汉林唱的“刘秀走南阳”都令新浦人叫好。明清以来的说书人，都是有话本的，说书的台本。演戏有剧本，说书要有台本，只须掌握故事梗概，其他都是由说书人艺术加工，老百姓说这叫“兑水”。不兑水干挖，说起来又没有味道，人们也不爱听，再说三下两下讲完了，说书人吃什么呢？所以听书的既不愿说书人兑水太多，又不想听太干巴的书，这全由说书者把握。一部“杨家将”能说上年把，上个月武松抬手打虎，这个月拳头还没落下来，是常有的事，大家也就见怪不怪了。

说书的人通常是单枪匹马，开场前也是敲鼓击锣，码量人来得差不多了，咳嗽了两声，先是问:“上回书说到哪啦?”待人群中有人答了时，说书人是激烈锣鼓再接下回，实际上也是明知故问，不过是与听众互动罢了。每当故事紧要关头，锣鼓便会停了下来，这不光是卖关子，而是要收钱了。听众中有热心的，便会起身帮助收钱，其实也都是他熟悉的，或者是安排好了的。大家是一毛两毛、块儿八角的，说书不比唱小戏那边，有人点戏给的整钱。收钱人将钱交给说书人，大声说道“只收了几块钱哟”，“唉！大家也不容易。”说书人接着又道:“今天中午就吃了块饼，茶叶也没有了……”他们一唱一和地聊着，常听书的都知道这是说给大家伙听的，嫌钱收得少了。着急想听书的人，有时会再丢给一块两块的，催他接着说。大家都明白，一个晚上不收个十几块，他唱得不会顺溜的。后来的盲人严必涛，在新浦说书是颇有些名气的，人称“严瞎子”。严必涛曾担任过曲艺组长，大小是个官，外地来的说书人都得拜他的码头，就连沭阳的说书大牌，来到此地都得向他示好。严必涛虽然眼睛不好，可是记性特别好，人家念书一段，他基本上能倒背如流。他联想丰富发挥得好，兑的水多大家都还愿意听。故事只要有个大概，他就能展开叙说，滔滔不绝。传说他老婆头天给他念上一页两页，他能唱上个把礼拜。什么“三侠五义”“小八义”“周发乾杀妻”都是他的精品演出。每晚快要收场时，都是他的高潮期，“欲知后事如何？且听下回分解。”最勾听书人的心了。大家都觉得还未过瘾，久久不愿离去，第二天晚上依然还是如此。

前河底露天戏场是自然形成的文化市场，是那时新浦街平民百姓，休闲娱乐的地方。前河底露天戏场，丰富了老新浦街人的文化生活，深受昔日人们的喜爱。

浦南名称来由

浦南镇位于原新浦区西北，其西与黄川镇为邻，南接岗埠农场，北隔新沭河与赣榆区相望。浦南镇原属于连云港市东海县，2008年3月1日划给新浦区，2014年5月18日，新浦区、海州区同时撤销，成立新的海州区，浦南镇属海州区管辖。全镇20个行政村，土地面积2017年测算108.5平方千米，至2017年全镇总人口55 811人。蔷薇河、新沭河、乌龙河、鲁兰河、淮沭新河经境内流入黄海。

浦南名称时间并非久远，民国时因位于新浦之西北，称作浦西区，与新浦、海州一道同属东海县。1948年11月归属新海连市，1952年12月又划归东海县。后又曾属第五区、第六区、第三区，一度曾称富安区。1957年撤区并乡，因乡政府驻浦南村，改为浦南乡，1960年迁至东南1.5公里的现驻地。

浦者，濒水之地。南朝梁大同九年，公元543年，黄门侍郎兼太学博士顾野王编撰的《玉篇》注："水源枝注江海边，曰浦。"也即河流枝节入海之地。旧时海州境南有条河流叫石湫河，汇集上游之水经蔷薇河入海，海口洪水滔天，称作临洪口。初时临洪口在原海州火车站附近，即今四季农贸市场东面，随着上游洪水不断冲刷，临洪口不断东移。至宋时浦南之地隆起，海水东退。金大定年间，约在1161年浦南为盐田，灶民引海水制卤煎盐，时属临洪场。

为什么称作"浦南"呢？浦南，应是浦者之南，是为何"浦"？浦在何处呢？张传藻在他的《新兴的商埠——新浦》一文中提及："临洪闸附近有浦南、浦北之称，那个地方还有不少河汊。"浦南、浦北应位于"浦"之南北，该"浦"即应为南北间先出水之高地。

刘阳《因盐兴废的石桥镇与消失的运盐河》文载："2016年5月，市重点文物保护研究所组织考古工作队在东海县鲁兰河北岸的黄川镇南湾村开展走访调查时，发现了一处文化遗存。据当地居民介绍，此地原有一处老码头，历史上曾是沟通海州与赣榆的交通要道。根据地理方位的推测，这处名为南湾的小村庄与历史上的‘石桥镇’有着惊人的巧合。说到这石桥镇究竟因何而兴，我们还得将时间的车轮往回倒五百多年。史料记载，在石桥以北数里有个叫临洪的集镇，历史上这里曾是盛极一时的临洪盐场所在地。”

1958年4月，由美国陆军制图局绘制的1∶250000的东海地图上，有用威妥玛式拼音法标注的“Hsin-chiao”，即“石桥镇”。这处名为石桥的镇甸位于古老的鲁兰河北岸，南邻高桥镇（今岗埠农场高桥村），西接上林镇（今驼峰乡上林村）、东望小河口镇（今墩尚镇河口村），北与大沙河镇隔河相望，说明石桥古镇在1958年仍然存在，与赣榆县北部的石桥镇没有关联。刘阳又走访了浦南村的老人，得知此地以前因近距临洪口，而称作“临洪浦”。

浦南因在临洪浦以南，而称浦南，那浦北即位之于北，故此浦南与新浦本无关联。新浦与浦南同属因河水冲刷而成的土地，但因标高不同，成陆时间不一。新浦成为陆地不过220余年，当850多年前浦南脱离水面之时，位于浦南之南的新浦，还在海水之中，是捕鱼捞虾之地。

盐田的发展使临洪场成为淮盐四大盐场之一，当地也成为经济中心，明洪武元年，1368年临洪场设盐课司。浦南和浦北因河汊水运，成为运盐码头，形成村落。而正所谓沧海桑田，转瞬即逝，到了清初顺治、康熙年间，随着海岸线的逐渐东移，临洪盐场逐渐废弃。雍正五年（1727年），临洪与兴庄（今赣榆海头）合并为临兴场，临洪镇就此衰败。而靠着盐业运输发家的浦南、浦北、石桥，此时也随之繁荣不再。

明弘治七年，1494年，在临洪场以外多子户农家，抽一人充当灶民，遣至浦南之地制盐。海州房山后庄刘家老三刘欣，只身一人至临洪场富安落户，经数百年繁衍已是当地人口众多之大姓。清末海水东去，盐业凋零，刘氏族人跨河至新浦开铺设行，进行粮食土产贸易，成为新浦早期移民。

故去的扁担河

扁担河曾经是老新浦的一条小河，它东接龙尾河，西通西盐河，横贯朝阳中路北侧。原新浦市区四面环水，东西有龙尾河、运盐河，南北是前河和后河，自然生成的河流围着新浦这块隆起的高地，唯有扁担河是人工开凿的河流。

老新浦比起现在面积要小很多，那时人们生活都集中于前河至后河之间，也就是今天市化路到人民路的范围，东西受龙尾河与盐河所限，老新浦市区便框在这狭长地带。1925年陇海铁路通达新浦时，铁路远离当时的市区铺设，过了铁路以南便是荒野一片，鲜有人家。

为什么叫扁担河呢？因为相较于龙尾河、西盐河这两条河流，扁担河要窄，形似扁担故老百姓称其为“扁担河”。扁担河虽然消失已有30多年，但这儿还留有一条“扁担河路”，其址位于朝阳路之北，通灌南路以东，只是曾经的扁担河东面的一小段。

扁担河路东起龙西路，西至通灌南路，长约347米，相较于原扁担河约占1/4。这儿的居民区被称作扁担河社区，其涵盖范围南起朝阳中路，北至小学路，面积约0.3平方千米，有14个居民小组，户数1268户，人口4000多人。

作者 摄

扁担河原本不是一条河，它的开挖是为了战争的需要，这要追溯到抗日战争时期。1939年3月日军侵占新浦，在原陇海铁路，即今日步行街一线各路口设立岗哨，以防南边有人偷袭新浦。在通灌路口、海昌路口、南极路口拉上老虎条路障，留一活动支架，盘查南面来新浦的人。

进入20世纪40年代初，日军在太平洋战争中失利，在中国战场收缩军力，抗日战争进入相持阶段。面对中国军队的进攻态势，日军在新浦呈防守布局，于是在铁路之南，自龙尾河及西盐河线开挖战壕作为防守。

1946年2月26日新浦日军向国民党98军投降，战壕荒废，时间久了积满雨水成了小河，由于无人疏浚成了死水沟。地方上有人出面将两头挖通，让西盐河的水冲刷污水，通过龙尾河流进大浦河汇入大海。战壕真正成了河流，渔船来往于盐河、龙尾河，西面盐河处一度成为渔船避风之处，形成港湾。

到了20世纪50年代后期，市区不断向南发展，机关、工厂在扁担河南建房，新的居民区跟着形成。1960年3月新海连市市人委，也即市政府批准设立路南街道办事处，管辖着包括以“扁担河”命名的“扁担河北居委会”“扁担河南居委会”等社区。

人口的大量增加，进出河两岸频繁，路口垃圾垫成道路，扁担河被截成几段。不断的建房以及垃圾逐渐增多，使扁担河日渐萎缩，河水变质，臭气冲天，蚊蝇滋生，严重影响了这一带的人们生活质量，因而要求治理的呼声不断。

1987年7月，连云港市第七届人大常委会第29次会议，通过《关于整治“三河”的决议》，将扁担河、龙尾河、西盐河一并纳入整治目标。1990年4月政协新浦区委员会，组织委员中从事规划设计、园林绿化的专家、学者，在扁担河沿岸进行实地调查，从现状及功能等方面进行研究分析，在整治的方案上，出现了两种不同的意见。

一种意见是扁担河已失去河流功能，改建为下水道，覆盖水泥板，可在朝阳中路以北地区空出大片土地可供开发，以利新浦区经济发展，即所谓“覆盖式”方案。另一种方案是“敞口式”，即进行整治恢复河道功能，改善路南人居环境。

综合研究覆盖式占据主导，认为覆盖式优于敞口式，可变脏乱差为开发建设，成为新浦区经济发展新亮点。区政协以此作《治理扁担河应重视综合治理、开发利用——对“扁担河治理方案”的几点看法和建议》上报有关部门。6月市城区规划审批委员会批准新浦区政协提出的“覆盖式”方案。

扁担河在覆盖式方案改造整治后，扁担河由地上转入地下，成为地下排水沟。在朝阳中路北侧，一下空出大面积土地，在这片新出现的空地上，新浦区建设开发公司与台商合作，开发了“银河购物中心”，两侧又开发出许多商品住宅。北侧开成的小巷命名“扁北巷”，南侧的小巷，命名为“扁担河巷”，现今已拆除加上了施工围栏。扁担河在地面上消失，代之以钢筋水泥建筑和那近乎萧条的购物中心。

南极路的传说

南极路北起人民路，南至玉带河边，是老新浦街南北三条路之一。旧时因海州有城称为海州城，新浦有街无城就叫新浦街。老新浦街不大，也就是三纵三横六条路。东巄到西巄，北面是建国路，也叫后街。中间为民主路，初时称为中山路，民间则叫它老大街。南面的路叫解放路，1949年前官称中正路，老百姓叫它大马路，相较于建国路和民主路而言，解放路在当时那就是很宽阔的了。南北向的路，东面有通灌路，是当时去灌云的路，往西为海昌路，因有海昌公寓而名，最西面的就是南极路了，这个南极路颇有些传奇，说法不一，难道是通往南极的路？

昔日南极路北起民主路口，南到步行街，那时步行街还是铁路，过了铁路就是荒草滩了。那时市化路至民主路口这一段还是个巷子，因紧邻前河上的洋桥，老百姓就把这个巷子叫作洋桥巷。

新浦地方虽小，给路起的名字却是不小。南极路，很容易让人想到南极洲，南极洲是什么概念？那可是地球的第七大洲，面积1400万平方公里，要说新浦到南极有多远？足有2万多公里之遥！这样看新浦人的胆略还真不小，蛮有魄力。此南极与彼南极有关系吗？为什么这条名不见经传的小路敢称南极路呢？这里的故事还得从日寇侵华说起。

1939年3月日军侵占新浦，随着日军机关的进入，日资企业也纷纷抢滩新浦。在侵略者的威权下，日资企业成了垄断寡头，他们的“大东亚共荣圈”首要任务，便是对海州地区战略物资的掠夺，他们低价收购农副产品，再高价倾销工业品，像三井、三菱、佳茂、日棉等洋行，看中的正是海州的盐、磷和粮食。日本人在市民路上设置了所谓的领事馆，在民主路上设立了宪兵队、警察局、伪县政府，三井物产株式会社，也在民主路协和巷西首的杨家粮行开设了京张所，就是事务所，并在南极路上建起了库房，中国人都叫它三井洋行。

这南极路上的库房紧邻原陇海铁路，又离华北桥码头不远，从灌云、灌南来的粮食，盐场来的盐，由盐河运来，经铁路至港口再转日本或沦陷区；日本的煤油、香烟、火柴、棉布，自青岛海运港口，拉来新浦再高价倾销给国人。一时间三井洋行的仓库中转繁忙，人员来往密集，为了安全，日军在仓库驻扎着军队，在南极路口建碉堡设哨卡，盘查往来行人。这时的市区延伸到了铁路根，过了铁路便是流动人口搭的草棚子，进出哨卡的多是穷人，挑柴贩粮的、寻医拿药的，这些人都是日军不放心的。那哨卡也就是木架子加铁蒺藜，不放人时那木架子横在路上，放行时移开木架子，这木架子堵上的缺口像个门。那时的日本军曹蛮横对待中国人，遇见他得鞠躬行礼，稍有不逊便会遭到毒打，野蛮盘查，搜身打人，是家常便饭，老百姓过哨卡如同过鬼门关，这哨卡是关，更像是穷人的鬼门。

韩世泳先生在其《新浦史话》中提道：在市档案馆里曾发现手绘的国民党44师驻军图，图中在南极路铁道口处，明确标有“南极门”，那是1947年中共地下人员绘制的草图，据此南极门说法在那个时候是存在的了。《新浦史话》中还提供了民国三十六年（1947年）新浦《新海报》刊载的“整饬观瞻，迁移坟墓”消息，刊文称：“本埠南极门外，离检查哨碉堡约二丈地带，为多年义冢地，坟丘累累……”1947年时哨卡还是在的，这南极门是哨卡门，南极路是因南极门而起的。

又据张传藻先生回忆，曾经收藏过日伪时期青岛《大新民报·东海版》，记得上面有动迁用地告示，说要“南极株式会社”附近居民搬迁云云。报纸时间应是日军投降的1945年前，不过这南极株式会社是否在南极路上呢？已是说不清楚了。“南极株式会社”与南极路，似有关联，南极株式会社若在南极路上，这路名该是由南极株式会社而起吧？缘由也应顺理成章了。

南极路是否因曾经的“南极株式会社”而起，还是哨卡鬼门设在路南的尽头为南极？已无从详考，何况那时也没有地名委员会，南极路或许根本就没有正式命名过。这样一条小路，约定俗成众人认可，就成了它的名字。不像大人给孩子起名，随便叫个大猫小狗的，这南极路可是个挺大的名字，要知道通往南极的路，可是条遥远的大道。今天各国竞相赴南极科学考察，研究人类未开发的处女地，南极是地球的圣洁之地。故去的老新浦人是否也曾想到过这些？南极路若是通往南极之途，这也反映出小镇人的心理，求大图发展吧。

市化路是前河干涸后形成的路

市化路是一条东西向的城中小路，东起通灌路，西至南极路，全长2里路，宽不过10米。昔日新浦街三纵三横6条路，南北向的自东起为通灌路、海昌路、南极路，东西向的是建国路、民主路和解放路，其他的都算作是小路。相较于解放路，市化路既短又窄，民间称解放路为大马路，市化路就是小马路了。新浦原本就不大，东龎到西龎三里地，南面过了铁路（现步行街）就是郊区，北面建国路到人民路多为茅草房。20世纪70年代初外地来的人，还称其是小县城，当有了红绿灯后，解放路上也就是三个岗亭，东头到西头一眼望到头。

新浦属于海积平原，是大海东退形成的陆地，新浦与周围的海州、东海、灌云等一样，地名偏旁三点水，说明都与海水有关。自明清以来，黄河不断改道夺淮入海，致使海岸线东移。1798年（嘉庆三年）以前，新浦还处于海州湾浅滩之中，由于海岸的变迁，板浦盐田场河离海渐远而淤。为引水制卤、运盐出海需要，采用人力挑浚，使盐河自板浦由下河口入海。后下河口也见淤塞，板浦盐商又集银疏浚，连通盐河，垫淤建立坨地。这新的入海口，濒海临水之地，因位于板浦以东，人们称其为新的“浦”，新浦作为地名第一次出现。海州志中有“东海诸浦”记载，“浦”者水流入海之地，临海滩涂所在，是河流入海的地貌形态，是因流水而生之地。随着海岸线继续东移，前河地段也逐渐露出水面，因而前河是与新浦一块诞生的。

前河也许不是它的命名，相较于后河，它面南是为前，也许是因前、后两条河流之故，无约定而俗成就叫成了前河。前河曾经流淌过的区域，即为现今原新浦市化路地段，它西接未改道前的盐河，东面连接着龙尾河，全长约有1500米，最宽时河面有40多米。整个新浦地区呈现西高东低地势，前河之水来自盐河，自西向东流淌，是盐河的支流。东面龙尾河北端，通往大浦河入海，因而龙尾河是前河排水之通道。盐河历史上称为官河，上通京杭大运河，是盐运、粮运的通道。盐河进入市区后，在原“新浦口”附近分叉，即今天玉带河桥处，与玉带河交汇后，进入新浦东面的称东盐河，流至西面的为西盐河，也即本文中表述的盐河。

前河形成初期，新浦地区滩地苇荡遍布，芦苇丛生，海州富户呈报州衙，纷纷来此圈地占荡。继而有捕鱼人在此留驻，搭舍建屋，至新浦“茅屋星星”有了人烟。咸丰年间人口日渐增多，有海州附近人、有赣榆人、有淮阴人还有山东来做生意的人，大家集聚居住，沿前河北岸成为村庄，俗称“新浦庄”，属临洪镇。1862年（同治元年），西巅口至洋桥巷（民主路与南极路交会口）已完全成为陆地，西巅至临洪滩（现火车站附近）盐田为正场疃盐商，前河南至孔望山为朐山疃盐商所有，新浦西盐河向东即为东滩盐田。西天池处为临洪场坨地，前河岸边有运盐码头（今民主路与市化路交叉口），圩下之盐通过前河驳运至前河码头，储于前河坨地，再由大船由前河经盐河，在板浦通关后运往各地。新浦这块新生之地，穷苦人家生存容易，用今天的话说能找到工作。他们有苇荡刈草、有滩田盐工、有码头打杂、有捕鱼摸虾，还有的做些粮食土产类小生意。

从新浦早年地图上看，前河、后河之间一里多宽，民主路老街距前河不过百米，而离后河足有一里多路，说明清末民主路成街，是依附前河而生。初期新浦成镇面积不大，也就是大街（民主路）、后街（建国路），建国路离民主路宽处百十米，这儿聚集着老新浦的大量人口，为什么人们愿意离前河近距离生活呢？是因为前河适宜经商、交通便利，有利置业、方便生活。1892年（光绪十八年），大街上店铺林立，商业日兴，新浦成为海州的重要商埠。因前河航道繁忙，使新浦从一个盐运码头，一跃成为商业市镇，这其间仅仅历经了30年，是前河催生了这座城市的诞生。民主路上集中了新浦的“洋广杂货”，各大商号店铺，就连政府、警局、商会、银行、药房、诊所以及多家银楼，都汇集于此，前河北岸老街是老新浦的市中心。这个中心与前河近在咫尺，集中了政商医药金融各界人士，老街市面的繁荣，正是依托于黄金航道的前河而生。

1930年（民国十九年），江苏省政府4773号文，为东海县疏浚前河一案，令迅即实地测丈，拟具工程计划，筹集治河经费办法，应候民、建两厅核查云云。可知那时前河已出现淤塞，船舶航行受阻，影响地方经济发展，故报省政府力筹疏浚，可见前河黄金水道之重要。遗憾的是到了20世纪30年代末，前河终于干涸成为河沟，不能通航。萎缩的前河岸边空出了二三十米河滩，白天是卖布摊、摆粮匾的地方，太阳一落山这里就成了说书、唱小戏的地方。后来前河大沟被垃圾填平，上面成了道路，为什么没有按照习惯起名方法，给前河干涸后的道路命名为“前河路”呢？

1942年（民国三十一年），新浦地区划分为5个镇，即三新镇、新民镇、新化镇、新市镇和新龙镇。时前河流经4个镇，河北面有3个镇，即三新镇、新市镇、新民镇，河南面有1个镇，为新化镇。当新的道路诞生面临起名字的时候，4个镇都想用自己的镇名来命名，争执不下时，有人提出，每镇各取一个字凑成路名。那时前河北面已经有了以镇名取名的“新市路”“新民路”，而河南面却没有，因而新化镇表示前河南北各选一个字，合成新的路名。经过一番协商，故只能在河北面新市镇名中选择“市”字，在河南面新化镇名中取其“化”字，合为“市化路”。最后被各镇所接受，“市化路”名就此诞生。1955年龙尾区将市化路片区命名为“市化街”，其居委会即为“市化街居民委员会”，改革开放发展商品经济，这儿成了“市化路小商品市场”。市化路之名一直沿用至今，逾70余年。

东亚旅社对新市路成街之影响

东亚旅社是老新浦保存状况最好，为数不多的一座百年老建筑，其位于新市路，紧邻第一池，现为连云港市民俗博物馆所在地。百年来东亚旅社随着历史变革，经历了北洋时期，民国年代，日伪政权及新中国岁月。从白公馆到东亚旅社，从旅社到政府机关而至今天的民俗博物馆。随着1948年11月9日新海连军事管制委员会的进驻，东亚旅社开始了它的新篇章。东亚旅社是新浦地区规模较大的民国建筑群，又处中心市区，一直是政府机关所在地。先后曾经做过淮北盐务管理局、市委组织部、人事局、监察委、市妇联、市中级人民法院、市公安局法制办、市民政局、市残联等机关驻地。

东亚旅社坐落于老新浦新市路35号，坐北朝南，二层楼房，正门木质阳台突显，上有大型浮雕刘海戏金蟾，彰显大院财运旺盛之气。西式窗户，弧形窗楣，为典型的中西合璧式民国建筑。这是一座由联体楼房围成的四合院子，占地700平方米，建筑面积1200多平方米。全院共有房子36间，南北楼各有房10间，东西楼各有房8间，意36颗天罡星，喻天星感应。东北角、西南角两处有木制楼梯可通二楼，楼梯宽大可供2人并行，台阶设计为16层，楼梯上檐后退6寸，增添一角，形成八角天井，预兆兴旺吉祥。整个四合院飞檐朱栏，明柱回廊，呈现出古朴庄重之象。东亚旅社由天津设计师设计，邀青岛工程师建造，屋顶采用欧式红色瓦片，进口德国钢筋水泥，木料选用美国花旗松，只有那青砖产自本地。海州东门外盘窑烧制的甜水砖，每块均要用水磨洗，要求齐整划一上角上线，四立八平方能使用。东亚旅社是老新浦甚为讲究的建筑，可谓集民间信仰之大成，从正门设计

新市路上的百年石板路　作者 摄

上即可看出，主人追求的“天人合一”“四平八稳”“发达吉祥”，在正立面的设计中都得到诠释。

大门过道弧形门楣，上圆下方中塑半轮红日，外廓雕四射光芒，正中上方如意浮雕。大门两侧各有半圆立柱，顶部莲花座上有鲜活白菜，托起弧形门楣，有万物朝气、财运蓬勃之感。紫色立柱、蔚蓝门楣，白色如意、绿色蟠龙，再配以半轮红日金色光芒，主人期望的“旭日东升”“紫气满庭”“如意吉祥”都呈现在眼前。

东亚旅社是1919年的建筑，至今整整100年，动工之初以白公馆名义建造，那立面外墙通体刷白似有其意。这是白宝山在新浦的宅子，因白宝山时为统领北洋江苏陆军第五师之长，又有人称是白将军的司令部。传说白公馆建成以后，白宝山宴请地方士绅吃饭，众人齐声赞颂，其中海州地主杨八献媚，说楼房盖得好，就是门前土路不相配，要是铺上石板就好了。白宝山顺水推舟，当场决定：这石板路就交给你了。杨八只得捏鼻掏银子铺路，可见白宝山的霸气。白公馆建造的年代是民国八年，时新浦成镇范围不大，仅西毓至大庙巷（市民路），前河（市化路）到建国路这0.5平方公里之地。白宝山自1913年带兵来海州已有数年，将海州当作自己的归属之地，亲眼所见新浦开埠日渐繁荣，白宝山认为新浦是块有潜力的风水宝地。新市路时处浦镇边缘，紧邻天后宫人气，在此立业有逢源之优。其时老街上也有旅馆客栈，但规模小档次差，白宝山在此要建天津那样的新式建筑，投资服务业便成了选择，这也是白公馆后来改为东亚旅社之原因。

与白公馆一墙之隔的，是建于1917年的新浦第一家上档次浴池：第一池。两层楼房含有地下室，有房108间，分男部、女部，设大池、小池、盆池，有大间、包间，配有专业理发师、修脚师。一百年前有如此浴池，是够奢华的，在100年前的新浦，堪称绝无仅有。据《新浦区新志》载：第一池原老板是朱冠五。从位置上看第一池处东首，东亚旅社则西。中国传统风水源于八卦，东对“离”，西对“坎”，“离”义“日”，“坎”义“月”，因而民间习惯东为上，西为下。朱冠五也清楚处于上风的第一池，是压不住强龙的，面对身边这位北洋军司令的邻居，朱老板的生意是颤颤巍巍，经营其艰是可以想象的，他只勉强经营了一年多，便转给了刘某。刘某面对是同样的强邻，不久只能转让给白宝山，也许是白大人早有此意，正中下怀。早在1915年经营北京菜的“同乐园”菜馆，经营鲁菜的“聚乐园”饭馆，先后在新市路上开张营业，多年后更名“第一饭庄”“六合春饭庄”，加之1917年建成开业的第一池，一天可接待浴客250多人，以及由海州迁来的中国航空公司办事处，成了近邻民主路的又一商业街道。新市路中间6米宽70米长的石板路，两边中西合璧建筑，使整个街道显得洁净整齐，端庄典雅，街道两端各置铁门，成为独立街区，时称新市街，与老大街相呼应。

东亚旅社有客房、伙房，会议厅。房间内铺地板，中式格扇门窗，走廊迂回环绕，凭栏可观院内楼下各房，举目能看到蓝天白云，给人以环境幽雅，整洁舒适的感觉，是老新浦最上档次的旅馆。市文保所刘阳整理的《民国游记汇编》，1926年《国闻周报》记者鉴吾的“徐海途中见闻”中有“待到了新浦站，刚一下车，便被旅馆接客者团团围住。经了解新浦旅馆第一为东亚旅社”之介绍。据1936年《大公报》记者徐盈文章，也提及“新浦有供大商人驻足的旅馆”。东亚旅社是那时公务、商家差旅歇足最佳之地。有人称南方人都赞苏州旅馆舒适，想不到新浦也有那样的旅馆，说的就是东亚旅社。1937年上海《申报》以《日学生来海游历》为题的新闻报道说：“三日下午有两日人，由沭阳乘坐汽车经本县城抵新，住东亚旅社。本埠警察所当派警士二名前往保护。”报道又说：“日人系上海东亚同文书院江苏、浙江两省游历班学生，年均约20岁，能操流利华语。”该二人说是6月3日自上海出发，去各省旅游，打算在新浦住一夜，明再去山东泰山。时正逢中日战事一触即发之际，1936年日本广田内阁决定大幅增加在华驻屯军，日军新增军队强行海上登陆，部署于塘沽、山海关、秦皇岛等战略要点，有伺机攻占华北之意。在这敏感时机，精通华语的日本学生来到新浦，自然引起媒体关注。地方警察所派员保护，是担心引起不必要纠纷，给日人留有口舌，也为了解情况，看有否其他企图？一个月后爆发的“七七卢沟桥事变”就证明了这一点。

东亚旅社的特殊地位及功能效应，加之第一浴池、第一饭庄的生活服务，中国航空公司的售票，使新市街有别于民主路的商品零售特点而存在。东亚旅社提升了城市服务档次，成了新浦城市功能的标志，东亚旅社促进了新市街商业服务兴盛，使新市街成为新浦高端服务街区，致其向东、西两个方向不断延伸。新市街上先后开有：夏昶兴照相馆、周一大粮行、同茂永油行、“徐州剿总司令”刘峙的聚安盐号，还有日伪时期在街西搭建的东海舞台等。

华 北 桥

现今的年轻人很少知道华北桥了，至于华北桥在何处？估计也鲜有人知。按照中国自然地理分区，华北指秦岭以北长城以南地区，政治上指京、津、冀、晋等地，新浦属华东地区，本与华北沾不上边，怎么会出现以“华北”命名的桥呢？这桥还得从日本占领新浦说起。

1939年3月，日本华北驻屯军分五路包围海州，李守维的89军奉命撤离海州，4日海州、新浦相继沦陷。日本随军记者在描述攻占海州时报道：“海州是中国中部大横断铁路陇海线之东端，为连云港相连，乃一陆海之要冲。商业以其之附近新浦为最盛，在事变前，有制粉之工厂。贸易品有落花生、豆类、小麦、鸡蛋、牛皮、牛骨、牛油、油类等。海州盐尤为有名，此地盐产始于唐代，此处之盐归于国府专卖，销于湖北、湖南、江西、安徽等七省，仅在民国六年，入过一次日本，盐税收入为民国三大收入之一。”可见日军占领海州，对这里的物产甚是垂涎。

日军记者又描述道：“按此陇海线，向有抗日线之称，日军在华北之治安，亦常因残敌利用，而受到相当之阻害，今日，此线已攻下，华北之扫荡战，可谓已至一段落，在最近之将来，政治经济将有一大转变。”此时的日军已将海州战事视作华北战役。

20世纪30年代临洪口，河、海联运进入兴盛期，新浦成为物资集散中心，大量海船云集后河港汉，在叫许大圩的地方形成码头，其地理位置在原陇东火柴厂处，也即今天新浦中学南面。随着临洪口泥沙增加，后河港口逐渐淤塞，以至被大浦港取代。

大量日商企业涌进海属地区，在新浦有三菱、三井、日棉、小林、佳茂、义一等8个洋行，连云有丸升、中井、白云寮、台寮、青山寮洋行。日伪组织商工会粮食收购队，在农村设立收购点，每逢集市大量收购，遇灾荒之年制定指标收购，宪兵与伪军强收强买，保证日军战争需要。同时向市场倾销日产商品：棉布、棉纱、火柴、香烟、铁器等，有时收粮队用这些抬高了价格的日本商品，低价换取农民辛苦种出来的粮食，这些物资通过铁路、海上运进运出。

1941年日本偷袭珍珠港，爆发太平洋战争，在国内日军战线拉长，海州四面已处于中国军队包围之中，北有八路军，南有新四军及江苏省政府韩德勤的部队。海州外围遭到分割，并不断受到袭击，铁路运输、内河航运、海上交通均受到极大影响，战略物资不能运出，日本商品不能进入，已成为占领者头疼的事情。如何解决物资运输问题？日本人首先考虑到内河航运，西盐河便成了侵略者的理想航道。

根据日本人的需要，在西盐河靠近新浦的地方，建立内河码头，以取代后河码头。汪伪东海县署将港址选在西盐河岸边，位于新浦公园西南角，并在河上建了座木桥。码头由日本华北株式会社垄断经营，这是一家有军方背景的日资企业，主营交通运输。战前盐河、后河有2000多条民船跑运输，海州沦陷，大部分船只逃往涟水、沭阳等地。日军要求伪新浦码头工会，到南方招募船工，勉强拉来200多条船，成立了“华北船队”，由华北株式会社负责营运。船队将两船编为一组，选一人担任头目，由伪军水上部队押运。船队以运输淮盐为主，其他也运粮食和军用物资。船队成立开始，盐、粮等物品随船抵达木桥河畔，大量战略物资运往日本，此时的木桥处戒备森严，船运繁忙。日伪政府计划在河南岸再扩建码头，然而好景不长，随着日本在太平洋战争中失利，在中国战线受挫，海州日军对周边控制减弱，内河运输萎缩市场萧条，华北船队都难以为继，最终处于停滞。横跨西盐河上的这座小木桥，见证了日军掠夺我物资的历史，经历了日军在海属之地的衰败，这座小木桥也因华北船队曾在这里停泊，遂被称为“华北桥”。

解放初期的华北桥，是连接新浦与海州的主要通道，那时的华北桥周围是荒滩一片。1954年这儿曾作为刑场，伪军大队长杨九洲及海匪曹守道，曾在桥边荒地被执行死刑。当时曾有童谣：“星期天，20号，杨九洲、曹守道，坐汽车不打票，钢枪一响，睡大觉。”如今的华北桥已被盐河桥取代，木桥变成钢筋水泥桥，原来的泥泞小路，已扩展为六车道沥青马路，昔日的荒草滩，周围高楼林立，海连路上车水马龙，这儿已是市中心的一部分。

西 天 池

西天池位于新浦耶稣教堂西面，从民主路西天池牌楼小路一直走便是。清末年间，临洪场要建盐坨储盐，盐工们挖土垫坨基，形成了一个很大的坑。新浦是海水东退形成的，地下水苦碱不能食用，因而新浦是一座无井的城市。盐工挖出的坑，在夏季雨水多时形成水塘，塘里的水便成了坨地清兵、运盐船工、卸盐民夫们的饮用水源。这种露天的大水塘，老百姓叫它“天池”。20世纪初富安人刘振鼎，建四泰油坊时，在这水塘东面取土建房，又形成一个水塘，因位于东面称东天池，西面的这个则叫西天池。此处两个天池，又称为“双池”，附近街道居委会曾称过“双池街”，附近有所小学，也曾叫作“双池小学”。新浦大小水塘十多处，能称得上天池的有：临洪滩的东天池、位于国大小区身底的同和天池、沈圩的翠泰天池、海丰巷东的南天池、贾圩北天池、原新浦区招待所处的东天池，还有汇金广场身底的东公司天池等。

由于西天池离蔷薇河较近，人们挖沟将西天池与蔷薇河连接起来，这沟大家叫它拿（纳）水沟，吸纳河水的意思。西天池东北方有个拿水口，所谓拿水口，实际上就是土堰。土堰连着拿水沟，沟的北头通蔷薇河，南头是西天池。夏季雨水多，蔷薇河上游来的淡水经临洪口流向大海。这时蔷薇河水位高，人们扒开拿水沟土堰，让淡水流入天池，灌满后再用土把拿水口堵上。蔷薇河水灌入天池，也带来了大量泥沙，时间久了泥沙淤积，就要清淤。镇上便会派人去店铺凑钱，各家各户再摊派点，雇请民夫挖塘泥清淤。西天池是越挖越深，最深处达十多米，因而西天池又是新浦最深的天池。西天池有两处取水的地方，一处在东面，一处在南面。沿岸铺有条石台阶，顺坡通往天池边，水边挖有平台，人们在那里用瓢舀水，装满水桶再挑上岸去。每天早上五六点钟，下午三四点钟，是取水高峰时间。妇女、孩子抬着水桶，壮年汉子挑着木桶，岸边是站满了取水的人。冬天下雪，附近人家将积雪扫进天池。那时的冬天都很冷，水面结的冰层很厚，孩子们在冰面上滑冰，玩耍打陀螺。这时候取水便要带上钢钎铁锹，在冰层上凿个洞才能取用。

1942年日伪陇海铁路局因河水含卤量高，影响蒸汽机车寿命，从山东庄的龙潭涧处筑挡水坝，接上铸铁管道供水。经云台山南，通过南城北门到达新浦新村（约在青年路西口附近），全长32里，自来水供火车机车锅炉使用。同年底日本交通联络部与陇海铁路局商议，自新村安装一条水管铺入新浦街上，供机关、部队用水。新浦居民开始用上自来水，是在1943年（民国三十二年），当时以所谓日本居留团的矶贝长美，和伪东海县政府参议员冯寿春之名，合作成立"日华上水道协会"。由日本洋行捐款100万元伪联合币，再动员商界捐出伪联合币100万元，去往北平购置材料，铺筑供水管道。水管口径50毫米，后因用水量增加，供水管又改为200毫米。在山东庄龙潭涧处，拆坝另建，扩大蓄水容量。在新浦街东面、西面设售水所4处，在新浦菜市街附近建供水厂办公楼，水厂设正副厂长、营业股长、会计、技师、稽查员数人，派出售水员6人，水厂共有31人。因供水距离长，又无增压设备，白天集中供水，水压太低影响用水。在4个售水所又建蓄水池，夜间往池内注水，白天售卖蓄水池内水，现西艞口碉堡基础南侧，还有当年售水所蓄水池残留遗迹。日华上水道协会自来水厂，因山东庄水源库容有限，售水只能根据天气而定，雨天能供3000担，不下雨时每天只能供应2000担水。1945年日本投降，自来水厂由国民政府接收，"日华上水道协会"改为"新浦自来水厂"。由于用水价格问题，西天池附近居民，仍然挑天池水饮用。这时因街上有自来水供应，来天池取水的人少了，天池水反而洁净了不少，天池成了穷苦人家的饮用水源。1952年临沂专署拨款1.2万元，在东山根龙潭涧下游建新水库，库容量9000立方米，街上增添了20个售水点。1955年江苏省又拨款，在龙潭涧上游建库容量10万立方水库，1956年民主路铺设了口径6寸的供水管，新浦的供水得到了基本解决。人们为了卫生不再取用天池水，这时的西天池开始变脏了，西天池成了天然垃圾场。西天池不断萎缩，在爱国卫生运动中被填平，后来上面建成了绿园，成了公共活动场所。

昔日西天池已成为公共绿地　作者 摄

陈巷里的故事

昔日陈巷里的石板路面，大块的花岗岩，历经岁月洗礼，显得那么油光溜滑。讲述者告诉我，那是一个雨后的早晨，随着木屐声由南向北传来，和着小碎步的呱嗒呱嗒声由远而近。孩子们躲在两侧墙拐处，憋住声息，地上拖着根细绳子，木屐声没有停止，两边孩子们拉直了绳子。随着扑通一声，像墙塌了一样，一个女人重重地摔倒在石板上，叽里呱啦地号叫着，孩子们是一哄而散。地上躺着一个日本婆子，脚上的木屐摔出好远。巷子里家家伸出了头，又都连忙缩了回去，纷纷关上了门窗，只留下那个日本女人的呻吟声。待到她爬起来时，巷子里已是空无一人，只有那光滑的石板路，冷得阴森。随后是维持会人带着伪警察，挨家挨户地盘查，折腾了许多天，也没有一个结果。孩子们是恨死了日本人，就在几天前，两个日本兵追逐着一个中国人，那个中国人刚跑进巷子里，就被追上了。一个日本兵气喘吁吁的，拉住那个中国人的领子，猛地一拽绊倒在石板路上。接着又被另一个日本兵拉起来，一个大挎背重重地摔在石板路上，顿时口角鲜血直流，接着是拳打脚踢。孩子们发现那个中国人，看上去不过30岁左右，微闭着眼睛一声不吭，任由两个日本兵的打骂。那是1943年的秋天。

陈巷一直叫“陈家巷”，巷头有两座小楼，一东一西立于巷首。东面的楼是殷家的，坐北朝南，为三幢二层小楼围成。由临街前楼、后院北楼及西楼组成一个三合院落。西楼在巷子里，墙基由蘑菇石砌成，腰线石则是蘑菇状的长条石，墙基高约1.5米。墙体为砖砌筑，墙面装饰是水泥砂浆拉毛，坡屋面下檐口，为弧形曲面仿西式檐口。殷氏宅院具有典型的前店后宅中西合璧建筑特点。这片楼院处清末原为三间草房，殷家祖上曾做过郭海山管家，有了钱买下草房便盖起了这个院落。1949年以前楼下曾开“宏达涌”杂货店，楼上常有人打麻将。一日楼下鞭炮不幸着火，火势蹿至楼上，上面的人隔着窗栏杆下不来。那时救火不及时，楼上人挣扎着，向着楼下人们呼喊着。楼下人也无办法，看其被活活烧死，焦煳的尸体挂在窗口，其惨景让讲述人至今寒栗不已。西面是淮安陈家的，上下各三间，平面呈凹字形，东西两侧各向北建一间两层楼房。楼房下墙体为条石，二层石砌成，石质腰线石，立面装饰扁方形壁柱。屋面为两面坡顶，檐口为双层直檐，山墙两端为简易垛头，外墙面亦为水泥拉毛。陈氏祖先来时，还是清朝咸丰年间，初期在陈巷搭草棚为生，后来人多又盖上草房。陈巷内陈姓人为多，因而巷内房屋多为陈姓所有，从"陈家巷"这巷名可以看出，这陈巷是应陈氏而名的。此楼房比殷家楼院盖的要晚，是日伪时期，曾以40匹花鸟布，租给山东客商，到解放时合约还未到期。小楼后来曾做过职工业余学校。

陈巷进去几步远就是鸦片馆，也没有招牌，不大的房子，一溜的大通铺，炕上一张大柴席。人们躺着吞云吐雾，黑洞屋里闪着鬼火似的烟灯，脚臭汗味伴着烟雾，拂动着布帘弥漫在巷子里。陈巷这家鸦片烟馆，不似王巷那边讲究，没有人帮忙打条烧泡，也没人帮跑腿办菜，来的不是苦力便是穷人，匆匆地来过了瘾便走。虽然民国时也禁烟，办有戒毒所，学校也曾组织学生游行，举着三角彩旗反对吸毒，可鸦片烟馆关了又开。大烟方砖似的，黑泥土，是一船一船地来到新浦。1929年新浦各法人团体、工商企业，集会讨论要求政府取缔烟馆，设立"戒烟院"，并请更新舞台、新新舞台邀请名角义务为市民演戏。然而鸦片的高额利润，已成为不法商人与各级政权相互勾结的发财捷径，结果仍然是鸦片泛滥烟馆满街。

陈巷底有户寡妇人家，带着4个丫头，大丫头年方17，打扮得花枝招展。常有国军当官的，骑着高头大马上她家去。寡妇是迎外忙里的，那军官有时是上午来上午走，有时午后来第二天早上回。马蹄声就像告知一样，落在陈巷石板上嘀嗒嘀嗒声，从巷头而来，巷里人知道是那军官来了，如果是从巷尾而来，便知是回去了。让陈巷在街上有影响的，还是巷内的安泉池，这是陈正帮家的房子，租给河北人开的澡堂子。门上一块木牌子，上书"安泉池"三个大字，意即"安全之泉池"。开澡堂怕的是客人烫伤，忌讳的是"白虎塘"，白虎是会伤人的，凡澡堂有烫伤类安全事故发生，都疑是白虎所因。故澡堂开业时，会花钱请胆大的人，第一个进塘洗澡，这叫活人祭塘神，洗完没事便可以开业了。安泉池进门便是大通铺，里面有两个单间，每间两张床，中间备有茶几，算是雅间了。那时新浦街条件好的是新市街"第一池"，楼上楼下，设有男池、女池，大塘、盆池，配有理发、修脚的，在新浦是上档次的浴池，深受达官贵人青睐。还有三新街的三新池，新民路上的经济池，规模都不算大。安泉池分有大小池，大池温水小池热汤，以大锅烧水，池面贴有马赛克方形小瓷片。来此洗澡的有街上居民，也有进城卖粮食的乡下人。春末秋初人们为省钱，多去山沟河塘洗澡，那时的人一般也会游个几下子。每天下午或是晚饭后，街上人有到澡堂洗澡的习惯，俗称“烫烫”，泡上一壶茶，再睡上一小会儿，就是一种享受。

安泉池没有女池，那时女人洗澡，有钱的去第一池，没钱的在家里洗。穷人家有烧草锅，在余温未尽的草木灰中，放上瓦罐又称“煨罐”，意为在余火中煨热加温，炖上水擦擦身子，是为“搌澡”。过年前是澡堂子最忙的时刻，安泉池和其他家澡堂子一样，在大门左上方，挂着写有“安泉池”的灯笼，昼夜不收灯。塘子每天要换几次水，新水烧热了大灶敲打着铁片，发出“当、当”的金属声，通知茶房是为“敲牌”，客人可以赶“头汤”了。常洗澡的人讲究，赶头锅水干净，尤以年三十的头汤，洗污爽身预示来年运旺。安泉池老板聪明，为招揽生意，着人敲着锣喊街：“洗头汤啰！”咣！咣！沿街招摇。年三十晚上不论多迟，送走最后一位客人，澡堂才收灯。初一敬塘神，初二老板糕茶招待员工，开门放鞭迎客。不论澡堂大小服务都很周到，也是为了留住澡客。茶房笑脸待人礼数送客，端送茶水递上毛巾，擦背搌脚挑衣取鞋，也有代买零食代叫外卖的，进澡堂烫烫，是那时街上人们的休闲方式。1948年11月5日下午，东海县商会监事，亿兴公布店老板张晋阶和同为布业公会的韩质宜，在陈巷安泉池泡澡，洗完澡进单间里闲聊，不一会儿就听到街上人声嘈杂动静异常。澡堂茶房出去打听，回来说是戒严了，巷头已经站上了持枪的士兵。那时国民党军警经常戒严，人们也都习以为常，张晋阶与韩质宜洗完澡便回家去了。6日早晨张晋阶走出家门，才知道国民党44军连夜已经全部撤光，连党政军警也统统不见了身影，7日上午张晋阶等市民，在西巖口外迎来了进城的解放军。

海丰巷的由来

海丰巷位于解放中路上，南起市场南路，也即原体育场北门，北迄解放中路，位于现中央国际商场西面。解放路上的巷子本来就不多，现在仅存海丰巷这条老巷子。

光绪二十四年（1898年），沈云沛与张謇、许鼎霖决定联合投资开办面粉厂。沈云沛在京城，张謇在南通，三人商议由许鼎霖牵头，集资30万在赣榆青口筹办“海丰机器面粉公司”，沈云沛出资6万，推许鼎霖担任总经理。

许鼎霖，字久香，祖籍安徽歙县，1853年也就是清文宗咸丰三年，出生于赣榆青口。清光绪八年壬午科的举人，1893年大清朝驻秘鲁领事，1910年北京资政院议员，是我国近现代工业著名企业家，与沈云沛、张謇并称江北三大名流。

海丰面粉公司初在离青口8里路的下口镇建厂，这里临海通河，运输外销方便。海丰面粉厂由于机器磨面效率高，质量好，受市场欢迎，但在当地的民愤却越来越大。海丰扩大生产增加产量，小麦就成了卖方市场供不应求，粮商们遂随行就市价格上涨，百姓的生活受到了冲击，传统磨坊的利益也受到了影响，进而牵涉到地方士绅。大家一起反对海丰面粉厂，纠纷与群体事件不断发生。一时间舆论四起，群怨沸腾，有人编出民谣：“久香兴建洋磨坊，赣榆人民吃贵粮。”万般无奈，1903年许鼎霖与沈云沛商议，将厂子搬至新浦沈云沛的海赣垦牧地皮上，即现在解放路中央国际西侧，原警备区后勤部招待所一带，当时这儿还是荒滩一片，北面紧临前河（现市化路）运输方便。

海丰面粉公司　李彬 提供

许鼎霖运用了他的关系，又从国外进口面粉生产机器，在前河南岸的荒草滩上，建起了当时现代化的面粉加工厂。三层楼高的宽大厂房，装有15台美国复式磨粉机器，蒸汽锅炉作动力，锅炉房20多米高的大烟囱，顶端装有铁叉似的避雷针。一时间屹立于新浦镇外的荒滩上，像个庞然大物，在经济还很落后的海属地区，是那么的耀眼夺目，令人大开眼界。1905年11月海丰面粉公司在新浦建成，公司工人有200多人，注册“双狮球”“双龙球”两个品牌，年产面粉60万袋。产品除供应本地，还远销山东、河南等地。公司为运输便利，自购蒸汽轮船，命名“海丰”号，往返于盐河水面。1908年获利白银近4.6万两，由于品质优良，海丰面粉在巴拿马国际博览会上，荣获银质奖章。

1908年海州地区遭遇严重的水灾，庄稼被大水淹没，饥民流离失所。灾年绝收本来与海丰没有关系，但机器生产断了传统磨坊的生路，推高了粮食价格，招来了民众的强烈不满，海丰公司已经处于风口浪尖。面对日进斗金，蒸蒸日上的海丰公司，旧怨新恨似火山喷发出来，灾难终于降到了海丰公司头上。灌云大伊山晚清秀才翟仲生站了出来，带领数千之众追抢海丰运粮船，又在新浦龙尾河南口拦截粮船，提出“要吃饭，倒海丰！”的口号。疯狂的人们，阻粮夺船抢走粮食，又不顾船夫反对凿破船底，彻底断掉海丰公司原料运输。3月13日清晨，愤怒的饥民奔向新浦，包围了海丰面粉公司，隔着壕沟与海丰人员对峙，群情激愤喊声沸腾。

当日中午饥民多人跳下厂外壕沟，游水上岸，推倒海丰公司院墙，有人在后门放火，场面混乱情况危急。海丰面粉公司雇用的洋人技师罗普，遂鸣枪威胁，厂勇刘兴贵等人在楼上阳台急忙开枪，当场打死9人，伤22人，吓得饥民跳水又淹死7人。许鼎霖兄弟许鼎馨看到饥民涌入厂内，掏枪便开误中路人胡元三、李树梁，造成了轰动大江南北的海州面粉惨案。事后两江总督张人俊，江苏巡抚陆钟奇奏报清宣统皇帝，《弹压徐海饥民焚抢面粉公司酌拟善后办法折》中说：“本年三月中旬海州饥民聚众万余，前赴海丰面粉公司求食滋闹，该公司司事等人关闭厂门，喝令厂勇放枪，击毙九人，伤二十二人，又凫水被淹死者七人。”又奏：“嗣后各公司制成面粉，只准行销内地，不准贩运出洋。如遇荒年，则无论购成之麦及已制之面粉、面麸，悉尽本地售卖不得出境。”

事后海丰面粉公司机器被砸厂房遭焚，海州署衙怕事态扩大，遂释放被捕民众，缉拿凶手许鼎馨，海丰面粉公司无力经营不久倒闭。历史走过117个年头，这里留下了一个叫“海丰”的巷子。

善美巷是因照相馆而名

新浦开埠时间不长，巷子不少，至1983年，大大小小还有巷子200多条。新浦巷子的起名有着显著的特点，不是以姓氏为名，就是因位置而起，或是由巷内某栋建筑功能命名。老街民主路上有条巷子，因位于天后宫西侧，原叫“庙西巷”，现叫“浦西巷”，其位置不是于新浦之西，而是处新浦之中，乃是浦中街道居民委员会范围，不知为什么叫作浦西巷？

浦西巷位于民主中路，原新浦区政府西侧，区政府搬走后，这里是一家私人骨科医院。巷头朝南，巷子不长，北去拐弯便可达原建国路小学。在老大街上，浦西巷不算显眼，可故事倒是不少。

浦西巷起源应该是从新浦天后宫开始。清光绪年间新浦市镇渐成，商业兴盛，富安士绅刘振家、刘振鼎提出倡议，要在此建立天后宫，1892年开工兴建，前后计耗时十年于1901年建成。天后宫坐北朝南，有前、后大殿，山门、戏楼及配房，东西两侧配房外带走廊。正殿中间供有天后娘娘泥塑彩像，神位前有石砌供台，接受着香客祭拜。正如《创建新浦天后宫记》碑文所载：“新浦之兴自有天后宫始。”天后宫的建成，带动了新浦市区发展，商业的兴盛也带动了照相业的发展。

新浦第一次出现照相馆，是在1916年北洋政府时期，第一池对面有家“夏昶兴”照相馆开业，老板夏少明，安徽寿县人。夏少明师从其二叔，在淮阴学会了摄影和冲洗技术，闻听新浦商业兴起，在叔父帮助下，投资约五百元，租门面，买器材，夫妻俩开起了新浦第一家照相馆。夏少明利用自己的摄影技术，拍摄大量观音老母、济公活佛、关圣大帝等照片，引得民众购买。成本2角钱的照片，售价2元，供不应求，获利甚丰。

进入20世纪20年代，鸦片商人郭海山盖起海昌书寓，招来二三十位扬州姑娘，也引来了扬州的照相技师来新浦开店。“摩登”，一个老大街人从未听说过的洋气名字，在民主路原市图书馆北一座小楼，挂出“摩登照相馆”招牌，吸引着那帮扬州姑娘，引来新浦富裕子女前去照相。摩登照相馆设备在当时的新浦是一流的，照相机、放大机、摇头转镜及照明灯具，统统由上海采购，可照个人相，也可拍集体照。摩登照相馆在民主路设有玻璃橱窗，将那些扬州姑娘艺术照片放大，置于橱窗内，吸引老街多人驻足观看，在新浦是一件轰动的事情，因而生意红火。

日本人侵占海州，要求中国人办理所谓良民证，这一时期照相馆的主要业务，是拍摄什么“居民证”“旅行证”还有娼妓的“桃花证”等照片。拍一张照片3角钱，交给警察5分，每天都要拍几十个人。有位叫胡敬同的照相技师，先在海州开照相馆，后搬来新浦，在王巷西边租房子开起“苏北照相馆”。1946年照相馆搬至浦西巷头一座小楼，楼上下有十多间，继续开照相馆。依据拍证件照要求“真”，拍纪念照人要“善”，照艺术相要体现“美”的要求，改“苏北照相馆”为“真善美照相馆”。所在的巷子也就叫作“善美”巷，老百姓就称“真善美”，真善美成了地标，也成了这条巷子的代名词。

1940年侵华日军为战争需要，大肆掠夺战争资源，在海属地区垄断淮北食盐运输，成立由日本人控制，汉奸负责的官盐总栈，总经理是山东人林梓周、副经理王秀山，官盐总栈就设在浦西巷内，原浦东中学旧址。官盐总栈名义上是华人商办，其后台却是日本三井洋行、三菱洋行，食盐的运输要有官盐总栈发给运销证，没有运销证任何盐滩不能发售，违者将受到重罚或者逮捕。日伪时期进出浦西巷的，不是运盐商人便是日伪人员，巷东的天后宫是伪东海县政府、伪军大队部，后又改为伪海州市政府，这儿是日本人控制最严的地方。

顺着浦西巷拐向北，曾是昔日的大戏院。1945年日本人投降，国民政府接管新浦，在后街普爱小学（现建国路小学）东侧院内，建起“国民礼堂”，开始只能放映电影，故也称“国民电影院”，1946年中秋始有外地戏班子演出。礼堂正门向东，正门为三个拱形圆门，进入前厅两侧各有一个入场门。场内舞台是木质地板，下有5口大缸，起到音响共鸣效果，台口有木质护栏，台两侧是演员化妆室。礼堂分楼上楼下座席，楼下设池座、中座、边座，楼上分前后座，整个礼堂可容纳近千人看戏。礼堂建筑为砖木结构，南北两面开有太平门，南侧太平门直通普爱小学操场，平日里可供师生们开会，北侧太平门面朝建国路，是为戏场出口。1951年更名为“人民舞台”。1971年拆除。

民主路上有家德平书店

民国时期的新浦，曾有4家书店，都集中于新浦大街上，大街1926年命名为“中山路”，1949年4月更名为“民主路”。由于临洪河水上运输发展，光绪帝于1905年8月24日朱批，以“海州关”名义对外开放，新浦商贸日渐兴盛，人口增加市面繁荣，开始出现书店。新浦第一家的书店为“德发书庄”，由海州书商张怀宽创办，开业于1915年，书庄坐落于新浦天后宫东首，即今市民路东，这儿紧邻天后宫，人气旺盛。

德发书庄主要经营古书及文具，后又销售《算术指南》《三S几何》《开明英语》《模范作文》等。在火车没有开通的时候，进书要到南京、上海、青岛等地，青、沪两地由小火轮从海上运输，由于船期少，周期便会长，南京则由盐河、大运河等水上转运。要赶在学生假期以及满足学校需求，外庄人员早早便外出采购。

另外三家书店为“德平书店”“奎元书店”“海文书局”。奎元书店由王如奎于1946年开办，门面不足20平方米，位于民主路忠义巷东侧，与生庆公茶庄对门。是一家经营学生书籍及辅导材料的书店，后来为扩大经营范围，进了张恨水、冯玉奇的言情小说，销路不错。王如奎很会做生意，开架售书，先阅览看好再买。不论老少顾客，只要进店便热情打招呼，无论是否购书，走时均礼貌送客。

冯德平　李文伦 提供

海文书局开办于日本投降后，经营书类较全，有着国民党县党部的背景，由丁宝和、孙守琢负责书店经营。奎元书店、海文书局书店开办时间短，不像德发书庄经营了20余年，这两家书店经营到1948年便关闭了。

经营时间最长的是德平书店，创办于1920年，老板为淮阴人冯德平，民国初年来新浦，原来不开书店，而是在新浦卖鸡毛掸子，一次偶然的机会，促使冯德平转行开起了书店。1920年，上海世界书局给新浦德发书庄发来一批图书，由上海通过海船运至大浦港。当大浦港通知德发书庄取货时，书庄老板是一头雾水，德发书庄从未订购过这批图书，故拒绝接收。

世界书局是一家在国内颇有影响的出版发行企业，设编辑所、发行所和印刷厂，1917年由沈知方在上海创办。沈知方（1882—1939年），原名芝芳，浙江绍兴人，祖上是藏书世家，不过至其父一代，已是家道衰落，仅有薄田数亩，靠摆书摊为生。沈知方年少时，就被父亲送到绍兴奎照楼书坊当学徒，1899年进上海广益书局，1900年入商务印书馆。

世界书局初期以出版小说为主，后以编辑出版中小学教科书，与商务印书馆、中华书局出版的教科书三足鼎立，在各大城市设分局30余处。上海世界书局遭遇的尴尬，为颇有商业头脑的冯德平所知，主动联系上海世界书局，表示愿意接收在码头上的图书，当然是有条件的，只是代为销售并要挂上“世界书局”的牌子，就这样冯德平前期没有多少投入，便开起了书店。

冯德平在海昌巷头，即今海昌东路东首，国大商厦北侧，租了100多平方米的两层小楼，用世界书局商号经营图书。自任经理的冯德平，头脑活络，经营有方，业务量日增。之后又与商务印书馆、中华书局签订图书代销合同，书店改名“德平书店”。冯德平的书店图书门类较全，数量较大，学生用书及文具用品远销海、赣、沭、灌四县，在灌云县城板浦也设立了分店，成为此地最大的书店。

日本占领期间，为加强奴化侵略，成立所谓“新民书店”，推行伪政府编印的学生用书及日语教材，并强迫各地书店挂上“新民书店”招牌，“德平书店”被取消，直到日本投降才恢复。抗战胜利后，冯德平扩大业务量，店员增加至6人，除去学校教科书外，还经营政治经济、法律法典、音乐美术、文学艺术等各类图书。德平书店批发兼零售，成为海属地区文化教育界及其他书商的热门书店。

1954年春天干物燥，德平书店不幸遭遇火灾，部分图书化为灰烬，损失严重。自此营业一蹶不振，加之资金周转困难，年年亏损。老板冯德平在此打击下，一病不起，这一年的岁末病逝。德平书店1956年参加公私合营，并入“文具店”，前后36年。2013年民主路老街改造，新的德平书店在民主中路162-1号重新开张，成为我市经营古旧图书的专营店。

台　南　巷

台南盐场是金桥盐化公司下属盐场，因位于云台山东南而名，台南市是台湾城市，位于台湾西南部的嘉南平原，新浦的台南巷与其都无关联。台南巷位于解放中路南侧，东起通灌路，西至海昌路，处汇金广场南面，为什么叫作“台南巷”呢？

民国三十三年，1944年1月13日，撤销“苏淮特别行政区行政长官公署”设立伪淮海省，遂将新浦、连云地区圈立为“海州市”，伪东海县迁往海州。伪淮海省提出大海州市建设计划，安装自来水，扩大新浦市区范围，铺设道路。在前河南岸，也即今天市化路南侧修筑新的道路，新道路东自老火车站西侧龙尾河，西至南极路口，宽约25米，是为土路，百姓称其大马路，这条大马路即后来的“解放路”。并在新马路两侧建有几座建筑，东面通灌路口南北各建两座小楼，南侧为交通旅社，西面市化路口现中央商场对面，建有日伪储备银行。原计划大马路继续向西，延伸至西盐河，不久抗战胜利，日本人投降。1946年通灌路口的交通旅社楼被国民政府接管，楼上是东海县商会，楼下为国民党东海县党部。

1950年3月，华东军区司令部气象处，为军事需要，在海州地区设立气象站，选中这解放路27号的交通旅社小楼及院子，取名海州气象站。第二年1月海州气象站经过短时间筹建，开始天气预测。院内设立百叶箱测试温湿度，竖立风向标测定风向，楼内添置电报设备，因陋就简开始观察天象，发送天气预报。1953年2月海州气象站由部队划归地方，属江苏省气象局领导，命名为“新浦气象站”，并在西南空地上增添观测设施。1954年江苏省气象局批准扩建，新浦气象站更名为“新海连市新浦气象台”，正式开始用气象图制作天气预报。

进入20世纪50年代，国家发展经济进行建设，百业由恢复期进入计划发展期，新浦作为市区中心，也步入发展轨道。解放路两侧开发建设许多建筑，各机关企业，学校商店布于解放路南北两侧。新浦气象台南面许多建筑兴起，与新浦气象台之间形成一条巷子，这条新形成的巷子，初期没有名字，人民群众只说是气象台南面的巷子。随着市区建设范围扩大，新增加不少道路与街巷，市公安局与民政局，统一对新浦地区道路、街巷进行梳理，规范名称，方便群众生活，便于部门管理。这条气象台南面新生的巷子，以气象台而名，定为“台南巷”。

1965年为适应地方发展需要，新浦气象台升级为连云港市气象局，并在龙尾河东岸，瀛洲路东建成新的气象大楼，新的气象局北面的小路遂命名为气象路。原新浦气象台及西侧的原市政府、邮电局及解放路小学旧址，在旧城改造中拆除，上面建成汇金广场，台南巷仍在，只是更名为汇金路了。

老街背后的文教巷

文教巷不长，南起卫生巷，北至鸿喜巷，是原浦西办事处双池街附近的一条小巷。旧时新浦小巷众多，居民自由建房，留出的通道就成了巷，巷名也无官方命名，根据居民习惯而起。凡巷名皆事出有因，文教巷也不例外，初始与文教并无联系，乃由西教传入有关。

大约在1890年（光绪十六年），天主教传入海州地区，初始并无教堂，只是留有传教士活动的痕迹。到了1898年（光绪二十四年），徐州传教士受天主教区委派，在海州北门建设海州天主教堂，地址大约在现新海电厂双冷却塔身底。海州属上海主教区，有了天主教堂，上海主教区派出本堂神父来到海州。这些神父身份规格比较高，受过高等教育，其中以法国籍居多。第一个来海州的神父董师中，是一位汉学家，能讲一口流利的北京官话。1907年（光绪三十三年），海州教堂升为本堂，1924年（民国十三年）海州天主教堂升为总本堂。

从1898年（光绪二十四年），海州建有天主教堂始，至民国结束的几十年中，来海州地区传教的共有60多人，其中外籍神父46人，尤以法籍40人占有绝对多数。其他外国籍神父有奥地利籍、丹麦籍、比利时籍、德国籍、美国籍等。中国籍神父只有15人。天主教在海州初创时期，也面临着一个水土不服的问题，在这孔孟思想盛行，多神崇拜的地区，对天主教的不祭祖、不敬孔、不信神的宗教是排斥的。虽有众多的外籍神父不断来布道，但大多因语言沟通乏力，海州地区天主教信徒，仍是寥若晨星，传教局面难以打开。在所有的外国籍神父中，法籍耶稣会士双国英神父，是颇有影响的。随着新浦成镇河海联运，陇海铁路开通，新浦商业经济发展迅速，人口快速增长，这引起了上海主教区的关注。

民国初年，天主教神父双国英，在新浦双池街卫生巷选择地点，洽买土地，安排建房，创办新浦天主堂。一期先盖有平房九间，作教堂布道传教，留有房间作神父临时住房。

初期由于新浦教民不多，新浦天主堂仅为游堂，无神父驻堂，海州总本堂轮流派神父来布道。1936年（民国二十五年），新浦信徒逐渐增加，有了近百人。新浦天主堂建房后，陆续有人在附近盖房。这时海州总本堂双国英神父，考虑到扩建新浦天主堂，经过筹备同年开工建设，历经三年，于1939年（民国二十八年）建成。新浦天主堂占地约420平方米，长约30米，宽约14米，布局为反“L”形。正门开在东山墙，上海主教区当年曾铸铜钟相赠，铜钟于66年后毁失。新浦天主堂是以传统中式建筑为主，融入欧式建筑风格的中西合璧式建筑。逐渐当地人在教堂附近建房增多，留出的通道即为文教巷雏形。

早在两年前的1937年，神父双国英曾在海州北门，创建了天主教海州中心小学，以招收平民子弟为主，兼收士绅富人家庭孩子入学。在新浦天主堂重建的同时，双国英选在新浦天主堂东侧对门，创建新浦天主堂“养正小学”。“养正”一词源自《易经》，《易经》中的第四卦“蒙卦”，有“蒙以养正”之说，意喻教育要从童蒙开始，由此看来这位法籍神父，还是一位中国通。双国英仿海州天主教中心小学校模式，面向市井平民，兼顾商贾富家招收学生。1938年（民国二十七年）新浦天主堂养正小学建成，双国英神父以布道传教为主，一面筹款完善新浦天主堂各项设施，一面筹建养正小学，故养正小学各项工作是办办停停。此时天主堂附近的通道，因临近天主教堂，民间就称主教巷。

1939年3月4日海州沦陷，进而新浦沦陷。日军进占海州之前，派飞机轰炸海州古城。许多有钱人家为财产安全，都把钱财送往天主堂，交给双国英保管。4月27日深夜，土匪夜袭海州天主堂，40多名土匪开枪打劫，双国英被打死，新浦的养正小学筹建事务停了下来。1948年的11月6日，时局已发生变化，东海县政府与国民党44军全部撤出新浦。养正小学房屋，解放初做过平民夜校，为不识字市民开办扫盲班。不久主教巷改名为文教巷。养正小学被政府接收后，改为“双池小学”，地址为新浦文教巷31号。1994年新浦地区学校调整，双池小学被撤销。后南极路小学的弱智班，升格为培智学校，迁入原双池小学校址。

上海有条“海州路”

“海州路”东起贵阳路，西至宁武路，现属于上海市杨浦区。海州路与平凉路平行，处于杨树浦路与平凉路之间。上海是一座近代崛起的国际都市，1840年6月第一次鸦片战争爆发，1842年6月，英军攻入上海，8月与清政府签订《中英江宁条约》，即《南京条约》，上海成为“五口通商”的口岸之一。1844年7月《中美五口通商贸易章程》签订，也即《望厦条约》，至此英美帝国取得在华特权。

1845年6月，美国传教士文惠廉到虹口传教，眼见虹口河流纵横，阡陌相望，虽然荒凉一片，像是灰姑娘，可江南的水是有灵气的，荒芜贫瘠正是一张白纸，灰姑娘抖落一身尘埃，穿上水晶鞋，可以成为一个光彩照人的美少女。1848年，文惠廉向上海道台吴健彰提出在虹口设立租界，吴口头应诺。美国便开始在虹口地区购地，造成租界事实，1854年初，美国领事馆方始迁入虹口。1863年美国领事熙华德与苏淞道台黄芳议定，租界自今西藏北路南端起，即原护界河对岸之点，沿苏州河至黄浦江，再由杨树浦向北，作一直线至护界河对岸起点，面积为7856亩，属美国租界地。同年美英两国租界合并为公共租界。

西方殖民者在租界内随即开始进行市政建设，许多新辟道路便由西方人命名。租界内道路名称大都为人名，用外国地名命名的道路则很少。以西方人命名的道路，有驻华外交官，驻沪领事、旅沪传教士、西籍商人、工部局或公董局的董事等人的名字，多用来纪念他们与上海的关联，具有明显的殖民色彩。像爱尔考克路便是以英国驻沪第二任领事名字命名的，爱尔考克是个态度傲慢的殖民者，在扩充租界面积的一年里，英国传教士与地方运粮船夫发生冲突，爱尔考克偏袒英国传教士，径直闯入上海道台衙门，要求严惩中国船夫，上海道台谓民间斗殴不足挂齿，引起这位英国领事愤怒，竟用手中折扇抬手打了道台，于起码的外交礼节不顾。

随着上海开埠渐盛，来租界生活的华人日渐增多，国人大多不会洋文，这租界道路的洋名字，多数华人不会念，即使译作华文，读起来既绕口又感觉怪怪的，给许多国人带来不便。

海州路地处美英公共租界，原名“倍耐尔斯路”。何时更名为“海州路”的呢？据《申报》1916年2月18日“本埠新闻”专栏载“公共租界东区，即前美租界外虹口向东一带，区内有26条马路，路名皆用外国名，殊不适华人之用，现乘各路户口未繁，赶早更定如下：济宁路、海州路、河间路、贵阳路、广州路、桂林路、平凉路……”可见海州路命名源于1916年。

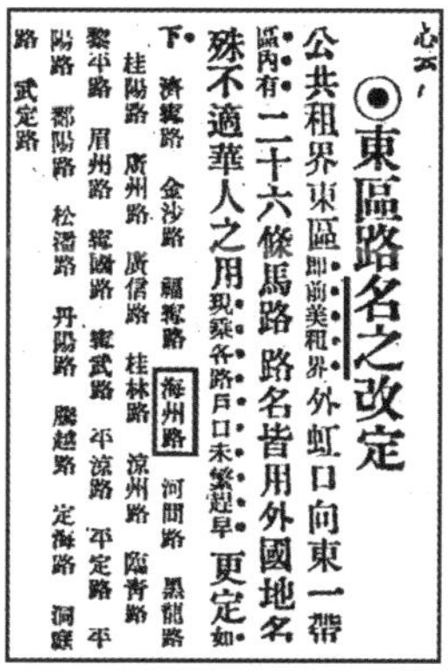
◉東區路名之改定
公共租界東區（即前美租界）外虹口向東一帶，區內有二十六條馬路，路名皆用外國地名，殊不適華人之用，現乘各路戶口未繁，趕早更定如下：
濟寧路 金沙路 福寧路 海州路 河間路 黑龍路
桂陽路 廣州路 廣信路 桂林路 涼州路 臨青路
黎平路 眉州路 寧國路 寧武路 平涼路 平定路 平陽路
鄱陽路 松潘路 丹陽路 騰越路 定海路 洞庭路
武定路

来源《申报》

海州地处江苏北部，蔷薇河由临洪口入海，河面宽阔，清末成为鲁南苏北货物贸易口岸，任商部右参议的沈云沛，协调海州地方与沿海各口岸，促成开通海州与青岛、上海间通航汽船。1879年，沈云沛购置了江南机器制造局制造的小火轮，组建“甡茂”号船队，开展海洋对外贸易，北上青岛南下淞沪。1904年7月，沈云沛根据戊戌年军机处颁发的上谕，呈文两江总督周馥，以海州彼时的实业发展、农商产品、既有的海内外贸易及士绅商农意愿，并送所绘地舆形势之图，阐述海州自开商埠之必要与前景，考虑大浦为海州自开商埠，请求周馥夹片奏报。1905年获光绪朱批，以“海州关”名义对外开放。

1905年5月21日，《申报》一篇“吕尚书电致东抚布置德舰驶入海州事”的新闻报道，引发国内舆论，尤在上海引起轩然大波。吕尚书何许人也？其乃吕海寰之官称，吕海寰，字镜宇，清末著名外交家，历任驻德国、荷兰两国公使，工部尚书。依据1901年《辛丑条约》的规定，光绪皇帝指定工部尚书吕海寰，及其工部左侍郎盛宣怀为大清商约正、副大臣，正在上海与英、美等国代表，洽谈若干通商行船条约，相关口岸开放事宜。

海州筑港的天然条件，早已为德人发现，1898年中德胶澳租界条约签订，德国租借青岛，欲向南方发展，德舰前后三次擅自驶入海州，在海州湾频繁登岸，测量水文风向，港湾地情，正是看中了海州天然良港条件，是青岛与上海间的可开发港口，尤以腹地宽广，内连中原之地位重要。德舰数次密集游弋海州湾，让正在谈判的吕海寰手足无措，打乱了清廷预设的相关谈判计划，不知如何处置此事。一时间德舰、海州字眼不断出现在媒体上，海州引起国内外，政府、民间关注热议。

海州关的对外开放，临洪口内通蔷薇河，相连接盐河可达淮阴，沟通运河腹地宽泛。出临洪口上至渤海湾，南达上海，运出粮食土产、淮盐煤炭，上海及青岛运来工业产品，促进三地人员来往，因而逐渐对外产生影响。除去上海的倍耐尔斯路更名为海州路外，青岛的市北区也有一条海州路，近邻的日照岚山区有一条以海州命名的道路，路上的小学就称海州路小学。

津海巷与天津的关系

津海巷位于新市街石板路西侧，南自民主路北至建国路，是老街进入东亚旅社、第一池的主要通道。东亚旅社建成后数年，鸦片商人郭海山就选择在津海巷对面，民主路南侧建起两座楼群，中间通道即是海昌巷，今天的海昌路北段。海昌巷初期称海昌里，东面是中央旅社，南北两进院落，回廊环绕，有房41间。西面是海昌书寓妓院，临街为商铺。大华商店在津海巷西侧，前身是义信商店，原在津海巷首木板房内经营，后迁入现大华商店，资金六七十万，有职工约80人。公大商店位于津海巷对面，建筑精巧，地板考究，是新浦布匹销售、百货生意的重要店铺。津海巷东面是陇西旅社，巷首有天福银楼，在津海巷头南侧的民主路附近形成了一个商业圈。津海巷内有1933年开设的东海县民众教育馆新浦分馆，从事认字扫盲，推广生活技能培训教育，白天由苏南两位老师为民众读报，晚间借用小学教舍教成人识字。民国时期东海县商会下属的杂货同业公会、百货同业公会、粮食输出同业公会、烟酒同业公会也都选址在津海巷。巷内曾有聚宝银楼、津海旅社、津海书寓妓院等。津海巷的特殊地理位置，使其南联海昌里零售商业圈，中接新市街服务商业圈，北通建国路后街生活圈。巷内旅社银搂，各业公会甚至妓院，让津海巷不像其他巷子那样，仅是隐秘的街道居住区，而是一条开放的公众活动通道。津海巷的这一功能特点，应与东亚旅社有着关联。早期东亚旅社是为白将军司令部，来往政要达官，富商士绅多，加之洗浴餐饮上档次，促进了津海巷社会开放性，不可能是静谧隐逸的街道

新海连军管会旧址　李彬 提供

社区。东亚旅社后又作为新市街商业服务的标杆，差旅客商南来北往，其生活需求业务活动，影响着津海巷首民主路的商业发展，郭海山开发海昌里即是顺应了这种发展需求。津海巷的社会属性，使津海巷在两个商业圈中都占有重要地位。

津海巷名因何而来？与东亚旅社有无关联呢？据连云港市地名委员会1983年12月编印的《连云港市地名录》载，截至编印时期，新浦地区有巷子216条，其中民主路上巷子28条。新浦成镇时间不过130多年，初期市镇依前河（现市化路）而生，民主路距前河长者约百米，短则20多米。老街商家为运输货物方便，民主路南巷子普遍短、直，如三泰巷、夏家巷、协和巷等。民主路北面巷子无运货之虞，居民自由建房能通行就行，故路北巷子弯曲且长，像福利昌巷、王巷、陈巷等。而津海巷虽在民主路北，却又有所不同，站在巷南便可直窥巷北，一览无遗。津海巷不但直且较周边小巷要宽，巷面齐整，看出初期有预设之状。早年东亚旅社建成时，铁门关闭独立成街，周边零星平房，新市街鹤立一般处天后宫之外。进出白公馆者非北洋军官，即地方士绅，去第一池消费也非劳作之众，故津海巷这条重要通道，要方便这些达官贵人通畅前行，就须初期设想考虑，因而与其他小巷有所不同。新浦的巷名多是民间习惯称呼，并无正式命名。早期移民本家同姓集聚建房，中间留有通道为巷，则以姓氏称谓巷名较多，像周巷、刘巷、赵巷、祁巷等。有因地标称呼的巷名，如协和巷内曾有家协和医院，裕隆巷因巷内裕隆布庄而名，森太巷是巷里曾有森太木厂，这津海巷却是和天津、海州两地有关。天津距海州千里之遥，能将这两地联系在一起的，是海州名人白宝山。白宝山出生于河北宁河县芦台镇，该镇距天津百余里，今属天津市宁河区。北伐战争期间白宝山将在海州的积蓄10万巨资，交予夫人魏氏保管，后魏在天津盖起一条胡同，曰“宝祥里”，家人自芦台移居天津，余大部房屋出租。白在海州做镇守使多年，多位天津商人前来寻求关照，在新浦开店做生意，大家以天津乡亲联谊，白宝山也以桑梓同叙。白宝山1913年以定武军统领名义率部进驻海州，1915年任海州镇守使，1927年兵败解职到1937年因日军逼近，离开港城去南京，前后在海州约24年。白宝山曾教育孙子白化文，要以海州为家，俨然白家又是海州人。故白宝山这传奇经历，特殊历史，将海州与天津连在了一起。东亚旅社系白宝山产业，这津海巷因东亚旅社又源于白宝山，叫津海之名顺理成章，乃津海巷由来。

三泰客栈

西觥口有条不大的巷子，长不过三四十米，位于民主路南侧，福利昌巷对面。民国时叫作保甲巷，1949年改名为“三泰巷”。巷首西侧，临街有座二层小楼，两进的院落，呈长方形布局，这就是民国时期的三泰客栈，以前门牌号码是保甲巷1号，现在为民主中路282号，东侧的三泰巷也因三泰客栈而名。

新浦是海淤地基，挖地三尺就是淤泥，民国时期没有打桩技术，盖楼时要挖出上层土质，清除下层淤泥，再用木桩排着打入，阻隔四周淤泥，叫作排桩。然后回填泥土，夯实才能做基础建楼。那时的有钱人家，因基础局限，至多仅能盖上两层小楼，这也就是新浦街上，老楼房只有二层之缘故。

三泰客栈建于何时？没有人能说得清楚，传到李复生时就是民国，李氏家族来自新县（现朝阳镇），有说清末时便到了新浦。这是两房头的共有房产，因为李氏弟兄二人，只有李复生这么一个独子，为接香火三泰客栈就是李复生的了。

三泰客栈前后院，后院平房自家住，两个小楼一层皆是大通铺，只有楼上房间有床。来住店的不是推车的就是挑担的，北方人多南方人少，做小买卖多做大生意少。那时住客登记簿，警察会三天五天来查。

李复生朋友多，有的朋友介绍“亲戚”住店，李复生明知是“北面的”也不多问。那会洋桥巷（南极路口）往东至通灌路口，是当时的市中心，那儿聚集了日本宪兵队、日本领事馆、汪伪市政府、伪警察局、伪保安大队等，是日伪防卫重点。

三泰客栈地处西觥口，远离了戒严之地，且各色人员混杂，成了中共新海工委的一个落脚点。李复生与镇公所、警察局都很熟，北方来人办个身份证，李复生也很方便，大家都心知肚明，只是在警察面前打个马虎眼罢了。

1941年，八路军115师教导二旅准备召开党员代表大会，打算制作奖章，以作对参会代表鼓励。可是在驻地临沭这个地方，找不到一个会制作徽章的，经过了解只有新浦的银楼有人能做。当时新浦为日军侵占，进出盘查很严，仅西巄就有两座炮楼，第一道伪警察，第二道日本兵，还常有日军巡逻队出没。

旅党委想到了王儒秀，这是一位侦察员，家在赣榆，常以小商小贩身份进出新浦，住过三泰客栈，认识李复生。当旅长曾国华、政委符竹庭找到他时，王儒秀满口答应了下来。旅部交给他银元300块，给了十天期限，安排他去新浦找李复生。

要求纪念章正面刻字：上方是“中共一一五师教二旅”，下方为“第一次党代表大会奖章”，中间双圈内突出个“奖”字。背面别针下方刻上三行字：“八路军一一五师”“教二旅颁”“1941·5”。接过命令，王儒秀找了辆自行车，从蛟龙湾驻地出发，前往新浦。虽然天气炎热，道路颠簸，好在轻车熟路，很快就到了西巄口，没有引起岗哨怀疑，顺利进入了西巄街，住进了三泰客栈。

刻这标有八路军字样的纪念章，在日军的眼皮底下风险是非常大的，李复生应该是知道危险性的，现在已不清楚王儒秀与李复生是怎样谈的了，也不了解李复生那时的想法，做纪念章要找银楼，银楼制作金银首饰，也要制作图案，可做徽章跟做首饰又有不同。首饰图案是师傅一錾一錾敲打出来的，而徽章则要先做好模具，再用钢模压制，才能制作。

当时新浦街上，有大小银楼17家，那时的银楼，多集中于南极路口至通灌路口这段老大街上，那是当时的市中心，也是日伪监管最为严密的地方。在这一里多长的老街上，其中浙江一家，由银楼业公会监事鄞县人应溥仁所开，其号宝成银楼，位于生庆公茶庄对面。最多的是东海人开的银楼，如：永华、德华、九华、荣华、震华、天祥、新和、天森、三宝9家银楼。来自灌云的5家，有老天宝、天华、金城、久城、聚兴银楼。

淮阴来的就是许寿炳、许寿辰兄弟俩开的中孚银楼和义成银楼。那时的新浦银楼，少有几家能自刻钢模的，位于海昌巷的中孚银楼老板许寿炳，是老街刻钢模的佼佼者，这在老大街的同行中，是个令人羡慕的手艺，因而做徽章者常找中孚银楼，其他银楼做徽章都请许寿炳代刻钢模。

李复生对街上银楼并不陌生，哪家银楼老板为人如何？李复生也很清楚，毕竟新浦街就这么大。最终这批纪念章经过李复生的手，找到银楼安排悄悄地制作了，到底是找的哪家银楼做的呢？按制作手艺来讲，中孚银楼有刻钢模的优势，找他家做的可能性最大。他家店里只有两个儿子做活，为了这手绝活不外泄，许寿炳不请客师。

不过当许寿炳生意业务量大，实在忙不过来时，曾请过三宝银楼的郭世华来店里临时帮个忙。这位南城人可是个有心之人，时间久了，他便悄悄掌握了刻钢模手艺，记住了做徽章的整个工艺流程。后来郭世华的三宝银楼，也开始经营起徽章业务，成为中孚银楼的竞争对手，气得许寿炳夫人逢人便说，郭世华的手艺是从她家里偷来的。那么李复生找的是郭世华吗？随着时间久远故人皆去，这成了永远的谜。

代表大会奖章每枚议价一块银元，按照时间要求也很快制作好了，可这么多的徽章，如何能通过西巇口的岗哨呢？李复生与王儒秀商量了好久，想出不少方法，总感觉不是很放心。三泰客栈院中有个茅房，李复生想到了那个打扫茅房的，人还算老实可靠。他来打扫完茅房，都要把大粪送出新浦，如果把徽章藏在粪桶里，应该不会引起敌人的注意吧？

当那人来的时候，李复生说明情况，伸出一个巴掌，意指5块银元，问他愿不愿意？打扫茅房的明白，一个月工钱才一斗粮食（30斤），这5块银元是个不小的数目，于是点头答应。李复生告诉他地点以及联系方法，让他将东西送到蛟龙湾驻地。徽章用油纸包好，放入粪桶，李复生又看了看，将挑粪的人送出门外。事情还算顺利，当天下午就送到了蛟龙湾。部队热情接待了挑粪工，当打开徽章看时，细心的人发现少了一个字，徽章正面的“第一次党代表大会奖章”中的“代”字漏掉了，成了“第一次党表大会奖章”。

工作人员连忙又找来原底稿核对，发现是缮写人员，少写了一个“代”字。这可怎么办呢？一来冒险赶刻的徽章不能使用，二来离开会时间只剩下六天了，工作人员报告了旅部党委。旅长曾国华、政委符竹庭很是着急，研究再三，决定返工，让王儒秀再辛苦一趟，找李复生想想办法重做。

李彬 提供

这第二次重做纪念章，李复生又找到了原来的银楼，谈好以八枚徽章再付一块银元返工费，刻模另作。返工的任务只用了四天，拿到了徽章，李复生与王儒秀商量，为运出安全稳妥，不能再使用老方法。这次李复生花了30块银元，托关系为王儒秀办了个“良民证”。出西巇口时，虽经岗哨盘问，有了身份证的王儒秀，没有引起敌人怀疑，顺利将徽章带回到蛟龙湾旅部。

八路军一一五师教导二旅的党代会，在山东临沭县蛟龙镇得以顺利召开，李复生经手冒险制作的300枚奖章，也顺利地颁发给了参会人员。70多年过去了，这枚有着传奇故事的“中共115师教二旅第一次党代表大会奖章”，近年在某老干部家中面世，记录着那段岁月之历史。今天李复生家的三泰客栈，还完好地位于民主路西巇口，风貌未改，只是外墙标上了个“拆”字。

巷名趣谈

新浦地区有巷子216条，其中民主路上巷子28条。巷者，乃城区中的小街道。道宽者是街，道窄即为巷。街以店铺为主，巷里就是旧时的居民区了。巷是街的依托，是街的延伸，巷与街有机地组成了城区。北京人称巷子为胡同，上海人称小街道为里弄，我国大部分地区称小街道叫作巷。

海州地处北方，与山东接壤，风俗习惯受山东影响较多，自然对小街道路也称作巷。东廰里的老巷已遭拆除所剩无几，西廰里现存老巷还有20余条，沿民主路两侧分布。巷子宽窄不一，长短不同，路南巷子普遍较短，路北巷子大多深于路南。如路北的王巷、福利昌巷长度都在百米，路南的夏家巷、鱼市巷、三泰巷等仅有二三十米。巷子宽窄也很明显，像福利昌巷、王巷、陈巷等可容四五人并行，同在路北的祁巷、王坊巷都很窄，两人并行都非常困难。

20世纪30年代消失的前河（现市化路）是条自然流淌的河流，东连龙尾河西接西盐河，与民主路同向并行，间距自东向西由宽变窄，最西段与民主路在西廰口（现天池牌楼处），与未改道前西盐河交汇，所以在西廰里，民主路南面巷子都不深。民主路依前河而生，初期前河运输，为方便卸货，自然路南巷子不深。而路北地阔民居多，移民自由择地建房，巷子也随着住宅建设而不断延伸，巷子就普遍深于路南。民主路是一条自然生成的街道，清末最早出现的居民在王巷附近，当初移民仅有三家半，因有一人是单身汉，故只能算作半户。

早期移民按需自由盖房，走人多的两房间通道就宽，走人少的两屋间通道就窄，加之后来的人盖房见缝插针，有的间距仅够来往二人通行。那年月人们的交通都靠脚力，能容一两人通行即可，有的巷子自然就很窄了。巷子因自由盖房按需分布，巷子宽窄不一，且弯曲随意又纵横交错，有的巷头不见巷尾，似进迷宫感觉，尤以礼义巷、明光巷、卫生巷等处。

巷名，并无正式冠名，仅是民间的习惯称呼，现今巷名虽然并非完全是初期叫法，但随着时间推移，叫的人多了也就非约定而俗成了。巷名通常以原住民姓氏、功能、位置称呼而名，其中以移民姓氏称呼为多，如王巷、陈巷、周巷、祁巷、夏家巷、王坊巷、苗坊巷、乔坊巷等。初期都称某家巷，在姓氏后附上“家”字，以示某一姓氏家的巷。最早移民几大姓刘、王、赵等聚居区，便有了刘家巷、王家巷、赵家巷，后来为简单起见而直呼某巷，省去了“家”字，不过现存还有带“家”字的巷，就是周巷对面的“夏家巷”。以姓氏称呼的巷名，有的是初期移民的姓氏，有的是因巷内主要姓氏为主命名。夏家巷虽有陈、夏两大姓氏，但夏家弟兄俩在前河底粮行颇具规模，影响较大，许是以其名气而称吧？王巷是条大巷，路南路北都称王巷，是以王姓为主的群落形成的巷子，便以王巷称呼。王巷是昔日新浦街主要的南北通道，它南自民主路北通建国路，可达后河地区，在南极北路没有打通之前，是后街居民通过老街去海州的主要通道。巷内曾有更新舞台、东海民报社、三星浴池以及毒枭郭海山大院。

王坊巷昔日有位外来女赵氏携儿带女流落到新浦，在西毓搭棚安家，西北乡来的卖花生油的、赶驴的、挑挑的都住在她家。为来往贩卒挑夫烧水做饭，后搭棚安顿驴夫商户，逐步成为西毓车马店，车马驻毓外，人住客栈。赵女丈夫王竹品，去世多年，此处群落通道成巷后，民间习惯以赵氏亡夫之姓称呼巷名，可见旧时妇女是没有地位的，也有说王坊巷内曾有过王姓油坊。

周巷之名是因周氏族人集居而名，周巷西侧沿民主路的门面楼，不少均为周姓族人所有，巷内早期居民虽然也有杨氏人家，但是以周姓为多。巷内5号小楼1949年后曾为新海连市盐河区政府办公用房，此楼为临洪滩人周广生所建。周广生号亚夫，初中毕业，民国时曾任三新镇镇长、东海县杂货业公会理事。其粮行、油坊、杂货行，均冠以“裕泰”字号。周巷之名也许是因周亚夫乃周巷名人吧？

协和巷　作者 摄

巷名因功能而称呼的，如三泰巷、福利昌巷、鱼市巷、洋桥巷、卫生巷、礼义巷、明光巷、民享巷等。其中三泰巷，因巷首西侧有家“三泰客栈”而名。这家客栈曾是地下党的联络点，三泰客栈老板李复生，1941年冒险为八路军找人制作过党代会奖章。福利昌巷是条大巷，是因为巷内早年有家“福利昌车行”而名。早年这家车行组装、修理黄包车，当“脚踏车”进入新浦后，也曾修过自行车。后巷内3

号曾开设“盐河区联合门诊”，由社会医生组成对外医疗服务。巷内曾有过三新镇镇公所、日本洋行、船民协会、卷烟业职业工会。路南的鱼市巷是因鱼贩聚集而名。附近店铺有“义兴公”“洪源汇”“华兴东”等鱼行，是老大街水产集散地。

南极北路在没有开通前原称洋桥巷，前河上有桥经巷到达民主路。此巷是前河码头边一处自由市场，巷内有沈家布庄杨家粮行，路边有摆摊算卦，摇糖球卖蒸糕的，有拉洋片卖药丸的，昔日洋桥巷就是老街的天桥市场。因前河上的桥，是由前河南面的海丰面粉公司修建的拱形钢筋水泥桥，相较艞板木桥洋气，老百姓都叫它为“洋桥”，这个巷子百姓称洋桥巷。卫生巷则因巷内曾开有“振华西医诊所”而名，王振华女医生，曾在海州义德医院培训过，擅长接生及妇科。后因失恋精神遭受刺激，常疯癫于街巷，引来众人围观。位于天主教堂边上的文教巷，因天主教堂缘故，旧时曾叫主教巷，1949年后改为文教巷。三和兴西侧的协和巷，巷内1947年1月曾开有协和医院，创办人张玉峰1937年考取北京协和医学院，因“七七事变”的爆发，北京协和医学院内迁贵阳，谓之贵阳医学院。后张玉峰毕业于贵阳医学院，为了记住这段历史的变迁，便给自己的医院起名协和医院，巷便遂称协和巷。还有森太巷是因巷内早期有森太粮行、填河巷原为河滩填平后而成、螺形巷是因巷内弯子多、解放路上的海丰巷，则因1903年许鼎霖在巷西建有海丰面粉公司而名。

因地理位置而名的巷子有：西天池边的池北巷、联池巷、西池边巷等。巷子自然生成，巷名起于原始叫法，因旧时无有规划，则鲜有命名。巷名是一种民俗，也是一种文化，蕴含一段地方历史，彰显了那个时期人文观念。

协和巷与协和医院

协和巷位于民主路三和兴药房西首，这是一条普通的小巷，宽不足四米，长百余米。巷子西侧原是海州杨家粮行，三进院落早已为原化工公司拆除，改建成楼房。东侧房屋以两层为主，砖石结构，二层外带走廊，室内铺有木地板，在20世纪20年代的新浦，是比较洋气的建筑样式。潍坊商人梁志成在这里开设源祥涌布庄，生产销售棉布，有职工近40人，资金20余万元，是老新浦三大富豪之一。

巷，城区中的小街道，宽者为街，窄即为巷。街上以店铺为主，巷里就是旧时的居民区了。北京人称巷子为胡同，胡同里建筑多为四合院，蒙古人入主中原，想着胡人大一统，称胡统，音即胡同，胡同应是起于元朝吧。上海人称小街道为里弄，里弄的出现和上海殖民历史有关，早期石库门多称弄或里，也叫弄堂，里弄的出现也就百把年吧。巷的出现就要早多了，南京夫子庙的乌衣巷，因三国东吴时禁卫军着乌衣而名。唐刘禹锡的《乌衣巷》诗：朱雀桥边野草花，乌衣巷口夕阳斜。旧时王谢堂前燕，飞入寻常百姓家。说的就是乌衣巷。

民主路上的小街道大多称巷，不过也有一处称“里”的，那就是位于东方大厦至昌旺的一段，原称海昌里。1923年混迹于上海滩的沭阳人郭海山，在鸦片生意中发了财，购得前河北岸土地，建造起东西两处大院子，东侧为中央大旅社，西侧是海昌书寓妓院，中间的路叫海昌里，大概是郭海山曾经在上海混过，想沾点上海的洋气，取这么个名字吧？海昌里就是今天的海昌路前身。

东西向的市化路前身是前河，未淤时的前河，是老新浦物流的干道，承载着民主路上商家物资的运输，为卸货方便，路南侧便衍生出诸多小巷。民主路上的小巷名称，多以巷内大户居民姓氏命名，如王巷、赵巷、陈巷。其他的如大庙巷，因位于天后宫大庙东侧而名。又如鱼市巷，由鱼货市场而起。这“协和”，像是外来语，难道与北京的协和医院有关系吗?

修葺一新的民主路,彰显民国风格,整齐划一,色彩灰青,看出来是一家手笔。改建中众多小巷纷纷消失,历史印痕、文化元素,随着建筑垃圾一起被运走,簇新替代了沧桑,整齐挤占了个性,老街被烙上了21世纪的印痕。虽然不过百年,换了人间,民主路赖以依托的历史环境不复存在,仅剩的民国建筑——公大商行、大华商店、生庆公茶庄、三和兴药店等几处楼房,孤零零地悬浮在现代钢筋水泥仿制品中,漫步改建的民主路,犹如走进了摄影基地。

难能可贵的是协和巷东侧还保留了当初风貌,民国的老房子虽然破烂不堪,却还是原汁原味,依稀还能寻摸出当年的影息。现在巷头加建了原本不存在的巷门,上悬“协和巷”三字,是现代人眼中的民国门楣,这样的门楣旧时民主路上未曾有过。

新浦开埠百年,民主路是近代商品经济在新浦的缩影,也是海属之地的经济中心。自洋桥巷,也即南极路口至海昌路口这一截,又是民主路最繁华地段,这儿商家林立,人口密集。协和巷头东侧在三和兴药房未搬来前曾是布庄,西首的海州杨家粮行,日伪时期是三井洋行所在地,1949年后为新海连市人武部,后又搬来了化工公司。

协和依字面解释有协和万邦之意,出自《尚书·尧典》:百姓昭明,协和万邦,也即和睦、协同、和合。提起协和不禁令人想到北京协和医院,这个建于1921年的协和医院,前身是协和医学堂,1906年由英国伦敦会与英美等五家教会合作开办,名为Union,意联合、联盟,译成中文称为协和。1915年由洛克菲勒基金会收购,投资数千万美元建成北京协和医学院,协和医院是其附属医院。

1946年新浦来了位南京中央医院的外科医生张玉峰,这位毕业于贵阳医学院的高才生,放弃赴美留学的机会,偕新婚妻子来新浦拟开办一所西医院。经过考察选中协和巷东侧的四合院,也即当年潍坊商人梁志成的源祥涌布庄。院内东首及南侧是二层小楼,西首是一溜平房,中间是过道兼院门。选址后便是给医院起一个好的名字,张玉峰曾于1937年考取北京协和医学院,“七七事变”的爆发,打断了他的协和梦,后来北京协和医学院内迁贵阳,谓之贵阳医学院。贵阳医学院的教授来自北京协和医学院,采用协和医学院的教程,毕业于贵阳医学院的张玉峰,为了记住这段历史的变迁,便给自己的医院起名协和医院。

院长张玉峰与家人

1947年1月开张的新浦协和医院,有护士两位,护理员两位,加上用人、炊事员、收费员有7人，而医生只有张玉峰一人。医院进门是过道，过道南侧房间是诊疗室，放着医生的桌子，桌子外是候诊病人的长凳子。对门房间是挂号及收费处，再往里的一间大房子，是消毒室兼手术室，设有手术灯备有医疗器械。院内楼下房间为病房，分男室、女室，有6个床位，用来收治住院病人。院内设有厨房，家人则住在院内的楼上，真是医院虽小，样样俱全。

新浦协和医院人虽少，可消毒、麻醉等程序却严格仿照南京中央医院，程序规范，医案细致，工作井井有条。新浦协和医院以外科为主，如消化道、骨科等手术。当时肠梗阻和阑尾炎时有发生，病情急危险大，张玉峰院长认真细心，一丝不苟，精湛的技术赢得了患者好评。协和医院也收治其他类疾病手术，如难产、皮肤病、梅毒等，尤其是梅毒等各类性病，成了医院常见病，每天都有五六个病人，多时一天十多位。遇有病人多或重大手术时，张玉峰会邀请海州义德医院的医生，一起会诊协同手术。当时新浦西医院少且规模小，联合诊治是常见的做法，似同今日邀请专家会诊，如出一辙。

1951年8月14日，新浦协和医院停业，其医疗设备及药品，无偿移交给新建的新海连市医院，张玉峰也进入市医院任医务主任。新浦协和医院走过不足六个年头，留下了民主路上这个叫协和的巷子，走进这闹中幽静的小巷，巷子依旧，房子依旧，只是石板路面换成了青砖，伫立巷内，当年进出协和医院的脚步声，若隐若现渐渐远去。

鱼市巷里话海鲜

民主路上的鱼市巷因昔日的鱼市而名，它南起已消失的前河，北至新浦老街。清末年间，在新浦还是盐田滩头时，那40多米宽的前河就是运盐的通道，当新浦成为市镇，前河成了老街商品运输要道，带动了老街商业兴盛，这近河临街的鱼市巷就成为水产品交易市场。

靠山吃山，靠海吃海，面海临河的老新浦街人，很讲究吃海鲜的，算是当地的一种风俗吧。清海州通判罗树勋在《朐东竹枝词》中写道："彤蟹鲳鱼与对虾，海鲜入市竞相夸。红笺到处邀春叙，多在圩庄大姓家。"说的是海州大户人家，每到春讯海鲜上市季节，红笺相邀亲朋好友，品尝彤蟹、对虾之俗，这在海州地区叫作"吃头水"，吃的是一种讲究。新浦既临海，位于海州湾渔场，又扼河，"为运河尾闾。"上沿沭河下延蔷薇河南岸的独特地理位置，因而渔业捕捞兴起。出临洪口直达黄海，在北纬35度，东经121度以西这片黄海区域，海底地质平坦，泥沙底质，海水为高低盐水系，冷暖水团交汇。沿岸绣针河、兴庄河、龙王河、烧香河、蔷薇河、盐河的淡水，不断注入这片海域，因此营养物质丰富。为海洋生物的繁衍生息，创造了良好的天然条件，这片海域就是海州湾，临洪口就处于海州湾的底部。这片海域有13个渔区，面积近8000平方海里，栖息着200多种鱼类、30多种虾类、80多种贝类、46种软体动物、7种腔肠动物。

民主路上的鱼市巷，每当鱼汛季节，鱼行繁忙鱼贩聚集，店堂内外大筐罗列，直摆至街上。鱼贩摆摊拎篓，还有带着渔网的，在此出卖鲜鱼活虾。清晨的鱼市巷，是巷里巷外挤得水泄不通。鱼行有大小之说，大鱼行本大店大，除去收鱼货外，还兼卖生产资料，什么渔网、桐油、竹竿等。有的大鱼行还有海船，雇人捕捞。大鱼行多集中于后河南岸，如李少西家的"常茂永"、周惠之家的"周一大"、霍炳忠家的"万顺兴"。鱼市巷的鱼行都是小鱼行，小鱼行本小利薄，三两人合伙，凑点钱便可开张。一张桌子，一个账本，雇个三两人，坐门收点鱼货。一箩筐鱼，一百来斤，看盐头大小。那时船上没有冷冻设备，捕上来的鱼，为保鲜要撒上盐，看盐头也就是看盐分多少。打个七八折，从中赚点差价。有时小鱼行也为大鱼行代收鱼货，苦点佣金[①]。鱼行季节性强，鱼市一过便要改行另谋出路，有的改卖果品、蔬菜，俗称八鲜行。鱼市巷的“恒盛永”“义兴公”“洪源汇”“华兴东”，都是那一时期的八鲜行。本地大小鱼行收来的鱼货，主要销往青岛、淮安、上海等地。火车开通后，又销售到徐州、开封、洛阳等西部城市。

鱼货来自本地近海，也有山东、浙江海鲜。那上岸的大彤蟹，张牙舞爪的八带鱼，青梗梗的大对虾，活蹦乱跳的沙光鱼，各色时令海鲜是应有尽有。在新浦上市的海鲜还有：黄花鱼、马鲛鱼、白鳓鱼、比目鱼，带鱼、鲳鱼、鲈鱼。那时后河宽约百米，渔船多停泊于南岸河湾处，多时停泊上百条渔船。在新浦上市的海鲜，多是小船在近海捕捞的，也有山东渔民的鱼货上岸。清末民初渔业鼎盛时，新浦有渔船160多艘，其中仅黄花鱼船就有100余艘。大船50吨，小船也有20—30吨，五桅渔船出海，三桅渔船河捕，大渔船海货多运往南方吕泗港销售。

临洪口上游多有扳罾的，那宽大的罾衣，四根丈把长竹竿撑开，用两丈长木杆一头系住罾顶“喜鹊窝”，一头插在岸边，那宽大的罾衣放入河心，当拉上罾网后，过路的大小鱼虾，就成了网中之货，大的有丁鱼、鲈鱼，小的有餐条（鲦鱼）、草虾。“河边守罾茅作屋，罾头月明人夜宿。”扳罾人日夜守着罾，不时拉起罾衣，用长勺捞起罾中鱼虾。老街鱼市巷，也是钓沙光、扳罾、撒网者的交易市场。清晨买鱼的多，挎篮提篓的，讨价还价的，腥鱼的海鲜，活蹦乱跳的鱼虾，是主妇们的最爱，也是小镇居民吃的头水。有的鱼贩子到赣榆刘口、范口就地收购鱼虾，一块银元收对虾30—50对，在鱼市巷20对要价一块钢洋，几乎对本利。

吃海鲜还是讲究原汁原味，要求是鲜活的，直接用盐水煮或生炝，吃的就是生猛鲜活。新浦街人最爱的就是大彤蟹，彤蟹学名梭子蟹，状如纺梭，紫色白点大蟹钳，看着肥美。盐水清煮出锅通红，扒开蟹盖橘红的蟹黄，雪白的蟹肉，令人垂涎。切上碎碎的姜末，倒上汪恕有滴醋，一口蟹黄一口蟹肉，蘸着姜末滴醋，那真是解馋。通常席上最后上彤蟹，彤蟹的鲜美，刺激着味蕾，吃过彤蟹其他东西都不鲜了，素有“蟹过无味”之说。鲜红的对虾是上桌的大菜，最大的5寸多长，4寸以下叫它“对虾驹子”。出锅对虾着红装，红红火火不光好看，还挺喜庆，深受大户人家喜爱。

船上人吃海鲜是有讲究的，吃第一顿鱼时，整条生鱼要先祭海神，然后整条鱼不去鳞不剖肚下锅，大鱼头只能给船老大吃。不准伸筷子夹别人面前的鱼，这叫“过河”不吉利，鱼一面吃完不能说“翻过来”，船家是忌“翻”的。黄花鱼因脑中有两颗石子，又称石

① 连云港方言，劳苦大众赚钱称为苦钱或挣钱，表示辛苦不容易。

首鱼，在老街最受欢迎，其肉如蒜瓣，味香质嫩。时值蒜薹上市，红烧黄花鱼，配上蒜薹，那浓郁的鲜味，一家吃鱼多家都能闻到。什么狗腿鱼、踏板鱼都是离不开蒜薹的。即使那黄花鱼头，挂起来晒干，没事时放在火上烤，独特的香味，葱脆的鱼头骨，孩子们都当零食吃。农历三四月未开雷前，黄花鱼大量上市，价格便宜，平民百姓人家也能品尝得起。一闻雷声，鱼沉海底捕捞不易，价格就高，普通人家多选在开雷前，多买些腌制慢慢吃。

黄鲫鱼又称“黄季鱼”“鸡毛靠子”，体长15厘米，银白色，肉质鲜美细嫩，盐渍油煎成黄黄的，大人也要流口水。讲究的人家还是喜欢白鳓鱼，红烧、清蒸都很不错，鳓鱼烧汤如奶，鲜香味美，是体弱者的滋补佳品。虾婆婆、石头鱼、沙光鱼，就连那黄季鱼都属于小海鲜，鱼贩子统统倒入一个大筐，很便宜。穷苦人家一买一堆，到家拣着分类，黄季鱼、石头鱼、沙光鱼盐渍晾晒，虾婆婆用擀面杖挤出虾肉做虾饼吃，一样是很鲜的。至于那文蛤、毛蚶、花蚬、蛏子更是倒在地上，用大铁锹铲着卖，价格更便宜。泥鳅和钢针鱼是没有人要的，打上来随手就扔掉。新浦人吃鱼有风俗，鲳鱼杂交意娼，称“婊子鱼”，是不上正规宴席的。鳗鱼吃食不干净，据老人讲红眼鳗鱼吃腐尸，老街人是不吃鳗鱼的。儿童是不能吃鱼籽的，新浦人认为“籽”音同“字”，怕孩子把字吃了，记性就差了。

清人凌廷堪有文称：“霜降鱼，即吹沙鱼，产海上者，入秋最肥美，又名沙光鱼。”沙光鱼虽不登大雅之堂，鱼肉却是很细很嫩的，味道极其鲜美，可红烧可做汤，尤以正月沙光鱼，深受普通百姓喜爱，也是那时最好的下酒菜。民间有谚语：正月沙光赛羊汤，二月沙光软丢当，三月沙光甩满墙，四月沙光又返阳。沙光鱼很憨，不用鱼饵直线也上钩的，而且咬住便不肯放松，在海水河水交汇之处，连着钓一会便是一篓。沙光鱼肉肥体大，长的约有尺把。传说骄傲的沙光鱼，曾夸下海口，说沙光鱼一年一尺长，三年赛过老龙王。这事让龙王知道了，便让沙光鱼一年一生一死，沙光鱼每年只能长到一尺长，无法赛过老龙王。

每年夏秋是虾皮上市的旺季，大店摆在竹筐里卖，小贩挎着篮子拎着秤，走街串巷贩卖，伴着“鲜虾皮子喽！”的叫卖声，大街小巷都是虾皮的鲜味。虾皮个头小，薄薄的两层皮，其貌虽不扬，可鲜味却无比。用虾皮凉拌、炒菜、炖蛋、烧汤，甚至包饺子都少不了它，是家庭主妇们的最爱。可虾皮是“推”出来的哟，海州湾渔民用两根竹竿，撑两个网脚做骨架，绑上网，再用几个葫芦扣在竹篮子上，做成漂篮。推虾皮时，渔民将网杆打开，罩上渔网，踩上高跷，在海水中推着网走。漂篮随着网杆漂在水面上，感觉网衣里有小虾了，捞起来放入漂篮，这就叫作推虾皮。有经验的渔民会跟着海鸥走，海鸥盘旋汇集处，一定是鱼虾多的地方。若是满潮，虾皮多的时候，虾群会顺着海水，涌向网里。红色的虾皮，通红的虾毛，将网都染成了红色。海州湾一带，家家户户都推虾皮，卖虾皮，一口大锅放上盐，虾皮焯一会捞出，放在网子上晾晒，晒个七八分就能上市了。

周巷里的盐河区政府

周巷位于原新浦民主中路西段，东面紧挨着陈巷，西侧是祁巷，过了马路对面的夏家巷，就是旧时的前河。前河（今市化路）北岸老百姓叫作前河底，1949年以前是老新浦的粮食集散地，自南极路口向西一里多路的河边，鳞次栉比地排列着大大小小的粮行，河面上拥塞着南来的粮船，卸粮过斗算盘声响很是热闹。1948年11月6日国民党44军放弃新海西撤徐州，至7日滨海军分区新海工委带领地方武装进入新浦，27日新成立的新海连特区政府宣布，新浦设立三个区：新龙区、新华区、民主区，周巷属于新华区。1951年新海连市政府将原新华、新龙、民主三个区合并，重新划分为两个区，以南极路为界，取龙尾河、盐河之名，东面龙尾区、西面盐河区，周巷属盐河区。

盐河区政府旧址　作者 摄

周巷不长，因移民自由建房又多见缝插针，造房时留有通道自然成了巷，故巷子不宽且左弯右拐的。那时候移民喜欢以家庭或同族而居，周巷内早期居民有周姓、杨姓，较早在周巷落户的临洪滩周氏，由于户多人众，故习惯称其周家巷，现为周巷。1951年7月10日新海连市委任命韩学敏为书记，魏兆常为区长，任命田风才、于绍武、刘训祥、孙守志为副区长，组建盐河区领导班子，办公地点设在周巷5号。这是由四座两层楼房围成的天井院落，有房屋29间，面积368平方米。其中主楼呈曲尺形，有房18间，雕花木走廊，彩色花卉，红色油漆木楼梯。外墙块石基础加工整齐，凹凸分明，具有明显的民国建筑风格。该处建筑始建于日伪时期，至抗战胜利方建成，系民国三新镇镇长，临洪滩人周广生所建。

1951年7月10日新成立的盐河区政府，进驻周亚夫小院，盐河区政府管辖着11个街道1个乡，157个间，25 354口人。那时的市政府是县级编制，盐河区政府相当于今天的街道办事处，各街道居委会类似于今天的社区。盐河区政府有书记、区长，还设有秘书、民政、司法、工会、妇联、青年团等助理级人员。有的副区长还兼职一项工作。司法的主要工作是调解纠纷，解决矛盾。民政工作是困难救助，结婚登记。当初并无印制的结婚证书，也就是民政助理，用印蓝纸（复写纸）手写结婚证。什么双方姓名、年龄、籍贯，经自由恋爱，符合登记条件，现准予结婚云云。再盖上盐河区政府大方印及区长私章，一式两份。当时像自来水公司这样的国有企业，职工每个月薪水是小米120斤，机关工作人员是供给制，被褥、衣服、鞋子是发的，每三个月一次发牙膏、肥皂、牙刷等。区政府有厨房，包伙食，三餐的饭工作人员自己做，主食是高粱面、玉米面，蔬菜、豆腐，每个月有一次改善伙食机会，就是大家在一起包上顿猪肉饺子。

区政府人员下基层了解情况，都是靠两条腿，早出晚归自带干粮。那时没有交通工具，全市只有市委书记刁一民，有辆德国牌子的旧自行车，下基层远的到临洪乡各村，是早上走去晚上走回来。就连区领导到临沂行署开会，都是凭着两条腿步行。背上行李带上饭票，两天多的路程，是走到哪里就食宿在哪里，那会乡村农民认政府的饭票，凭饭票可以兑换到粮食。西艞口每年夏天都会发生水涝，蔷薇河水冲破岸堤，临洪乡庄稼受淹，西艞民众草屋倒塌。救灾就是盐河区政府的头等大事，区政府上上下下全都扑在防汛排涝，生产救灾上面。

在共产党没有进城之前，这片区域是国民党三民镇地界，其时实行的是保甲制，即十户为一甲，十甲为一保。三民镇共有9保、86甲。中华人民共和国成立后将镇改为区，保改为街，甲改为间（后改为组）。20世纪50年代初，全国各地兴起居民委员会热潮，国家也把居委会定性为居民自治组织，街道干部由居民选举而非组织任命。新海连市政府遵照华东军政委员会《关于10万人口以上城市建立居民委员会试行方案》精神，确定盐河区同和街（现女人街附近）为试建基点，其他街观摩再全面推开。市政府民政科派出两名干部，盐河区政府派出民政助理，再抽调其他部门一人，组成居委会试建工作组，先做调查摸底工作。当时的同和街系老新浦南郊，外来打工者多，老户居民少，挑夫小贩多，工商户少，因而多数居民生活贫苦且文化程度低。全街525户，2082人，有共青团员7人、工会会员184人、妇女会员42人及原有街道干部小组长计278人。

由于干部没有经过居民选举，居民对街道工作作壁上观，参与度低。试建工作展开首先召开区派出所干警扩大会议，统一思想统一认识，之后又召开共青团员会议，积极分子骨干会议，广泛宣传普遍发动，提高大家认识。接着召开居民大会，区长在会上宣传，说明成立居民委员会的意义和必要性，居民委员会是居民自己的组织等。会后户籍警与工作人员，逐户挨家走访征求意见，听取居民各类反映，解答街道群众诉求。工作组根据居民居住实际情况，以10户或20户为区域，划为40个选区，原街道干部返回原居住选区，每选区推选一名居民代表。居民选区推选代表40人，区政府特邀代表3人，共计43名代表。在召开的居民代表大会上，区长宣布居民委员当选条件，43名代表再分组协商推选，被推选次数多的即为当选。当选者介绍简历，代表们若无意见即表示通过，委员中再产生正、副主任，居民委员会即宣告成立。同和街居委会成立后，盐河区政府随即在其他街推广展开，全区各街共召开24次居民大会，到会居民7989人，设有343个选区，按照程序全面完成居民委员会的组建工作。

盐河区政府成立时，抗美援朝正在进行，拥军优抚是区政府的重要工作。新浦是座消费型城市缺少工业，平民百姓多以做小买卖出苦力为多。许多烈军属户送子参军，其子在家即为主要劳动力，参军后家中生活困难，有的家庭有病人生活难以为继，有多户已经断顿。盐河区政府遵照新海连市政府指示，做好困难烈军属救济款发放工作，帮助困难户生产自救。并开展评选优秀烈军属模范户，对有劳动力困难户放弃救济，给予表彰宣传，介绍工作。最终有48户烈军属家庭列入救济名单，其中烈属4户、军属43户、工属1户，发放救济款550万元（币制改革后，1万元折为1元），最多者20万元，最少者8万元，平均10.55万元。在救济款发放的同时，倡导生产自救，将有限的钱用于再生产。48户中除去25户寡孤残无劳力户外，多数都能把救济款用到再找生活门路中去，有的做豆腐、生豆芽卖，有的摆地摊卖估衣，有的走街串集做点小买卖。

物资供应紧张，商品匮乏，是那时盐河区政府面临的问题之一，和全市其他区一样，盐河区也成立了消费合作社，下设两个门市部，其中第一门市部在王巷处，两个门市部负责指定商品销售。区消费合作社零售商品，由市消费合作社统一调配，不得增添品种和数量，价格统一规定，若有要求要报市政府商业科批准方可。商品大到煤炭、风箱、铁锅，小到针头线脑，什么棉麻、碗筷、帽子、鞋子、别针、梳子统统在内。即便居民手工鞋帽，在加工前都要报市政府商业科批准，再申请市消费合作社调配布料、面粉、棉线等，才能加工制作并在指定两门市部之一销售。即便为满足市场需求增添品种呈报市商业科，审查也是很严很细的。

1955年盐河区消费合作社报市商业科，拟增加新品种：毛衣、毛袜、毛线、皮衣、皮鞋，及印花方巾、冰花瓷碗、小汤勺、钢精锅，还有香水、香粉、皂盒、发油等20余种商品，申请在第一门市部销售。市政府商业科批复："为顾及整个市场安排，只同意新添毛衣、毛袜、毛线、皮衣、皮鞋等8个品种，在第二门市部经营。”并指出皮衣在未获批准前就已经进货是不对的，今后应注意，不经批准，任何商品不得随便增添销售。要求把第二门市部挪至第一门市部的商品，撤回到第二门市部去。在申请小孩棉鞋面料的小格布报告中，盐河区消费合作社考虑旺季缺货，申请恢复业已被取消的小格布经营，市商业科顾及市场需要，批复同意，但要求进货品种不得超过3种。随着抗美援朝结束，国内生产形势好转，商品供应管控才渐有放松。

1953年7月1日盐河区、龙尾区两区全面开展人口普查，普查结果是两区有12 226户、51980人。同年8月盐河区开始第一届人民代表大会选举工作，次年6月在盐河区首届人民代表大会上，魏兆常当选为盐河区区长。12月市委任命刘训祥为盐河区区长。1955年9月21日，龙尾、盐河两区合并，成立新浦区，区政府设在原龙尾区政府办公地点，海昌巷东首，原郭海山中央旅社院内。盐河区政府在周巷5号前后约有五个年头，当年进出小院的匆匆身影已经消失，发生在这儿的事情也沉入历史档案，当年的政府办公楼至今还算完好，只是留下了太多的历史沧桑。

盐河区同和街试点居委会

1952年华东军政委员会，根据杭州及上海成立居民委员会的经验，在华东地区城市，推广建立街道居民委员会组织工作，6月公布了《关于十万人口以上城市建立居民委员会试行方案（草案）》。新海连市政府政务会议根据草案精神，安排盐河区选择适宜街道试建居民委员会，并委派市民政科配合盐河区政府做好试点工作，取得经验后在全市范围内推广。

1948年11月7日新海地区解放，第三天成立新海连军事管制委员会，着手接管城市，宣传党的方针政策，维护社会治安。旧政权突然垮台，城市一度失控，敌特破坏，市民哄抢，街市一片萧条。新海连军管会一面收缴枪支，没收敌伪资产，组织群众恢复生产，稳定物价，稳定社会秩序。

一面取消旧政权保甲制度，建立基层群众组织，改保为街，改甲为闾。1949年初新海连市建立镇公所23个，聘请行政委员84人，选派闾长180人。同年6月改镇设区，取消镇公所。1951年新海连市政府将原新华、新龙、民主三个区合并，重新划分为两个区，以南极路为界，取龙尾河、盐河之名，东面为龙尾区、西面是盐河区，盐河区政府设在新浦民主路周巷5号。

盐河区这片区域与民国东海县三民镇范围相当，民国时“实行保甲制，十户为一甲，十甲为一保”，“三民镇共有9保、86甲”。取消旧政权保甲制度后，盐河区“有11个街道1个乡，共157个闾。盐河区有25 354人，其中男12 776人，女12 578人”。盐河区政府经过研究决定，将同和街作为居民委员会组建试点。

同和街位于解放路南，南极路西，现女人街北面，解放初期是新浦的城郊接合部。同和街外来打工者多，老户居民少，挑夫小贩多，工商户少，多数居民生活贫苦且文化程度不高，群众觉悟相对城区较高。在这儿试点成立居民委员会，易于发动群众，遭遇阻力会少。

同和街有居民525户，2082人，其中军属26户、工商业50户、小贩206户、店员56户、无业123户、从事运输、建筑、粪业102户。通过调查了解，同和街有共青团员7人、工会会员184人、妇女会员42人及原有街道干部小组长计278人，是这次居委会成立试点的基本骨干力量。

为了加强试建工作领导，由市政府民政科选派两名干部，盐河区政府由民政助理，及其他部门干部一人，组成居委会试建工作组，开展前期调查摸底工作。调查中发现街道干部分工不明确，领导关系不统一，组织不协调，政出多门各自为政情况较为明显。派出所认为自己是街道的领导，治安委员也是只听派出所的，因而工作不好协调。

有的干部兼职过多，能干的积极分子各部门都找，有位妇女主任身兼治安委员、市人民代表、区人民代表会议协商委员、卫生委员、合作社理事、团员代表、宣传员代表等数职，忙得天天开会，没有时间做具体工作。

由于干部没有经过居民选举，居民对街道工作作壁上观，参与度低。通过调查摸底盐河区政府决定，试建工作展开，首先要做好派出所干警思想工作，统一思想统一认识，区政府向派出所领导传达了市政府指示后，接着召开区派出所干警扩大会议。

在推选代表过程中，由于居民没有经历过这样一种民主形式，有的观望迟疑，有的抱无所谓态度，有个别的为利益四处活动，也有干部包办推选情况，因而须正确引导严格把关。居民选区推选代表40人，区政府特邀代表3人，共计43名代表。

在召开的居民代表大会上，区长宣布居民委员当选条件，43名代表再分组协商推选，被推选次数多的即为当选。当选者介绍简历，代表们若无意见即表示通过。委员中推选正主任1人、副主任2人、委员8人共11人。

接着取消街闾制，改闾为居民小组。同和街居民委员会根据街道实际工作需要，下设治安消防、生产自救与优抚、文教卫生、调解四个委员会，各委员会负责人由正、副主任及一名委员担任，精简了机构明确了分工，街道工作由居委会统一领导管理。

新海连市政府在盐河区选择同和街创点试建，获得成功后，随即在全市推广施行。各区成立工作组基层蹲点，宣传发动提高认识，调查研究成立筹备委员会，具体指导街道成立居民委员会。

盐河区政府在具体操作中，结合同和街的成功经验，加大宣传发动，配合司法改革、劳动就业、问题排解及困难救助等工作一道召开会议，对全市居委会成立起到了很好的示范作用。新海连市政府在盐河区选点同和街的同时，派出市民政科干部指导，组织各区人员前往观摩学习，然后在全市各区全面推开。

至1952年12月底为止，已建立17个，未建立者亦正在积极组建之中。1953年新海连市30个街道全部成立了居民委员会。

肆

地方人物

沈云沛的河海联运

海州是以海命名的地方，置名始于公元549年（东魏武定七年），位于中国大陆脐部，江苏省北部，与山东省接壤。海州东临黄海，海岸线绵长，北起石臼所南至灌河口，弯曲的海岸形成天然的海湾，这里是我国三大海湾之一的海州湾。

海上交通可往南北，北近胶州湾，南依扬子江口，互成犄角之势，东与韩国、日本隔海相望，西连中原可至中亚西亚。远在新石器晚期，生活在这一带的东夷少昊部落，与海外日韩联系，就是通过海路。

前219年（始皇二十八年），徐福东渡始发港就曾选在海州。宋代是海州海运旺盛时期，吸引许多新罗人来到海州，经营两地海运贸易，因而有众多新罗人长期居住在海州，形成新罗人村落，海州有久远的海上对外交往历史。

1898年（光绪二十四年）4月，清政府奏准吴淞、岳州、秦皇岛及三都澳口岸，自动开辟为商埠，同年8月，清廷颁布上谕："现当海禁洞开，强邻环伺，欲图商务流通，隐扯觊觎，惟有广开口岸之一法。"

自《马关条约》和《辛丑各国和约》签订以后，清政府赔偿各国白银10多亿两，以致国库空虚，经济受到重创。列强与大清国签订了开放通商口岸协议，口岸开放在一定程度上促进了经济的发展，国人看到了口岸开放带来的繁荣，却让外国商人大赚其钱，有识之士呈请朝廷允准地方，自行筹措开放商埠。

与列强条约规定开放的商埠不同，自行筹措开放的商埠，行政、司法、税收主权在大清，朝廷不用库银，地方增加税源，因而乐见各地自筹开放商埠。地方自筹开放商埠是为"自开商埠"，以区别条约规定的"约开商埠"。

清政府在内外交困中欲以自行开放商埠，抵御列强各国的约开商埠，保全主权，且自动开为商埠之地多为各列强觊觎范围，故唯有早行一步自开商埠。作为近代最先觉醒的知识分子，时任翰林院编修的沈云沛一直致力于“谋实业以培天下之元气”，多年致力于提升海州的影响力，呼吁在全国口岸开放的趋势之下，海州商埠的开放不可避免，当以自力争取。

沈云沛在京曾与周馥之子、主持北洋实业的周学熙多有来往，在交流中，沈云沛数次言及海州自开商埠势在必行，只是海州自身要做好开埠准备，不能流于虚名。沈云沛在回海州丁母忧期间，带人赴河口勘察，测绘，与管家董才卿等人商筹，认为海州自开商埠选择在大浦是为适宜，此处于临洪口宽阔之处，口外奶奶山岛①（秦山岛）可泊大轮，顺临洪河可溯运河，交通畅捷。

清邮传部署理尚书沈云沛
李彬 提供

回京后又与周学熙商谈，并取出绘制的海州河口地形图，指出海州自开商埠地利条件，海州处海州湾，近海北上青岛，南下沪广，远海东面连接朝鲜、日本远可及南亚。海州位于中国大陆脐部，与中原联络由来已久，经济互通，实业往来，海州自开商埠有利国家造福地方。沈云沛一番分析，引得同致力于实业兴国的周学熙的赞许，认为此种想法有其前瞻性，意义非凡。

沈云沛的自开商埠想法先与好友周学熙商量，一为听取他的看法，二也是通过他影响其父周馥的支持。1904年（光绪三十年）7月，沈云沛根据戊戌年军机处颁发的上谕，呈文两江总督周馥，以海州彼时的实业发展、农商产品、已有的海内外贸易及士绅商农意愿，并送所绘的地舆形势之图，阐述海州自开商埠之必要与前景，考虑大浦为海州自开商埠。清时只有各部及地方大吏方能奏折皇帝，故沈云沛请求周馥夹片奏报。

两江总督周馥对沈云沛呈请海州自开商埠已有考虑，这与他任山东巡抚时呈请开放济南商埠想法相似，故告知沈云沛去联系海关总税务司赫德，派员赴海州实地勘察，待有结论再行奏报。

次年沈云沛的海州种植试验场、临洪油饼厂收益颇丰，农产品及油料、豆饼通过海路对外销售，同时运回工业品销往内地。与许鼎霖合作的海丰面粉公司机制面粉投放市场，也待扩大销售，苏北鲁南粮食土产涌集新浦，与山东沿海多有贸易来往，临洪口岸商埠已见雏形。沈云沛又与赣榆许鼎霖联名就海州自开商埠案，呈文两江总督周馥，夹附《请行驶小火轮船片》，请允自租小火轮运输商品贸易，建议以所纳税款作为码头建设费用，并愿自加银两弥补费用不足。

① 因岛上曾有奶奶庙而名，今为秦山岛。

沈云沛得知海关总税务司赫德派助手戴理尔赴海州实地勘察，又自京赶至海州与戴理尔见面洽谈，会同海州官员士绅同临大浦勘察。戴理尔经实地调查在报告中指出，临洪口内数十里，吃水深八尺之船可以停泊，青口可作为分卡。海州土货出口可值银五六百万两，洋货进口尚难预计，该处淤滩宽远，应建码头、栈房、驳船、筑路等工，尚须筹划。

周馥得海关总税务司海州勘察报告，遂在《海州商务渐兴，拟请自开商埠折》中，夹附沈云沛的“请行驶小火轮船片”，请外务部、户部等议准施行。有关各部审议后上奏，1905年（光绪三十一年）8月24日，获光绪帝朱批，以“海州关”名义对外开放，海关设于大浦，海州其余各口为分卡，遵照自开口岸办法议定章程。自此海州自开商埠拉开序幕。

沈云沛与津浦铁路

沈云沛　李彬 提供

清光绪三十四年（1908年）六月二日，津浦铁路在天津举行北段开工典礼，邮传部右侍郎沈云沛赴天津莅临典礼，代表邮传部，就修筑津浦铁路意义、要求等发表演说；沈云沛约谈直隶总督杨士骧、津浦铁路督办吕海寰，以及津浦铁路北段总办李德顺、南段总办罗国瑞，强调一定要把津浦铁路修成最好的铁路，一定不要辜负圣恩与全国民众的热切期望。

修筑津浦铁路与修筑陇海铁路一样，一波三折。围绕津浦铁路借款官办还是民间集资自筑、路线设计走向、投资方和投资回报、路权、签订借款合同、土地征用、材料购置等，各类人物、各种力量，从各自利益出发，纷纷登台表演各显其能，以致这条南北交通大动脉之修筑，先后经过五番争议而搁置，最后被迫绕道安徽境内。我们不妨走进那个时期的历史，回顾一下津浦铁路的修筑历程。

修筑自天津至镇江之纵贯东部沿海的津镇铁路，对发展南北贸迁，以及原料运输、产品销售、客商往来等极为有利，势必给铁路所经之华北、华东沿线、沿海各地带来市场发达繁荣的局面，且在加强海防军事上均具有其重要意义。同治二年（1863年），英国人史蒂文森据情为中国制定了第一个铁路修筑计划——修筑自天津经济南、临沂、海州、清江浦（淮安）至镇江的津镇铁路。这条纵贯中国南北而达扬子江流域的干线实在太重要了，然而国人对此义愤填膺群情激愤，修筑津镇铁路千夫所指，清政府迫于压力拒绝修筑而作罢。

津镇铁路被罢议后的光绪七年（1881年），李鸿章从海防角度出发，极力附和刘铭传之奏，提出修筑北京至镇江的京镇铁路奏折，也因被反对而遭搁置罢议。由于修筑津镇铁路“此路关系太重”，几十年来修路呼声不断。光绪二十四年(1898年)五月十八日，中国与中英公司、德国华德银行签订《津镇铁路借款合同》，借款740万英镑，年息5厘，计划五年内全路建成。

谁知借款合同刚落笔，直隶、山东、江苏三省士绅，呼吁终止与英、德的谈判，废除借款合同，自筹路款而自筑，四处散发的《敬告三省父老书》言：“此路而存，直隶、江苏、山东三省将藉以俱存；此路而亡，直隶、江苏、山东三省将因以俱亡矣……”又发《直、鲁、苏三省京官为筹款自办津镇铁路致商部呈文》：“此路为南北枢纽，贯我腹心……今直隶、江苏、山东三省绅商，因此路关系太重，愿集款自行修筑……”沈云沛曾直询：自筹费用有无着落？这次大规模“废约”“拒款”运动，致津镇铁路筹筑停止。

直隶、江苏、山东三省“集款自行修筑”，津镇铁路筹筑流产后，经庚子事变，修筑津镇铁路重新提到朝议日程上。

沽淮铁路乃津镇铁路翻版，不同的是终点清江(淮安)而非镇江。当时意欲通过另拟有别于津镇线之他线，以废除旧约签订新约之目的。但是，三省绅民同反对修筑津镇铁路一样，强烈反对拟筑的津沽铁路而要求由他们筹款自筑铁路。历史是无情的，自筹资金自筑津镇铁路，抑或沽淮铁路均是空话，一百年后，这条铁路也无动静。

津镇、沽淮铁路遭到三省绅民强烈反对，上谕“妥商办理”。于是，商谋权衡后，决定趁此彻底放弃穿越山东与江苏腹地的津镇、沽淮铁路。上奏将津镇、沽淮铁路改为津浦线路，即自天津经由徐州折向西南安徽境内，经宿州、蚌埠、滁州而达终点浦口，实现与沪宁铁路相接的计划。上谕准奏。

山东、江苏士绅之自筹集资修筑津浦铁路，一直是纸上谈兵，即便对津镇铁路改线绕道安徽为津浦铁路，也拿不出反对的由头。于是，清政府津浦铁路改线成功。经与德、英两公司多次谈判，光绪三十四年(1908年)一月十三日，外务部右侍郎梁敦彦与中英公司、德华银行代表在北京签订《天津浦口铁路借款合同》，由英、德两国公司主管筑路工程。德国公司负责北段，即自天津至山东峄县韩庄段；英国公司负责南段，即由山东韩庄至南京浦口。

天津浦口铁路5厘利息借款，借款数目系英镑500万。其中：德国出资300万镑，占总额的60%；英国出资200万镑，占总额的40%。《天津浦口铁路借款合同》签约五天后，上谕：尚书吕海寰充督办津浦铁路大臣。随之在北京设立津浦铁路总公所；北段总局设于天津河北大经路厚德里，直隶总督杨士骧保举德语翻译李德顺为北段总办；南段总局设于浦口，总办罗国瑞。南北两局下设文案、翻译、材料、核算、收支、工程等六个处。沈琪任津浦铁路南北段总稽查。津浦铁路南北段总局设立后，即着手勘定南北段线路、购地等事宜。

津浦铁路帮办大臣沈云沛

宣统元年(1909年)六月十七日内阁奉上谕：著改徐世昌督办津浦铁路事务，著派沈云沛帮办。帮办是具体运筹铁路的大臣。沈云沛深感责任重大，与徐世昌商谋后随即调整津浦铁路北段总办人选：由朱启钤任津浦铁路北段总办；罗国瑞任津浦铁路南段总办；沈琪仍为南北段总稽查并扩大稽查权力；詹天佑为津浦铁路参议，在实施京张铁路之同时兼管津浦铁路的技术并扩大其权限。

宣统元年四月上旬，天津舆情纷纷指责北段总办李德顺，从德工程师德浦弥勒处得知津浦铁路经过赵家场，李德顺便指使其女婿永祺勾结工程承包人李洪泰，将赵家场一带数顷宅地购买，掩人耳目记在李洪泰名下，待津浦北段总局派员勘察赵家场时，假以高价从李洪泰手中购买实际是李德顺低价购买的土地。幕后操纵此事的李德顺和永祺从中获利无数。

丑闻被曝光后，天津绅商学各界集会抗议津浦路北段总办李德顺购地舞弊，并成立直隶团体事务处，两份状词上书军机处及邮传部，控告李德顺营私舞弊。清政府命那桐组织给事中、御史等赴天津严查李德顺与相关人员。同时上谕严责邮传部失察。沈云沛为此痛心疾首；直隶总督杨士骧悲愤交加中风逝于天津。

津浦铁路北段开工不足一年便出现北段总办李德顺购地舞弊案，舆情沸腾，朝野震惊。上谕：总办李德顺革职永不叙用。孙宝琦改署山东巡抚。吕海寰开去督办津浦铁路大臣，议改人选。朝野呼吁之下，张之洞力荐徐世昌、沈云沛主持修筑津浦铁路，由“端庄才萃”的“翘楚”沈云沛具体帮办，以兼顾舆情，平息事态。于是，上谕徐世昌督办津浦铁路，著派沈云沛帮办，具体实施修筑津浦铁路事宜

沈云沛往返于北京、天津之间，6月26日全面接收津浦铁路告毕，按律上奏片接收关防日期，并片奏设立总公所。军机大臣奉谕旨：督办津浦铁路大臣徐世昌等奏接收津浦

铁路大臣关防日期并接办大概情形一折，又奏设立总公所一片，均知道了。钦此。军机大臣署名。至此，沈云沛完成了对津浦铁路的组织整顿和人事调整事宜。

由干练的朱启钤任津浦铁路北段总办；罗国瑞留任津浦铁路南段总办；沈琪仍为南北段总稽查并扩大稽查权力；力荐詹天佑为津浦铁路参议，让其在修筑京张铁路之同时，兼管津浦铁路的技术并扩大其权限。解决资金短缺严重难题，与德国英国“往复驳辩，终始坚持”，废除不平等条款，签订《天津浦口铁路续借款合同》而获全胜，续借480万英镑，解决路款难题。

沈云沛向德、英两国明确规定几点并写入文件：

一是“此铁路（津浦铁路）建造工程以及管理一切之权全归中国国家办理”。

二是发售债券名为：“中国国家天津浦口铁路5厘利息续借款。”

三是借款每年付息二次，还本一次。

四是所有造路期内应备资本若业已敷用，津浦铁路大臣有权随时停止债券售票。

德国德华银行代表柯达士、英国中华铁路有限公司代表梅尔思，对沈云沛提出的修订意见大感震惊，两国代表认为他们对中国铁路投资，乃欧美各国在中国铁路投资惯例，多年来一直奉行而为中国国家所承认，德、英唯沿袭而已，他们无意打破西方各国这种约定俗成。两国以“惯例”否定沈云沛的意见，明确表示难以接受。

沈云沛审时度势，约见德、英代表晓以利害，就柯达士和梅尔思坚持的欧美对中国铁路投资“惯例”观点进行逐条辩驳。最后，沈云沛警告说：如果德、英两国坚持己见，拒绝中国合理要求，中国不惜壮士断腕，并在《交通官报》上全面分析两国投资的霸道条款，必要时将放弃与德、英两国的合作，另择筹款之路。

德、英两国自知理亏，对沈云沛的“最后通牒”失去底气，他们不敢冒断送中国市场的风险而非全盘接受沈云沛提出的条件。但德英两国提出，作为权利平等，今后津浦铁路运营所需车厢、机车、材料等，德英两国应享有优先权。沈云沛认为这是合理的要求，欣然同意并写入条款。这也是后来沈云沛在天津过问查处“津浦铁路租车弊案”的起因。

陇海铁路东延海州与港口选址

海州筑港的天然条件，早已为德人发现，1898年中德胶澳租界条约签订，德国租借青岛，欲向南方发展，数次派兵舰游弋海州湾。1905年5月12日海州知州王直呈电江宁藩司黄花农，称“有德兵舰四艘满载德兵驶入青口地方登岸”。6月1日王直又呈电两江总督周馥，言“现有兵舰十一艘均未悬旗，船身烟囱一律黑色，停泊青口洋面”。9月20日王直又闻连岛“突又开来兵轮二只，测探水势，并派队登岸。强于江姓地内拔菜支盖帐棚，并于逼近大洋素无民船停泊运货之东西连岛山顶，建立大旗二面，迫令居民夜勿闭户，至初五日将船开去旗帜留下”。连续三次德人在海州湾频繁登岸，测量水文风向，港湾地情，正是看中了海州天然良港条件，是青岛与上海间的可开发港口，尤以腹地宽广，内连中原之地位重要。

1906年2月，商部章京阮惟和首次提议建开（封）海（州）铁路，正是基于德国人的企想而提出，他的提议得到海州籍官绅的一致支持。4月，清江、通州士绅，认为筑路建港利益长久，欲集资商办，苏南籍官绅共同呈请清廷允许苏路商办，获准后成立了商办江苏铁路公司，拟借助开海铁路筑路苏省，推选崇明人王清穆为总理。1907年（光绪三十三年）沈云沛考察扬州回海州，勘察灌河口、陈家港、徐圩、东陬山、板浦、东西连岛、青口，直至岚山头，筹谋陇海铁路东端港口选址方案。

次年任邮传部右侍郎的沈云沛，提出海州三个港口选址方案，一是岚山头深水港、二是灌河口内河港、三为东西连岛开港，推翻了原先海州北门、新浦马觥及大浦建港的想法。1909年2月8日沈云沛署理邮传部尚书，与徐世昌奏准修筑陇海铁路东端：“该路大概以开封为起点，以自开商埠之海州为尾间，西联卞洛以达甘新，为中原东西一大纬线。”奏折明确表示陇海铁路东端港口选址在海州。

海州自开商埠伴随着陇海铁路东端港口选址展开。江苏铁路公司获知海州议为

火车初通　李彬 提供

东端港口后，上书邮传部言海州商港值得怀疑，提出筑港通州为佳。计划陇海铁路自徐州折向南，经清江、盐城、东台、通州连接崇明。提出通州为陇海铁路出海港口，贯穿整个江苏，涵盖12个县，人口500多万，铁路所经之地物产丰富，有利农商。若海州为港所属仅海赣沭灌四县，物产只盐为大宗，可以河运转清江经铁路外运，其农副产品不及南方丰盛，向以盐河达运河解决，反对陇海铁路通过海州。

沈云沛身居朝廷中枢多年，思考问题统揽全局，与洋人多有交道，熟悉列强在华利益之态度，陇海铁路是借款项目，债权国看重的是经济效益。铁路折向通州路程700余里，线路长度是海州的3倍之多，所经之地低洼，河流众多，势必增加工程难度与费用。且海州盐之大宗可保成本，山西太行山之煤，储量丰盛，英国人探知可供世界500年之用。近者徐州、枣庄、兖州煤炭储量极大，由海州外运便捷节省费用，其经济效益无可估量，相较江苏铁路公司所言12县农副产品，不可同日而语。海州地处长江流域与北方的中间地带，避开南方英国势力范围，又远离德国、日本、俄国利益范围，减少工程阻力。

陇海铁路港口选址初期，江苏铁路公司与沈云沛意见相左，成了南方士绅与邮传部意见之争，江苏铁路公司站在南方经济发展位置上，认为路权在华，铁路应有地方自筹商办，反对借款西国。沈云沛主持交通事务，深知国力艰辛，铁路工程是一项投资巨大的长线项目，用外力发展交通，是为捷径。虽然负债但路权仍在大清，况路畅则物畅，有利区域实业发展。双方所处位置不同，观点不一，也反映出地方士绅与清廷政府对自开商埠思考角度差异。

1912年大清倒台，进入北洋政府时期，然而陇海路东端港口之争仍在继续。1918年8月12日沈云沛在天津医院辞世，江苏铁路公司在大运河堤已铺设清江至杨庄小段铁路，全长17.247公里，并发行股票、债券，压力甚巨。陇海铁路是东延海州，还是南下清江达通州，成为摆在北洋政府面前的难题。

沈云沛怒斥“津浦铁路租车弊案”

津浦铁路开通运营四年后，效益良好，南北物资流通加快，铁路运输较之往日河运，更为方便高捷经济。线路所经之地是为华北、华东人口密集地区，随着客货流不断增加，运力不足缺点凸显，车厢成为铁路运输发展的瓶颈。根据当时运量估算，每年需增200只货车车厢，买一节车厢约需6000元，200只货车车厢要120万元，对刚开通运营的津浦铁路，是一笔不小的费用。

货车车厢紧缺的消息传出，闻讯的各国供应商蜂拥而至，求情者、推销者已超出铁路局上班员工，于是，一桩租赁车厢贪腐的丑闻发生了。津浦路局的一些人知道，添置车厢而获取不义之财是难得的机会。为此，津浦铁路局局长王家俭在天津法租界西餐厅，宴请副局长盛文颐、总务处长童临川，就解决货运车厢紧张事情进行密谈磋商，并取得一致意见。

继而，在津浦铁路局召开的商讨车厢会议上，王家俭提出鉴于路局经费紧张，无力解决购车费用，交通部也拿不出这么多钱。面对车皮不足压力，要解决铁路运输的紧张状况，只能采取向外国公司租用车厢的办法，200节车厢每天租赁费800元，是花小钱解决大问题的好办法。

王家俭没想到人们给他算了一笔账：租用200节车厢，一年要付租赁费29万多元，不足半年租赁费便超过购买车厢钱，认为租车厢的账算反了。但是王家俭的租赁车厢方案，当即得到了副局长盛文颐、总务处长童临川的表态支持，与会其他官员只好顺从了租赁车厢方案。

招租过程中，各洋商买办竞争激烈，一自报为“华美公司”的美国小伙子，和局长王家俭交谈了40分钟。当他走出局长办公室时，高兴地喊道：I got it！ Got it！（合同我拿到了！）其他各洋行买办闻言吃惊，他们说没听过业界有这么个“华美公司”，怀疑其中定有猫腻，于是乎乱哄哄地吵着要见局长。王家俭含糊其词，声言目前只是个意向云云。

王家俭、盛文颐、童临川三人再次密谋于法租界西餐厅时，华美公司的美国小伙子出现了，王家俭将拟定的文件交予彼：租用车皮200节，一天800元，租期15年！如此一来，津浦铁路局15年要付租赁费用430万！不久，津浦铁路货车车厢增加，运输压力缓解，但人们很快发现，铁路上来回跑的却是日制车厢，没见一节美国车厢。“华美公司”难道是日本的吗？还是这个公司根本就不存在，是津浦路局的一些人背后操纵的“空壳公司”吗？

怪事连连，人们的疑问没有消除，津浦路局局长王家俭神秘调离，由副局长盛文颐接任津浦铁路局长。而盛文颐局长主持的机车车头采购合同，中标者又是“华美公司”！其标的竟比同类机车高出一倍多！国内国外是一片哗然。有消息传出所谓“华美公司”，乃是一个空壳公司，签约竟是雇用美国人在演戏！

1917年2月初，时年63岁的沈云沛退职寓居天津，当他闻讯津浦铁路租车之事时，一向沉稳的他拍案而起道：买200节车厢投入120万，就可解决多年车厢紧缺的矛盾，但借口没钱，却花430万租车厢，天下有这样的道理吗？其中的贪鄙不是明摆着吗？沈云沛以“形神枯槁”之病体，急忙招来次子沈仲长，要其传话于时任民国交通总长的许世英，必须马上严肃查处，否则此案将会引起严重后果。

当年，他代表中国政府与德英两国代表柯达士和梅尔思进行艰苦谈判，最后签订了符合中国主权利益的协议，作为权利平等，协议规定今后津浦铁路运营所需车厢、机车、材料等，德英两国应享有优先权。沈云沛认为这是合理的要求，欣然同意并写入协议，上谕旨准。如今津浦路局的行为，不仅仅是一起严重的渎职贪赃，更为重要的是严重损害了国家的信誉而授人以柄，必将带来外交纠纷之被动，并引发中外舆情激愤，给动乱不已的时局雪上加霜，这是历史的罪过，必须立即查处！

沈云沛任职邮传部主管时间最长。他深知，清邮传部下辖四政——邮政、电信、路政、航运，四政皆为肥缺，令心怀叵测者垂涎，因而竞争也烈。其中尤以铁路投资巨大，铁路在勘察、征地、工程、采购以及运行管理诸环节，监督稍有疏忽，都易产生贪鄙丑闻。因而沈云沛提出：用人之道以教育培养为先，而又以赏罚劝惩为亟。遂成立考察肃贪组织，切实考察严行甄择，革职路员百人，送官监禁或驱回原籍不再录用，对聘用司员贪赃舞弊决不姑息就地处理，对纳捐候补官员一经查实上奏朝廷予以严惩。

更难能可贵的是，沈云沛退职寓居天津，重病在身，但国家全局观念丝毫未减仍肩其任。他愤然道：“我修筑的这条铁路难道要毁在这帮人的手里吗？”沈云沛的愤怒，加重了他肺痨病情，此时离戊午年病逝只有18个月。

与此同时，愤怒了的英国公司通过英国公使，向北洋政府提出抗议，沈云沛更是尖锐指出其利害。交通总长许世英迫于压力，只能牺牲王、盛二人。时任京师高等检察厅长杨荫杭，在查处津浦路局租车案中，发现交通总长许世英竟也涉足其中，有严重贪污渎职收受佣金之嫌，为此高等检察厅传讯许世英进行调查，依法将其拘押看守。然许世英“颇富人脉”，一干官员纷纷为其说情，虽杨荫杭坚其依法不允，但势单力薄，对许世英的处理，黎元洪政府竟以考虑租车案之影响、证据不足、以“用人失察”为由劝其辞职。该案关键人物王家俭、盛文颐、童临川三人，以获刑7年收场。

鸿门甡泉糟坊酿酒古井

海州鸿门甡泉糟坊是沈云沛家族酒厂，沈家是酿酒世家，据说可上溯到周文王时，沈氏先祖曾贡酒于文王。沈氏世代酿酒，积累祖传佳酿秘方，明朝时于湖州极负盛名。北迁后沈祥恩一族于阿湖酿制，沈继源迁徙海州后，沈云沛祖父沈绶恩于鸿门兴建糟坊，生产曲香型中高度白酒。同治十二年（1873）沈云沛中举后，与董才卿多次磋商扩充鸿门糟坊计划，但由于扩充思路不清而搁置。至光绪十六年（1890年）7月，沈云沛从浙江回海州丁父忧，宦游多年的沈云沛了解果酒的广阔市场，遂投资4万元扩充糟坊易名甡泉糟坊，增产玫瑰露等低度酒与果酒。

听《沈云沛传记》作者刘凤光先生说，鸿门甡泉糟坊的酿酒井还在，很想去看一看。他说上次来时还是私人承包的酒厂，现在不知情况怎样？离开鸿门果园出小巷过大路，在路的东面有座水泥桥，过桥便是当年的酒厂。远处看去，酒厂房屋挂着“新电汽车美容装潢”牌子，刘凤光先生感到困惑，莫非酒厂已经易主？这儿属于新海电厂企业了吗？带着疑惑我们进入厂内，不知道那井还在不在？厂区空旷的大院，只有周围有几处平房，听厂里人讲，这儿是新海电厂汽车运输公司，厂里工人指着不远处的小楼，那是办公楼。

刘凤光先生发现厂区的水泥地面上，正中盖着一块铁板，刘先生说好像是古井位置，我们掀起盖着的钢板，一口古井显露在我们面前。井口不大，里面黝黑。刘先生欣慰地说：“还在！还在！看来打地坪时又加高了。”几年前刘先生来时，当时酒厂承包人王占奎讲，听说是沈家古井就没有填，铺地坪时便把井口加高。现在看时井中还有不少水，水离地面也就六七十厘米，这儿紧邻蔷薇河，地下水丰富，当年沈家的“玫瑰露”醇香，就来自这口百年古井的滋润。

1890年沈云沛再投资扩建时，在鸿门花园和西大厅等地广植玫瑰，大片玫瑰园里玫瑰花盛开，飘香数里。玫瑰露酒以鸿门自种之玫瑰花发酵入酒，呈玫瑰色，色泽艳丽，属中低度白酒，入口香醇，为海属人士宴请上品，享誉江苏。民国元年（1912年）获巴拿马国际博览会金奖，同年在南洋劝业会上获一等奖。连云港作家彭云先生，在《海州乡谭》中有玫瑰露酒描述，言其在少年时曾饮过此酒，笔端流露出浓烈的乡情与骄傲。彭云先生的文章《难忘海州的玫瑰露》一文中写道："清末民初，海州玫瑰露是海属地区最时兴的美酒。谁家来了外地的亲戚朋友，必然要买点玫瑰露来请他品尝，临走还得拎上几瓶给他带着。"我能理解彭云先生的情感。故乡的水，故乡的玫瑰花，故乡人酿制的玫瑰露酒更浓烈醉人。

沈家的玫瑰露酒是以高粱为原料酿制，然后在酿好的白酒中加入玫瑰花瓣再次酿造，犹如加入了玫瑰香料，酿出来的酒粉红透明，如宝石一般。那淡雅的玫瑰花香，伴着沈家千年祖传酿造工艺，玫瑰露酒色香甜爽，沁人肺腑，令人回味悠长。

沈云沛甡泉糟坊的玫瑰露酒，走俏市场，赣榆的许鼎霖亦在后河北岸沈圩，开办起翠泰糟坊（原连云港市社会福利院身底）酿制白酒，后见玫瑰露酒获巴拿马国际博览会金奖，亦仿效生产玫瑰露酒。2008年，沈云沛后裔从西安、广州、常州等地回乡访祖寻宗，他们流连于鸿门，在甡泉糟坊古井边拍照留念，久久不愿离去。

百年鸿门甡泉糟坊的历史建筑已荡然无存，原先的三口古井还剩下两口。刘风光先生说，东面那座楼原来是酒厂办公室，那一口古井就在原酒厂办公室的桌子下面，当时酒厂承包人知道是口古井，就用铁板把井口封住。现在这儿已是电厂运输公司的汽车配件仓库，保管员小杨告诉我们，井在货架下面没有动，还是用铁板盖住。公司的司经理告诉我们，知道这是清朝一位大臣的井，古井有灵气，我们都很注意。看来我们社会大众还是很有文保意识的，真要感谢他们。

探寻海州鸿门果木试验场旧址

出海州城西去，过新海电厂，跨蔷薇河大桥，铁路以南大片土地，便是昔日沈云沛的鸿门果木试验场。大家都叫它鸿门果园。“鸿”指大雁，常与高、大相连，有鸿运当头、洪福齐天等，当初沈家取鸿门二字，寄托美好之愿望，几十年后不知为什么改作“洪门果园”？实是大相径庭。现时的鸿门已非昔日，一条大路将原来的鸿门果木试验场，一分为二。路西新建的四季农贸市场占据着一半面积，另一半村民盖上了民宅。路东原为鸿门沈家花园，那西大厅、藏书阁、牡丹亭等百年建筑，已荡然无存，1949年后蔷薇河改道全都拆掉了。1929年5月1日，东海中学因学生揭露学校当权者剥削工友、压制学生的不良作为，校方要开除学生。事后东海中学地下党支部杨光銮、惠浴宇等同志，曾在海州鸿门沈家花园，召开党团骨干联席会议。想来那时的鸿门沈家花园，应是海州一处幽静的休闲之处。

鸿门　李彬 提供

路的西面是尚残存的原鸿门果园，在刘风光先生的引导下，通过路西的一条小巷，沿着弯曲小路，经过两侧村民自建的民宅，如迷宫般延伸向果园深处。路上看不到果树，在农家的狗吠中我们小心前行。走了有一里多路，一片果林出现在眼前，果木不粗，刘风光先生说这是1949年后栽种的，残存的鸿门果木试验场还在前面。刘风光告诉我，沈云沛当年栽种的果树，上次来时还能见到，约有百十亩，有许多百年的果树仍生机盎然，现今也不知道怎样了？

光绪十六年（1890年），沈云沛36岁，回海州丁父忧，利用在海州丁忧这前后五年多时间，将同治十三年（1874年）购置的鸿门荒滩乱葬岗，平整治理成1600余亩农田，在上面创办了鸿门果木试验场。沈云沛认为中国是农业国家，强国富民除了兴办工商实业外，尤应以农务为根本。欣赏张之洞引进美国棉籽在湖北试种成功，令其敬佩效仿。沈云沛先期投资五万两银子，采用美国栽培技术，引进10万株美国葡萄、苹果种苗，以及桃、梨等美国种子，同时派管家董才卿带领精于园艺的海州本土人士，赴山东、河南、浙江等地考察学习。

又走了一段路，出现大片黄梨树林，黝黑的果木，苍劲的树干，犹如一幅浓墨之中国画，这就是百多年的老树，呈现在百年前开垦的土地上。岁月在树干上蚀刻着深深的印记，沧桑与顽强的生命力，仍透发出勃勃生机。残存的百亩果林，只剩下了黄梨树，相比当年的1600亩果园，现今面积已大幅缩水了。沈云沛的外孙女肖镕璋曾来海州寻根，据她回忆，当年在果树栽种时，沈云沛让人在果木行距中间试种引进的花生，产量不低于沙卤田。她说，当年的鸿门果园花果飘香，果树行间的花生长势喜人，1600亩果园没有一丁点废地，实现水果与经济作物双丰收。鸿门果木试验场，其规模在清末已为江苏之最，是苏省第一家颇具规模的农业实体，在大清国颇有影响。

沈云沛当年在给商部报告中言："(鸿门)果木试验场，在临洪西岸沙岭南。乙未(1895年)岁由云沛筹资五万两，杂种中外各果，葡萄、苹果，纯用美国种，亦用美法培养，桃、梨半用美种率皆丰茂；余枣、栗各种，皆取内地佳植。计中外两种各十万株，已见利益。近年来酿各品果酒，外洋亦间有购买者……"沈云沛从美国引进良种，并从全国各地精选枣、栗树苗，率先在海州兴办果木试验场，亲书"鸿门"二字之牌坊匾额，立于果园道路中央。春天鸿门果园梨花、桃花盛开，梨花如雪，桃花灿烂，花香浓郁，争奇斗艳。

沈云沛的果木试验场成功，激起了张謇投资开发种植园的欲望，决定效法沈云沛，在南通兴建植物园。张謇在致沈云沛的信中说："雨辰同岁(同岁：同科进士)老弟：足下流转一春，乃于通(州)得见农盐人常来公书，颂公为筹甚，至老与来人都不接洽，故种隔膜。植物园中，日后须求于公者正多：若桃、若梨、若苹果，若洋种鸽、若蜂皆是。但恐须今冬明春耳。勘步刘观察回□，久香(许鼎霖字)尝已去宿(州)，三月间公何事北(北京)耶？复请道安。年小兄謇顿首。"光绪十六年(1890年)四月，张謇第三次赴京参加会试又落榜，信函又及："思新浦一见乃大誉。我一、二月每日敢知从前隔越之为，□不涉也。鄙习尚坐待，君何时去海州，希速示。"

刘风光先生撰写《沈云沛传记》时，曾走访过果园承包者，说每年收获季节仍硕果累累，有的挂果达千斤，号称千斤黄梨树，果甜皮薄十分畅销。不过果农早有放弃承包之意，如今种果树不挣钱，除去化肥、农药及承包费用，所剩无几，若是无人愿意承包这片残存的百年果林，那它们的命运将会是如何呢？

寻访沈云沛故居

沈云沛出生于海州高桥巡检司恒兴号堆房，也即今天东海县白塔埠高桥村，沈家在白塔埠有田产，恒兴堆房是沈家乡村庄园，管理农田堆放粮食。沈母为安静待产，临盆前一直住在乡间，3月沈云沛出生，4月随母回海州，父亲沈观国推演八卦，认为其子命中缺水，故起名“云沛”，字雨辰。

听朋友讲海州沈云沛故居还有部分房屋，很想去看一看，便在一个下午来到海州，寻找沈氏故居。朋友只说故居在海州西门里不远，但具体门牌号码不清楚，只是告知了大概方位。等我到了西门就摸不着东西南北了，找了几个巷子都觉得不像，几经曲折，又返回到了刚才走过的那条小巷。我用手机联系了朋友，告知巷内模样，方知就是该巷。走进这条狭窄的小巷，巷深不足10米。几步走到尽头，突兀迎面一间小屋，分开东西两个院子。站在小屋位置两边望去，房屋低矮，山墙斑驳，大瓦屋面，杂物满院，只有迎巷那间小屋顶上，尚有部分青瓦残存。先来到东面的小院，这里租住着四五户人家，说是物权属于海州房管局。南面房屋门前铺着宽大的条石，像是过去的建筑，抬头上望棱角檐口完整，门头弧形门牙透露出历史的信息。环顾整个东院，南屋保存较好，对面堂屋面目全非，檐口改用红砖直叠，配以大红瓦面。这里是光绪甲午恩科进士，清邮传部右侍郎、署理邮传部尚书，资政院帮办大臣沈云沛的城内故居。在这被遗忘了的小院，抬眼望去，海州电厂冷却塔如泰山压顶之势，热气弥漫，笼罩着这个百年古屋、千年古城。

在西院察看时，我的举动引起了西屋老人的注意，他打量着我，问明来意，很乐意地向我介绍起院子情况。老人在此居住有50余年了，说较早前常有沈氏旁支后裔来此查看拍照，想要求政府返还祖宅，那时南面的一片还没有拆。近几年少了，倒是你们这些对历史有兴趣的人会过来。

老人说小时听老辈讲，沈家老宅原来很大，现在就剩这十来间了，堂屋后面原来是城墙，沈家就在西门里。原来的房子，是先做好四梁八柱，才砌的墙。墙很厚，梁柱都是用南方上好的楠木，很粗。屋面是小瓦，里面是方木衬夹板，地下是地板，冬暖夏凉。

我笑着问道："你是怎么知道这么清楚的？" 老人说："后来房产公司翻修时，把原来那些梁柱都换掉了，有的围板上还刻有福、禄、寿呢。" 老人接着说："1968年，街道上有人说，沈二老爷二姨太房间地下有财宝，来了不少人，在东屋挖了半天也没找着。"

听说这里原先是二百余间的沈宅建筑群，在1991年掀起的"古城改造"热潮中大都拆毁，眼面前残存的十余间，原为东院北部一小部分，是为放置杂物与用人的住所。残存沈宅，被分割为两个小院落，院内横七竖八盖满房子，难以看出当年的建筑格局。沙灰抹墙遮不住潮湿，从斑驳陆离脱落的墙皮中，露出百多年前的青砖，显示着历史的遗痕。

沈云沛故居始建于清末，为八卦形建筑群，有客厅、厢房及西式园林。沈云沛先生是在这儿读书的吗？城外的沈家花园"槐树厅"，那儿有沈家藏书楼，听说是设置豪华的地方，那应该是沈云沛的攻读地方吧？但也不尽然，不是说沈云沛经常在南山茅屋攻读经史子集么？沈云沛聪慧敏捷，不管在哪里，他都会勤奋苦读的。沈云沛皓首穷经，成秀才、中举人，而进士，一步步进入仕途，成为海州有史以来家乡最大的京官。

不由令人想起，沈云沛与张謇的争论，陇海铁路是东来还是南下？经过先生多次奔走努力，终使陇海铁路自徐州通达海州。为大浦建港创造了条件，以致后来的老窑建港，今日的欧亚大陆桥东桥头堡。沈云沛先生是海州工商实业奠基人，开办海赣垦牧公司、筹谋大浦建港、开办锦屏山树艺公司、创建云台树艺公司、兴办鸿门果园。若不是先生造福乡里，海州人不知有古安梨、云雾茶。今日之海州中学，培育出一批批栋梁之材，有谁知道是沈云沛先生在废科举后，于全国率先开办海州中学堂，使旧式的石室书院成为中国第一批"中学为体，西学为用"的新式学校？

海州地处淮沭河下游，自古旱涝交替，经济落后，民不聊生，能出先生这样栋梁人才，为家乡谋利，难能可贵，是海州之幸。中国是礼仪之邦，讲仁义，重道德，知感恩，崇文明。生我这片故土，养我这片故土，爱我这片故土，凡是为这片土地做出过贡献的人，我们不能忘记。

沈云沛开发的洋桥巷

新浦是黄河夺淮，泥沙冲积出来的土地，1862年（清同治元年），西戆口至洋桥巷（民主路与南极路交会口）最先成为陆地。新浦本无原住民，初期海州民众，为了寻生活移居这块新生土地。移民依前河（现市化路）北岸搭屋居住，人口的增多，距前河北岸百多米处形成了土路，便是民主路早期雏形。咸丰年间富安村董刘兆垣，在王家巷里挖土筑基掘沟排水，就地取材割苇搭舍，木棒围栏草房作店，经营粮食土产，取名“同泰行”。随着人口增多渐成村庄，是为“新浦庄”。

1892年（光绪十八年），富安刘氏族人，为地方公益，求天后娘娘护佑，倡议创建新浦天后宫。得到山东客商赞助，族人自筹资金耗时10年，于1901年（光绪二十七年）建成。新浦天后宫前殿三间两层楼房，殿后建有戏台，院里正殿三间，东西配房外带走廊。相较于东面的福神小庙，天后宫因庙规模大，而叫“大庙”。

1890年（光绪十六年）沈云沛回籍丁父忧，与管家董才卿分析州北之地新浦发展前景，认为新浦几十年间从盐田荒废到市镇兴起，发展之快全国罕见。1892年（光绪十八年）10月，天后宫开始动工，沈云沛前往新浦，看望施工中的刘振家、刘振鼎，与亲戚刘氏弟兄交流，思考在新浦之发展。第二年2月沈云沛又借视察沈圩庄田之际，顺道新浦了解天后宫建设情况，关心新浦商埠的发展情况。

沈云沛是一位绅商，作为知识分子士大夫，在鸦片战争后，看到国家落后，一个又一个的不平等条约，巨额的赔款，难以接受。以天下为已任的中国知识分子，目睹国力衰弱，争国格和人格，谋求自尊与荣誉，成为清末有识之士的社会思潮。面对西夷坚船利炮，走实业救国是为通途，沈云沛的“谋实业以培天下之元气”思想，应时而生。打破了唯业儒方获自身与家族尊严荣耀的传统观念，发展家族实业。

沈云沛的实业救国从改革农业，创立犁户制，开土地承包先河，三年收成提高了三成。积累资金，为进一步投资实业做准备。1894年（光绪廿年）至1898年（光绪廿四年），沈云沛相继开办了临洪油饼厂、毛巾洋胰厂，合作兴办海赣垦牧公司、海丰面粉公司。此时标志新浦之兴的天后宫建设已近尾声，前殿、正殿、厢房已经建成，戏楼也在建筑之中。

早在1866年（同治五年）时，12岁的沈云沛与同窗游历新浦北后，看到蔷薇河北、东龖河两岸大片盐田，因海水东退无卤可取而遭废弃，建议父亲沈观国买下荒废盐滩。1900年（光绪二十六年），沈云沛经过对新浦多年考察，加之沈氏实业也风生水起，与管家商议决定将海州实业移往新浦。

在选址的时候沈云沛是经过充分考虑的，前河是内河码头，后河湾为海运港口，前河北岸的洋桥巷处尚为荒地，有旧盐码头留下的通道，前河宽40余米，沈家船队可以充分利用昔日盐码头，觉得商业项目选在前河岸边甚为合适。

沈云沛以昔日盐码头通道为轴线，两边建房开发，东起生庆公茶庄西至王巷，沿前河北岸展开，南临前河北达老大街。沈云沛从海州搬来甡泉糟坊、甡泰油坊、甡茂杂货店、甡茂（粮食）商行，中间通道两边店铺，门面房可以做生意，形成早期商业街。20多年后鸦片商人郭海山，在海昌巷开发中，也采用东面建中央旅社，西面开海昌公寓，沿街门面房出租的方法，最大化提升商业利用价值。沈云沛这种规划设计，开创我市商业步行街之先河，一直影响着今日房地产商业开发。

1900年（清光绪二十六年），正是北方义和团兴起之时，海州偏于一隅，没有遭受影响，给沈云沛在新浦兴办实业提供了时机。沈云沛连续几年，在前河北岸盖起大片房产，移来海州实业，开发出洋桥巷地段。经营粮食、布匹、油料、杂货，使洋桥巷处成为老街的商业中心，也是沈云沛多年实业厚积薄发的结果。

洋桥巷地段的开发成功，对新浦进一步兴盛起到了推动作用。随后海州杨景衢在前河开设裕兴永粮行，王树仁在裕隆巷开裕隆恒布店，海州其他大姓殷、葛、骆、谢、卜等也都在新浦开店设铺，一时间新浦商业兴起，进入了第一个繁荣期。

海丰公司在前河上架设的拱形桥

洋桥巷地段当初也许并无命名，1903年（光绪二十九年），前河南岸建起海丰面粉公司（现解放中路海丰巷西侧），海丰公司为方便交通，在前河上建桥（南极北路与市化路交会处），考虑桥下行船，将桥设计为拱形，人们觉得拱形桥洋气而称其“洋桥”，故沈云沛开发的巷子就叫“洋桥巷”。

1922年沈仲长在前河南岸（现东方大厦身底）创建新东电灯公司，供应新浦大街照明用电，初期大街上仅有几处装有路灯，洋桥巷便有了路灯照明。每逢节日洋桥巷里甚是热闹，摇糖球卖蒸糕的，拉洋片算卦的，杂耍卖药丸的，卖估衣卖麻卖绒线的，熙熙攘攘摩肩接踵，那时的洋桥巷是新浦最热闹地段，是老街的天桥市场。

1938年日军在攻占新浦前，将洋桥列为轰炸目标，致洋桥惨遭炸毁。1947年时局不稳，洋桥巷内洋钱（银元）贩子聚集，巷里巷外尽是倒洋钱的，一段时间人们称洋桥巷又叫“洋钱巷”，可知此时洋桥巷为人气颇多之地。1948年《申报》曾报道：“山东平都人赵占义，年29岁，于13日下午，在新浦洋桥巷内，使用1000万伪造中央银行法币，经人报县警察局，即将该犯拘捕带局，押候侦讯。”

后南极路拓宽向北延伸，洋桥巷消失，沈云沛当年开发的商业街也成了历史。

锦屏矿业公司为什么要在老街设立办事处

清同治十年(1871年)17岁的沈云沛在锦屏山南沈宅读书,经常游览锦屏山,其被潺潺流水、茂密树林所吸引,他采集了许多石英石、萤石,认为此山有灵气富有宝藏,遂建议其父沈观国购下此山。

光绪十六年(1890)36岁的沈云沛,在浙江按察使廖寿丰手下任文案,也就是文书。沈云沛闻张之洞在汉阳大别山兴建湖北铁厂,接着又开办了大冶铁矿,便专程前往武汉拜谒湖广总督张之洞。沈云沛想到家乡海州的锦屏山,曾于山南酒店发现过赤铁矿石,遂向张之洞介绍,张之洞听了很高兴,应沈云沛要求,遂派勘探技术人员前往海州,经过勘探为稀有的锰铁矿。

民国七年(1918年)经过多年准备后,沈云沛成立了锦屏矿务公司,公司立即组织人员在锦屏山南开采锰铁矿。当年8月12日沈云沛在天津病逝,遵遗嘱锦屏矿务公司交由其六子沈蕃负责管理。沈蕃联络了八家士绅入股,雇用了200余人,又聘请外国技术人员开采锰铁矿,由于矿石储量少、品位低,锦屏矿务公司举步维艰,矿山处于半停产状态。

1919年冬天留守工人于庭华在烧火取暖时,偶然发现有石头在火中冒出绿色火苗,感到好奇遂报告公司,经送京城化验分析竟是磷灰石。品位很高,藏量丰富,适合开采。民国九年(1920年),沈蕃获北洋政府农商部发给磷矿开采执照,成立了以沈蕃、徐新六、白宝山等人为董事的"锦屏矿业股份有限公司",沈蕃被推为总经理,赵理斋为矿长。锦屏磷矿石的开采,开创了中国磷矿石开采的历史。

随着开采工作的进展,公司的业务量也在增加,公司对外联络、信息沟通、技术管理、人员来往,在海州的锦屏矿业公司已深感不便。时新浦已取代海州成为海属之地政治经济交通中心,作为总经理的沈蕃,决定在新浦设立锦屏矿业公司新浦办事处。

地点就在民主路与南极路交会处,时洋桥巷西首,现在的浦东社区医院对面,沈家的小洋楼上,小楼两层共有10多间房屋。此楼一层为沈家牲字号布庄,办事处在二楼,设经理室、财务室、技术室、资料室,实际就是在矿山外的总部。

洋桥巷位于民主路与前河之间,前河的南面,是赣榆许鼎霖创办的海丰面粉公司和赣丰油饼公司,前河北岸是各家粮行。河上舟来船往,路上行人熙熙攘攘。洋桥巷周边商店林立,这儿有沈家的布庄、杂货店,前河北岸就是当时新浦的天桥市场。办事处在这闹市中办公,办事联络十分方便。

以往因交通问题,外地电报送往锦屏十分困难,还经常耽误事情。在新浦设立办事处后,有些电报马上就得到了处理,提高了工作效率。人员接待、技术咨询、与政府沟通也很方便。这段时期是锦屏矿业公司初创的鼎盛时期。

1939年日军占领海州,沈家人逃难躲到乡下,沈蕃等人随着国民政府撤往后方,锦屏矿业公司停产,新浦办事处关门。日寇为了战争需要迫使工人复工,又从国内调来工程技术人员,加强对矿山管理。1939年底,在青岛成立了海州矿业开发株式会社,又在新浦设立办事处。在矿山修建简易铁路连接海州火车站,盖起变电所、锅炉房,开凿更大矿井,大肆劫掠开采,给磷矿造成了深远的影响。

1945年日本战败投降,1946年沈蕃出任民国资源委员会锦屏磷矿公司董事兼总经理,其子沈华生、侄儿沈同生协助开展锦屏磷矿业务,此时的磷矿进入生产恢复期,新浦办事处也有了生机,各项工作有条不紊展开。抗日战争胜利后接着是三年内战,国民党各线溃退,1948年11月6日清晨,国民党44军弃守新海地区西撤徐州。静悄悄的街上空无一人,当经历了战事而躲避的百姓闪开门缝,知晓了事态的变化,疯狂的抢劫便发生了。潮水般的人们冲向商店、仓库、机关,能拿的一扫而光。抢劫很快形成了千人大军,横扫一切物资,大街上手拿肩扛的,多人合搬的,到处都是抢东西的人,新浦笼罩在无政府的乌云之下。

锦屏矿业公司新浦办事处留守人员魏国友,原是担任办事处与矿山的联络工作。当战事紧张时,矿山停产,矿上安排三辆卡车拉员工随国军一起南撤。但魏国友考虑到办事处还有不少的技术档案、财务报表,保险柜中的银行支票和现金也让他放心不下,便没有随车撤走。他找来人用砖头把门窗封死,一日三餐全靠老婆从窗口小洞送进来,当街上乱哄哄抢东西时,魏国友手握钢管,胆战心惊地守护在办事处里。

当魏国友在办事处里看守了两天两夜后,一天听到窗外有陌生人在喊他的名字,警惕的魏国友手握钢管悄悄靠近窗口,听着动静。来人又继续低声地喊着他的名字,魏国友仍不作声,从陌生人的口音中觉着似曾相识。昨天送饭时老婆告诉他,八路军进城了,街上也安静了,魏国友在办事处的小楼里也能感觉到。他想起国军西撤前,曾有人来告诫他留下来。这声音有些熟悉，当确定无危险时，魏国友和陌生人合力扒开封窗户的砖头。一见面魏国友认出了陌生人，就是前些日子来过的那人。

来的人告诉魏国友，他是军管会的，奉谷牧之命来找他。解放军进城前，他是共产党的地下工作者，一直在为接收这座城市做准备，希望魏国友协助军管会工作。魏国友表示自己只是留守人员，希望军管会能与东家联系。军管会联系了沈蕃，此时的沈蕃因不愿赴台一直留在上海，不久受到邀请自沪赴京，并电召在美的长子沈华生回国。

军管会确认锦屏矿业公司为民族资产，不属敌伪及买办资产并派员协助锦屏矿业公司恢复生产。由于魏国友保护的资料没有受到损失，使磷矿很快恢复了生产，新浦办事处保存的现金和支票也都派上了用场。魏国友开始往返磷矿与新浦，积极投身到磷矿的复产工作中去。新浦办事处像战前一样，人员进出，大家都在忙碌着。

不久国家实行公私合营政策，新海连市军管会通知矿业公司派员洽谈。在京的沈蕃早已了解到当时的政策，不久派人与军管代表在新浦办事处见面。沈蕃的代表转达了主人的意见，感谢军管会对锦屏磷矿恢复生产各方面的帮助，感谢对沈蕃的尊重，他是新海连人，愿意为家乡建设贡献一份力量。

1949年5月山东工矿部化学工业厅决定与锦屏矿业公司为合作合营，1956年5月30日锦屏矿业公司在北京王府井大街永利公司会议室召开公私股代表协商会议，私方主动放弃了股权，锦屏矿业公司结束了公私合营局面，正式成为国有企业，完成了私有资本的社会主义改造。政府接管磷矿后，加大投入升级为化工部直属企业，新浦办事处的各项工作也回迁至锦屏，新浦办事处这栋小楼交给了市里，分配给了市建筑公司，后曾作为市建工局的职工宿舍。锦屏磷矿随着企业改制又变为私人所有，历史似乎又回到了原点，只不过锦屏磷矿已不姓沈。当年的新浦办事处在旧城拆迁中消失，连同沈家锦屏矿业公司，一并留存在历史的档案里。

拜祭沈云沛遗骸弃埋处

热心沈云沛研究的朋友告诉我，沈云沛的遗骸弃埋点找到了，听到这个消息，很感欣慰，想去拜祭一下，以表达我对这位乡贤的敬重心情。幸得《沈云沛传记》的作者刘风光先生帮助，在一个霾小的下午，与其结伴前往寻访凭吊沈云沛先生。

沈云沛墓原位于锦屏岗嘴的台基地，依山而建坐北面南，有神道宽丈余，拾级而上，可至沈墓。神道有石人、石兽，牌坊、华表。墓地围墙约20米，立有民国国务院统计局（秘书局）局长吴廷燮撰写的碑文，原邮传部参议赵世骏手书的墓碑。现在的台基地原沈墓，在1967年4月被砸毁，遗迹全无，墓前石狮曾置于海州区建设局门前，后听说运到新浦公园。墓地石构件、墓道砖石用于村民沿坡建房，台基地主道两侧已是农舍楼房，山脚下立有“后陈村”标志牌。

刘风光先生曾经走访过沈云沛的守墓人侯广玉，了解到墓殇三天后，沈云沛第三代守墓人侯广成等人，将沈云沛、吴氏夫人遗骸，连同西边相邻同被虐尸的杨海峰尸骸一起，用柳条筐抬至北山脚下草埋之。据侯广玉讲，那一年沈云沛墓被人打开，墓穴内并排放着沈云沛棺椁和吴氏夫人棺椁，撬开沈云沛棺椁，撩开遮布，见沈云沛身穿朝服，脚蹬朝靴，面目如生，尸身完好。众人扒出棺椁，扯下朝衣、朝珠，装车巡展各地，后弃骸三人于墓边暴晒三天，因气味太重才有人埋之。

我们俩出市区，顺着盐河路奔锦屏方向，过朐山、青龙山，沿着四处开裂的水泥公路前行。不时有超载的沙石车呼啸而过，扬起漫天尘土，天空一片灰色，郊外的霾比城市里更加严重。过了托山涧河桥不久，右侧有一条水泥小路，顺路上坡至水库，东侧山脚下便是“东乱岗”。

刘风光先生说东乱岗是经多人辨认，才确定就是当初的掩埋地点。走过坑洼地石塘他顺手指道：“沈云沛遗体掩埋地就在那养鸡场的后面。”顺着刘先生手指方向望去，到那养鸡场还有四五百米远，后边稀稀拉拉有几棵小树，周边挖得坑坑洼洼，北山脚下有几处坟茔。伴着不远处采石场隆隆的机器声，走在弯曲崎岖的土路上，一脚高一脚低的，我们迂回穿行。过了养鸡场，再跨过一道沟，刘风光先生指着一处洼坑说，就埋在这里！

只见在一片乱树之中，有一片堆土，堆土下有一洼地，洼地南面有两座坟，十几米外挨着另外一座大坟，大坟南面就是养鸡场。这哪有坟啊！也无标记物，要不是刘风光先生指认，一点也看不出来。刘风光先生指着那堆土说，掩埋地就在堆土和洼地范围内。有几位热心沈云沛研究的朋友，为了寻找沈云沛遗骸掩埋地，几经寻访奔波，分别寻得当年的掩埋人，以及当年现场目睹掩埋之人，其中一人家坟离此十余米，分别指认掩埋地就在此处。原来还好辨认，后来有一姓韩的人在此承包，要建生态园，填土建设已进行一半，地貌改变很大了。

1918年8月12日沈云沛于天津医院去世，终年64岁。辞世前沈云沛将后事交代于在京的三子及长孙："1. 日本侵占中国是必然的，凡沈氏子孙后裔当抗击之，不能为虎作伥抑或同流合污，否则逐出家门，永不得入沈氏祠堂。2. 与朱启钤、施肇曾等老交通人系人员密切联络，一定要将陇海铁路修筑到海州，万不可改线……3. 由次子沈仲长主持沈氏家政，家产分为三块，一块分给长兄沈云见后人，另两块由沈仲长主持议分。4. 他辞世后落叶归根，葬于锦屏山东麓岗嘴台基处。"

沈云沛对中国宪政改革与铁路建设做出了重大贡献，"致津浦铁路为近代中国铁路修筑时间最短、用费最少、效益最佳，由中国自主管理的铁路。"同时民国内阁唁告各省，指示财政部拨款安葬，交通部调专列配以警察护送。改沈家原定由津浦铁路至徐州，再转骆马湖进蔷薇河而归于海州的路线。为沿津浦铁路在浦口换轮渡，转沪宁线抵镇江顺运河经扬州、淮安入盐河至海州。让这位前"铁路大臣"身后再巡视一下，他呕心沥血建造的津浦铁路与浦口下关的轮渡航线。沈云沛棺椁抵达海州后，停灵于鸿门西大厅，海属之地2万余人前往吊唁。1919年10月归葬于锦屏山东麓岗嘴台基处。

这时掩埋处的东面，采石场的粉碎机轰鸣狂吼，蘑菇云似的粉尘，随着风漫天而来，呛得我们和养鸡人不停地咳嗽。我们急忙告别养鸡人，匆匆下山。返回的路上，二人默然无语，都不想说什么。

新浦早期开拓者——刘振殿

提起刘振殿人们容易想到《创建新浦天后宫记》碑，这块1917年（民国六年）的石碑，高2米宽90厘米，立于新浦公园湖边。当外敷水泥脱落时，被人发现，这块尽显弥足珍贵的石碑，记载了新浦开埠内容，是新浦初期兴盛的重要物证，《创建新浦天后宫记》的撰文者便是刘振殿。

刘振殿，字召诚，1881年也就是清光绪七年，生于东海富安，即今天海州区浦南镇富安村，其父是地理先生，也就是职业风水师。刘振殿弟兄五人，家中长子，幼年聪慧勤奋，好学上进，有文才，善诗词。清末庠生拔第一名。庠生也即秀才，古时诸州每年举荐秀才一名，时刘振殿清末庠生拔第一名，也就是学校第一名，可见成绩优秀。

1908年（清光绪三十四年），刘振殿27岁，从上海龙门师范学校毕业，龙门师范学校前身为龙门书院，由上海道台丁日昌创办，1905废科举改为龙门师范学校，现为上海中学。当初学校每年招生176人，其中外地生仅30名，真是竞争激烈中榜不易，学习的科目有：经学、国文、历史、地理、算学、理化、博物、体操等。

刘振殿返回家乡时，新浦天后宫已建成7年，这位当地的才子，在新浦从事粮食土产贸易，经营裕太恒商号近10年，已颇有影响，随着新浦商贸的发展，刘家早年开拓的荒地，地价大增，外来客商纷至沓来。刘振殿看准商机，利用土地与客商合作，由客商投资建房，客商经营交租金，10年后产权归刘家，这就是刘振殿在新浦拥有百余间房产的原因。

刘振殿父亲去世后，弟兄分家，因家业多为振殿辛勤经营的结果，有人担心分得是否合理，而刘振殿念手足情分，主持家产平分，此举博得了族人一致赞许。后凡有族人、乡亲分户，皆以刘振殿为楷模，遇事都请其帮助排解。

刘氏家族多人在新浦经商，在激烈的商业竞争中，族人深感应有代表人物，在社会上挂职，维护家族利益。考虑到刘振殿好交际，善言语，民国初年参加同盟会，后又加入国民党，被推选为东海县商会副会长，便公推参选省议员。

1918年（民国七年）刘振殿当选为江苏省议员，在任省议员期间，为地方公益广为联络，以商会名义，与南方城市商会建立关系，订立长期粮食供销合约。保护了农民的利益，推进同行有序正常发展，博得农户及商家一致好评。在陇海铁路东端开筑之际，提议设立新浦临时商埠，促进本地农副产品流通。

省财政开征卷烟税时，联合其他议员共同提出反对议案，保护商民利益。还与数十名省议员一道，联名提案罢免无视民意，强推公债的省长韩国钧。刘振殿作为东海县省议员，为地方、苏省民众利益仗义执言，勇于发声，是省议会中活跃一员。

日伪时新浦天后宫　李彬 提供

他倡导扩建新浦天后宫，不断带头捐资，深受当地士绅民众赞许。刘振殿认为新浦开埠20余年，由荒滩而市镇，天后宫的创建，标志着新浦兴盛之始，有必要为天后宫立碑传记，以告后人，遂被推举撰写《创建新浦天后宫记》。刘振殿在碑记中撰文道："新浦据蔷薇河下游南岸，上沿沭河，为运河尾闾，河流所及之，土货泛而至焉。渤海商船，因是翔集，而交易成然。""诸父老言，新浦之兴自天后宫始。"为维护市镇商业秩序，他力主筹资成立新浦商民自卫团，购置枪支训练团丁，日夜巡逻维持地方治安。

刘振殿的祖先原籍山东沂水白茆镇，1494年（明弘治七年）迁入东海房山后庄，东海长年洪涝交替，灾荒连年，又海盗四起，民不聊生。灶民外逃，盐田荒涸，因而影响朝廷盐的税收，故朝廷强令，各户抽丁一名，充作灶民熬盐。先祖刘钦自动报名，替两位哥哥解忧，落户富安，充当灶丁，至此刘氏便在富安落户生根，开始了400余年的繁衍生息。

当大海东去，富安盐田变成荒滩，临洪滩外西膔口，渐成水陆码头，带动前河船运，新浦遂成市镇。刘氏族人开始弃灶经商，先有族人刘兆垣，在王巷北面筑堰建屋，开设同泰行，经营土产。后有刘兆鳌在后街，今建国路小学东侧，开永顺行。接着刘际运、刘际贡、刘际品等，纷纷来到新浦开行设店，那时新浦是盐田荒废，蒿莱遍野的荒滩，所谓商行，也只是木桩筑圩，泥墙茅屋，由于刘氏族人的辛勤努力，土产粮行生意，逐渐兴旺，到了1875年（光绪元年），振字辈的刘姓一族，已成为新浦商界巨富。

刘振殿性格开朗，思想进步，虽科举出身，却热心新式教育。其他前清秀才，多数对新式教育抱观望态度，仍从事私塾教育，社会上民众思想尚待开化，新式教育尚处萌芽状态。刘振殿身体力行，科举初废便考入上海龙门师范学校，并鼓励弟兄侄儿进入新式学校学习，在科举初废时期，这确实是难能可贵的。

1913年，刘振殿随族兄一起，捐资扩建新浦天后宫，在大庙东侧建厢房5间，创办新浦第一所小学，即东海县第二国民小学，吸引民众子弟接受新式教育。刘振殿办学的时代，正是封建社会向现代文明转型时期，思想保守，观念陈旧，是难以逾越的难关。刘振殿四处游说，先从家族做起，规模由小开始，初时庙中和尚也不愿意，刘振殿耐心劝导，说这也是功德，学生平时上课，大庙节庆日对信众开放，两下方便。当然啰，刘振殿还是要额外付些香火钱的，权当作是和尚对学校后勤服务的酬劳。20世纪20年代末他又在家乡富安，倡导创办了保枌小学。

刘振殿一妻一妾，生子女7人，1907年26岁时，生长子刘一麟。刘一麟继承了父亲勤奋好学的传统，在就读于省立第十一中学期间，学习认真，作业没完成，课间绝不出去玩，因而成绩优异，考入上海同济大学。富家子弟能够踏实学习，这与刘振殿平日里的家教是分不开的。刘振殿从不体罚孩子，平等对待子女，客人来了，孩子可一桌进餐。遇孩子有进步，常给予表扬鼓励，他说，儿童是一个人一生中，最愉快的时候，要让他们做自己高兴的事情。

刘一麟在上海读书期间，每年花费要大洋500块，当时小学教师最高薪水20块，一个工头一年不过60块。刘振殿是位开明的士绅，支持儿子在学业上的进取，这与一般富人家庭不同，这些富人通常不会拿出这么多钱，供孩子去外地求学，而是早早地安排孩子学做生意，娶妻生子了。

刘一麟不负父亲重望，1932年自费赴德国留学，在德国汉堡热带病研究院，研究噬菌体期间，发现布氏杆菌的噬菌体，写出论文《关于寻找布氏杆菌的噬菌体和念珠菌的噬菌体》，获医学博士学位，成为我市第一位医学博士。后担任连云港市第一人民医院院长，连云港市副市长。刘振殿小女刘芗芸，其丈夫顾东石，民国东海报记者，中共地下工作者，曾为中共新海工委，多次提供有价值的情报。1948年因身份暴露被捕，同年11月份遇害。

日本占领新浦期间，刘振殿已停止一切社会活动，日伪拉拢做维持会长，其子刘一麟逃难在外，书信劝父拒绝与日伪合作。1947年刘振殿患脑中风，行动不便，长住妻子开的益龄医院，不久便病逝，终年66岁。

刘振殿的一生，正处在新浦初期发展阶段，是由盐田荒滩变为繁荣市镇的初创时期，大自然的运动变化沧海变成桑田，早期开拓者的辛勤努力，造就了一个新的新浦。刘振殿等早期开发者对新浦的贡献，奠定了今天新浦的发展基础。新浦是新的，这个新浦没有消失，还在以崭新面貌，呈现在世人面前。

民主路113号走出来的副市长

民主路113号为临街的二层楼房，东侧为原长生泰商店，对面是原新新饭店、馨祥酱园店，这里近邻原工人电影院和文化宫，东去不远便是市第一人民医院，是新浦东街一热闹去处。113号楼下沿街门面三间，院内原有两个天井，后门可通新市街，楼上下有房28间，这里是20世纪上半叶，海属地区最大的由中国人开办的西医院。医院设有内、儿、外、妇四个临床科，医护及职工24人，有病床40张，院长负责内、儿两科，外科医师由毕业于南通医学院，并曾在日本九州帝国大学获医学士的路忠平担任。妇产科负责人为冯自新，毕业于省立镇江助产学校。

1934年春天，留德医学博士刘一麟，向中国银行及聚安盐号筹借银元6000块，在原民主路279号开办西医院，经筹备于当年6月1日开业。昔日私人开医院起名多喜用个人名号，因益龄与一龄同音，且益龄有延年益寿之意，故刘一麟给自己的医院取名"益龄医院"。刘一麟自任院长，聘请外科、妇科医师，又招聘护士8名，另有挂号、收款、卫生员多名，请了板浦名厨陈二师夫妇俩负责营养均衡。益龄医院医技科设手术室、化验室、药房，有显微镜一台，能做血、尿、粪便三大常规检查。外科、妇产科器械比较齐全，可施行四肢、腹腔、难产等手术。

刘一麟 作者 摄

刘一麟，字揆伯、乳名大麟，按富安刘氏族谱"纪、振、鸿、文、水"排行，属"鸿"字辈。因刘氏家族在东海繁衍约400余年，人丁兴旺，其父为了区别起见，取云麟二字，家中男孩用麟字排行，女儿则取云字。刘一麟为家中长子，故取名一麟。刘一麟祖籍山东白茆，1908年6月12日生于东海县富安。其父刘振殿，字召诚，清末庠生拔第一名，上海龙门师范学校毕业（现上海中学），1917年撰写的《创建新浦天后宫记》碑文，成为新浦最早的开埠石刻记载。刘振殿的聪慧好学，做事认真，影响着刘一麟。1920年刘一麟考上江苏省立第十一中学，1925年就读上海同济大学，1932年8月赴德国留学，在德国汉堡热带病研究院，研究噬菌体期间，发现布氏杆菌的噬菌体，写出论文《关于寻找布氏杆菌的噬菌体和念珠菌的噬菌体》，获医学博士学位，成为我市第一位医学博士。后任连云港市第一人民医院院长、连云港市副市长。

益龄医院病床分三等，即头等、二等、三等，病人较多通常都是满员，每天门诊有20到50人次，对当时只有3万多常住人口的新浦街道来讲，已是不小的数字了。医院收费分四种，有门诊、出诊、住院、接生。门诊挂号分普通、特别号，普通门诊收洋1角，夜间收洋5元。出诊根据路途远近收费，住院头等病床每周收洋7元，二等收洋5元，三等收洋2元。

由于刘一麟的留德博士声望，加之医术精湛，每天登门求医者络绎不绝。益龄医院医疗收费价格低廉，所有患者都是先看病后交钱，并规定两种情况可免收医疗费用，一是亲朋故旧，二为赤贫之人，并于1936年在地方报纸《新海报》上刊登广告，对赤贫家庭免费诊治，引得附近县域患者蜂拥前来看病，对赤贫者免费，有困难者减少收费，深得困难家庭感恩。刘一麟的医术医德影响深远，得到民众的拥戴，以至时驻海州的税警总团团长黄杰，仰慕其名登门拜访，欲请去担任税警总团军医处长，为其婉拒。1937年《申报》报道："第八区行政督察专员兼保安司令郝国玺，23日因公赴连云市，下午3时乘自备汽车返署，由新浦行至临洪滩铁道上，适有东开火车向东急驰……至将郝之汽车撞翻……郝头腰等部均被撞伤……当用电话延请到新浦益龄院院长刘一麟诊治。"可见益龄医院在当时社会之影响。

益龄医院在老街上正火红时，抗日战争爆发，1938年日机轰炸新浦，刘一麟关掉益龄医院，"跑反"至灌云杨集德兴庄，继续为民众看病。后到上海在储麟荪医院任医师，在上海期间，日伪东海县政府托其父要刘一麟返乡担任医院院长，遭其拒绝，并劝其父不要与日本人合作。抗战胜利后，刘一麟于1947年返回新浦，益龄医院复业，又购买北面平房17间，使益龄医院可直通新市街。1951年10月新海连市工人医院成立，时卫生科长赵健伍动员刘一麟加入市工人医院，刘一麟遂带着医疗器械及药品加入市医院，益龄医院宣布停业。此处房屋曾为公安局，后为检察院办公用房，现为市房管用房租给市民居住。

中医朱少亭

中医是汉民族的传统医学，亦称汉医，西医传入中国后而称中医。中医以阴阳五行为理论基础，通过望闻问切方法，用药汤、散丸、膏丹及针灸推拿等方法，使病人阴阳调和而康复。在西医没有传入中国前的几千年间，中华民族与疾病的抗衡手段，主要依托是中医。自清末前河货运繁忙，村庄渐成市镇人口增多，新浦便有了中医问诊。民国时期全市先后开业的，有185家中医行医者，其中新浦58家，海州33家，云台70家，连云24家。众多的中医人士，在各门各科的传承中，经长期行医实践，结合海属患者疾病特点，摸索出各自行医风格治疾所长。尤以对中医理论汇古融通，集古博今，临床丰富，且在海属之地名望者，有13家。有的用药大胆，有的对汗症专长，有的擅长伤寒治疗，也有的是妇、儿、内科回春妙手。新浦的50多家中医诊所，遍布民主路大街小巷，有的开药房坐诊，有的诊所只开药方，还有的是药铺坐堂先生，如淮安人顾铁侬，1929年来新浦，就受三和兴药房邀请，在药店坐堂问诊。在这13家有名气中医诊所中，朱少亭的诊所又有所不同，他是先开药铺再行医者。

朱少亭，名时良，字少亭，1888年（光绪七年）生于赣榆沙河，兄弟二人，出身农家。朱少亭排行老大，幼时读过几年私塾，聪慧好学，做事严谨。因喜好中医，尤以对中草药兴趣浓厚，不同草药配伍增减，治疗不同疾患，产地不同季节相异，都有变幻莫测之奇。朱少亭是个好学之人，药农之经验，草药之特点，都令他产生浓厚兴趣，这为他日后行医奠定了坚实的基础。1925年，陇海铁路通达新浦，各地客商看中了这块新兴之地，鲁商、徽商，冀州帮、河南帮纷至沓来，老大街人口陡增。这时37岁的朱少亭离开沙河，来到新浦找生活。初来乍到用什么方式打开局面呢？朱少亭想到从中药铺着手，这是他的长项，做来不费功夫。他在第一池附近找了两间房子，安顿家人，在家中开起了中药房。朱少亭的药房，本地草药有熟悉的药农，外地中草药有以往的渠道。开药铺全家齐上，老婆孩子各有分工，自己有了空闲就研究药理，钻研中医之术，在家中开药房同时兼问诊开方。

朱少亭开药房轻车熟路，家人齐上不雇外工，卖药兼开药方，因而成本低廉收费便宜，吸引了不少市民前来，一时间朱少亭的药房名声大振。旧时人们对教师、医者尊重，前者育人后者救人，对二者都冠以先生称呼。朱少亭家中排行老大，街上人尊称朱大先生，昔日风俗对外自报姓名，同行或熟人亲切称其“字”，因而熟人或同辈尊称“少亭”。经过一段时间的努力，朱少亭有了积蓄，买下了位于西巅口，福利昌巷东首的一处房子。这是有堂屋、后屋的院子，其中堂屋三间，两侧各有楼阁，后屋三间，堂屋南侧有一偌大花园。后来朱少亭又在花园的地皮上，盖起两层楼房，上下各三间。在堂屋与楼房之间，盖上东屋两间、西屋两间。朱少亭将前楼穿堂作为看病问诊地方，西屋作药库，东屋配药取药。长子朱崇犖，字寿康，跟随父亲学医。次子朱崇炳承接父亲药房，配药制药。老婆、姑娘及弟弟众人，忙于药库、药房，朱家大院就是一个家庭中医院。

连云港市第一人民医院

朱少亭专攻儿科，兼治妇科。儿科是一个风险很高的学科，自古就有“宁治十妇人，不医一小人”之说。小儿身子娇嫩，脏器没有发育成熟，症状复杂，用药剂量把握难度大。况且旧时婴儿出生率低，病亡率又高，每个家庭视婴幼儿都很金贵，医生的压力就很大。小儿出疹子是常见病，可出疹前高烧拉肚极易误诊，有经验的中医，病灶前期能够看出，让其发出来就好了。也有的难以分辨，就症治表不能及里，引发事故难以应付。民国时期，大街有一银行行长家公子，别家诊所救治不见改观，反愈发严重，行长全家甚是恐慌。找到朱少亭诊所，朱少亭根据经验认为可能是出疹，但其表象不显，结合号脉观喘，大胆认定是疹子，让其发出。果不出所料，小儿不几日转危为安，恢复正常。朱少亭的中医功夫，令这位见过世面的行长，深感佩服，激动不已，为表感激之意，特意制作硕大匾额相赠。这是用上等大块楠木制成，长约两米，宽近一米，雕刻云水图案边框，描金漆红。着四个壮汉抬着，敲锣打鼓送至朱少亭家，红绸遮匾又附上做好的支架、铜钩，悬挂于朱家堂屋二梁。在锣鼓鞭炮声中，行长挑下红绸，匾额上书“妙手回春”，金色大字熠熠生辉。福利昌巷，朱家大院人头攒动，围满了看热闹的街坊邻居，朱大先生妙手回春之名，不胫而走名声大振。

朱少亭医风严谨，下方精准，加上多年对草药研究甚深，讲究药理药性不同作用，用药须合君臣佐使，讲究用药配伍。对家人选料用药、配药制药要求严格，因而医治效果好，病愈率高。朱少亭的儿科、妇科医术获得好评，在海属之地及徐淮沂南甚有影响，很多病人家属不辞跋涉之苦，纷至涌来求医看病。朱少亭治病不分贫富，有钱没钱一视同仁，有钱的为求特别关照，送上匾额挂在前楼，再送重金求其看病。穷苦人家为治小孩毛病，跪拜磕头求其救命，朱少亭不但分文不收，还将其收留家中，治病调养。朱少亭常对家人讲："穷人看病，富人掏钱。"教导子女治病救人，乃医家之德，要善待穷人。

朱少亭的医德医风，得到广大底层人士赞许，都亲切称其"朱大先"，时间长了朱大先替代了朱大先生。纵观昔日新浦街上，中医行医者许多，医术高明者不少，唯有朱少亭称"朱大先"。为什么坊间又称"朱大先"呢？朱家人也说不清楚，或许因朱少亭的高明医术，善良人格，引发基层民众共鸣敬仰，称为仙人？或许是下药精准，药到病除，百姓视同仙丹妙药，犹如仙人再世？朱少亭蓄须，银须飘然，似有仙风道骨之气，恍如仙人一般。总之民众的口碑是最好的印证，"朱大先"之说不胫而走，传遍苏北鲁南。朱少亭长子朱寿康随父学医，甚有所长，次子朱崇炳配药精准，都受民众好评，又有称朱寿康为"朱大先"，以此称朱崇炳为"朱二先"的。

1952年8月朱少亭响应新海连市政府卫生科关于组织社会个体行医者，联合起来组建联合诊所，提高医疗水平，解决市区群众看病问题的号召，带领全家参加联合诊所。以中医王云门、朱少亭、朱寿康、朱崇炳、钱厚康、钱厚龄，西医刘乐天、邢志鸿、邢沭生及会计等10人，组成龙尾区第三联合诊所。1953年该诊所又重新整合，由朱少亭、朱寿康、朱崇炳、董熙农4人组成，所长朱寿康。1956年8月龙尾区三个联合诊所合并，组建龙尾联合诊所，所长王君石、朱寿康。1957年新海连市市立医院新浦分院，改名为新海连市新浦人民医院（现连云港市第一人民医院前身），朱少亭调入新浦人民医院中医科。已是古稀之年的朱少亭，医术更加娴熟，用药愈发精准，在周边地区影响面广，慕名前来求医者络绎不绝。班上挂号排队，家中待诊者众多，有时在家看病要到晚上11点钟，节假日里更是满屋子人难以休息。1974年86岁高龄的朱少亭，新浦一代名医，昔日名贯老街的"朱大先"，走完了他行医救人的一生。时值计划经济时代，木材供应紧张，家人用当年那位行长送的楠木匾，配以其他木材，加工了一副棺木，将先生入殓，葬于赣榆沙河老家，叶落归根。

一位对古游水研究的执着学者

历史上淮河下游有一条叫作游水的支流，曾经是联系苏北、鲁南的一条重要河流。然而消失了的游水，故道经过了哪些地方？这引起地方史学者的好奇。顾祖禹的《读史方舆纪要》《嘉庆海州直隶州志》、武同举的淮系年表，以及华东师范大学陈吉余教授均认为涟河流经之地就是游水故道，肯定了游水就是涟河。涟河在今江苏连云港市西南，《方舆纪要》卷22海州：涟河"在州（今海州）西南。上引沂、沭及桑墟湖之水，经石湫镇及县东南三十里之黑土湾渡入海"。

连云港市有位学者张传藻先生，1938年生于连云港市板浦，在板浦读完小学，1955年自海州师范学校毕业，在连云区西墅小学教了一年书，次年以往届生身份考入南京师范学院地理系（现为南京师范大学）。张传藻先生酷爱所学地理专业，也喜好地方历史文化研究，张传藻先生对学术研究的执着，在日常生活中都能体现出来，在任档案局局长时期，每逢休息，家中的饭桌就成了他的办公桌，图纸、资料，占满了整个饭桌。

游水的消失，引起张传藻先生兴趣，他结合所学知识，查阅了《水经》《水经注》《水经注疏》，发现又有不同说法，指古游水自淮河经灌南、灌云至海州，由锦屏山西入东海县，经羽山流往赣榆、临沭交界（今马陵山与石梁河水库之间），斜贯赣榆由柘汪入海。问题是海州城外海拔为3米，羽山海拔是30米，自然状态下河水怎么会往高处流呢？而涟河只是流至新坝经恬风渡入海，与《水经》《水经注》《水经注疏》典籍相矛盾。

张传藻先生　张大强 提供

问题出在什么地方呢？张传藻先生决定沿着游水记载走向，实地考察。这是一项艰辛而又困难的苦差事，30多公里的路程，一个人骑着自行车，风餐露宿。张传藻先生凭着对学术执着求实，对家乡经济发展认真负责的态度，硬是从淮河考察到马陵山又至柘汪海口，摸清了古游水南段、中段、北段的古河道走向。他指出涟河只是游水的南段，只占游水的一个部分。

他认为："中段是沭河在鲁南拐弯时，从马陵山流过来的一支……另外一条河也是与沭河上游有关的，经石梁河源头，入赣榆县，走大小莒城，盐仓城，在柘汪入海。这就是游水的北段。""游水的中段和北段，因受地壳构造活动影响以及历史上人为的改造，已经看不到游水，但是古河道依然可辨。"

为了证实自己的看法，张传藻先生又查阅了1913年日本史学家箭内亘主编的《东洋读史地图》第二十图《明初，亚细亚形势图》，从中得知"苏北淮河下游有一条南北向水道，大致与海岸线平行，注入海州湾……但又引出一尾鲁南再返回海州湾"。又在清嘉庆元年（1796）王城编的赣榆县志中，找到"石梁河在大沙河上游，上通游水"。

从而进一步证实了自己的判断，"鲁南的河道即是游水中段。""正是因为游水包括了北、中、南三个部分，所以还含有'游移不定'之意。"他认为游水消失是黄河泥沙淤积与第四纪新构造运动双重因素所致，游水故道是地下水丰富的地区，探寻游水故道对苏北鲁南山丘岭地的抗旱、农业灌溉有着重要的意义。深入研究游水，有助于探讨黄、淮、沂、沭诸水的河系演变，有利于对淮北沧海桑田变化的进一步研究。

伍

民风民俗

海州人穿上裤子起于何年代

海州地区有人类活动是在一万多年前，那还是旧石器晚期，据考古发掘，远古先民最早出现在东海县山左口大贤庄及海州的桃花涧。那时的人们都是一丝不挂、类同禽兽，后来有了羞耻感、美感，也为了抵御雨雪风霜，才用树叶、兽皮遮住腰围。《西游记》中的“齐天大圣”孙悟空，倒是保留了远古人类的传统，也就穿着一条虎皮短裙。随着农耕、狩猎的进步，海州先民学会了骨针缝纫，将树叶或小块兽皮穿起来，裹住全身，类似于后来的衣裳，不过那时还没有出现裤子。

到了商周时代，才有了衣裳，《诗经・国风・秦风・无衣》中有“岂曰无衣？与子同袍……岂曰无衣，与子同裳”，可见衣和裳是不同的物件，是相对的。《诗经》中《毛诗故训传》说：“上曰衣，下曰裳。”指上身为衣，下身是裳，所谓裳其实就是裙子。裳是没有裆的，古代将士为骑马需要，内衣中除衬裙外，还加了块兜裆布，今天日本相扑力士穿的那玩意儿，乃延续了汉民族古代遗风。那时汉人相聚都是席地而跪，而非今人坐着姿势，不必担心暴露兜裆布的尴尬。

中原汉人以农耕为主，普通人都是上边有个衣服，下边只需拿块布料围住就行。上衣下裙，为了劳作方便，普通人上衣一般为窄袖、高领。士人则长袖宽袍，上衣用间色，即青、赤、黄、白、黑等五种原色，相调配而成的混合色。下裳类似围裙的形状，腰系带，下系芾。平民服饰以小袖为多，衣长通常在膝盖部位，腰间则用条带系束。“衣领直接左右襟，在胸前相交，左衣襟压着右衣襟，称为‘右衽’。相反，若右襟压着左襟，则是‘左衽’。那时偏僻之处蛮夷上衣的衣襟就是这样，所以左衽被称为‘蛮服’，甚至作为蛮夷的代称。”

两晋时期开始出现“裈”，《释名》裈，贯也，贯两脚，上系腰中也。裈指合裆的短裤，一类曰“膝裈”，四角，长及膝，外穿。一类曰犊鼻裈，上宽下窄，有两孔，穿上去就像牛鼻子，所以叫“犊鼻裈”。形似三角，无裤管，内穿。裈属于内衣，通常士大夫是不会直接穿在外面的。不过从汉墓中出土的画像砖上，能见到田里的农夫，穿着“裈”这种短裤在耕作。当时将“裈”穿在外面的，不过是所谓“下等人”的穿法。

开裆裤出现则在西汉，相传名将霍去病之弟霍光利用辅助汉昭帝刘弗陵之际，将外孙女许与昭帝为皇后。为让外孙女独霸年轻的皇帝，早生皇子，以便自己长期控制朝廷，让人做了开裆裤给皇后，方便皇帝临幸。而其他宫中妃子则要穿上一种叫“穷绔”的内裤，就是在原来的胫衣基础上加上一个护裆，减少皇帝的兴趣。而东汉的汉灵帝刘宏，不理朝政荒淫无度，命宫中女人都只穿开裆裤，外面又不穿裙子，方便在宫里随时临幸她们。

中国大地上出现裤子，约在4000年前，新疆塔里木盆地古墓内曾出土过裤子，这或许是西域人为骑马方便，而设计出来的裤子。汉族人穿上裤子是从战国时期赵武灵王在位的时候，当时汉人都不穿裤子，天冷的话只在下半身围布，骑马打仗也是这样的。公元前307年赵武灵王下达易服令，让男人改穿胡人服装。

这一举措对重服饰礼仪的传统观念形成了重大冲击，众多臣属惊呼这是“变古之教，易古之道，逆人之心”。赵武灵王却从作战需要出发，反对法古不变，以强有力的行政命令推广服饰改革。赵武灵王推行的“胡服”，也即窄袖短衣和合裆长裤，至此裤子在中原大地传开。女人穿上了裤子，约在汉昭帝的时候，离赵武灵王推行胡服骑射，已经过去200多年。

海州地处边远东海之滨，海州人真正穿上裤子则要晚许多年了。

做饭的地方为什么称锅屋

现今住房条件改善了，住宅中有客厅、卧室、卫生间、厨房，老新浦那会家家户户也就两三间屋，全家几口挤在一起。有院子的家庭，有专门一间屋子做饭，大杂院子要几户人家共用一间屋子做饭，大家都称做饭的地方叫锅屋，顾名思义有锅灶的地方。锅屋通常是院中一角的小屋，由于小屋面积不大，又有叫小锅屋的。锅屋里陈设简单，锅灶、铁锅、水桶、水缸，旁边支上一块木板，上面放上盐坛子、酱罐子，还有盆盆碗碗，墙上挂着蒜头、辣椒干什么的。老新浦街家庭做饭多数用的是草锅，即烧草用的锅。用煤烧饭的除去饭店，只有那些富裕的家庭，所以烧草占据了锅屋一大部分地方。平日里水缸一定是满的，在没有自来水的年月，吃水要到天池里去挑，天池也就是大水塘，源自天上的雨水。水缸满水一为方便，二也是为了防火，锅屋里失火是常有的事。

烧草是那时家家户户主要的做饭燃料，街上就有卖草的草行，草行有行主，利用门前空地收购乡下挑来的干草，东山根山民秋冬会送来干松枝和松球，这要比烧草贵，主妇们都说它经烧。行主一看草便知值几个钱，双方一番讨价还价成交。遇有雨季，草行的草价就高，那些家无隔夜粮，现挣现吃的穷人家庭就惨了。无钱买草，只能寻找可烧的东西，什么碎木头、破绳头，甚至小凳子，凡是能烧的都拿来烧，皆是为了糊那一顿饭。老街上有童谣“小雨哗哗下，粮食要涨价，烧了板凳腿，大桌也害怕”，说的就是那时的情景，实际上雨天粮食涨价，烧草也跟着要涨价的。穷人家孩子每天都要去搂草，早上腰缠根捆草绳子，带上块饼，扛着扁担带着搂草耙子，走到郊外去搂草。搂得多的将草卖与草行，换得零钱养家糊口，维持生计。

大多数人家做饭用锅腔，锅腔是顿锅的炉子，用黄泥做成的空腔，上面放锅前头开口，可放烧草燃烧，高度以方便做饭即可，南方则叫它地锅。锅腔自己是可以做的，和上黄泥揉捏成条，一圈圈围成，状如鼓墩。街上也有卖锅腔的，各式规格大小不一，摆在路边任人挑选。锅腔没有烟囱，仅在锅后留一出烟口，便于流通。若是阴天草不干，烧草时烟熏火燎的，有时前后出烟，小锅屋烟雾弥漫。那种几家人共用的锅屋，若是一起做饭，几个锅腔出烟，呛得主妇们流泪淌鼻涕，咳声一片，个个都成了大花脸。那时的锅屋，里面都是黑乎乎的，熏黑的屋笆上挂满了烟穗，时不时会掉落下来，大人们都不让小孩子进锅屋。夏暑酷热做饭更是受罪了，主妇们头顶湿毛巾，铁叉挑着火，小锅屋内如同闷罐子，大把的汗水早已湿透了衣裤，一顿饭下来如同在水中捞出来一般，都说锅屋不是人待的地方。

锅屋里值钱的东西就是铁锅了，普通人家一口锅，条件好的一大一小两口锅。铁锅根据口径大小，有不同的规格，小的有三张半、四张，中等的五张、六张，大的七张、八张。四张的口径约48厘米，八张要有62厘米。炒菜用小锅，贴饼做稀饭用大锅，人口多的用八张大锅，有的人家炒菜做饭只有那么一口锅。穷人家精打细算，烧菜的同时，在锅边沿贴上小糊饼，一锅熟。这样既省草又省时，现在的小鱼锅贴，大概就是从那个时候传下来的吧？聪明的主妇，还会在锅腔草木灰中，放进几个山芋或是棒拐子，饭菜好了，山芋、棒拐子也熟了，燃料的性价比达到了最大化，那时的人们还是注意节约能源的。

腊月二十四祭灶，家人会在锅腔前摆张小桌子，放上酒菜祭拜灶王爷。燃放鞭炮，再倒酒搛菜供奉灶神，希望灶君喝醉，不会上天报告自家过失。所谓吃人嘴软，喝人口短，灶王爷就会上天言好事，下界保平安了。到了三十晚上，锅屋的锅里、盆里、碗里要放上豆腐、桂片糕、两棵葱，表示锅、盆、碗里都不空。锅里的豆腐意指“都富”，桂片糕和葱有“步步高”“葱茏旺盛”之意。在扁担、水桶上也要放上葱，是为“压喜”。那时葱在人们眼中是喜庆之物，凡大新年里到别人家借东西，归还时一定要附上两棵葱的。锅屋在那时的人们心中，是重要的地方，故很讲究的。

老宅墙上的天香庙

天香庙奉祀在海属之地是传统的祭祀风俗，为华夏礼典信仰的组成部分，祭祀意为敬神，祈求神灵保佑，消灾避祸降福安康。坐落于福利昌巷东首，民族路北有一中式宅院，为前楼后宅的院子，前楼上下各三间，以中式风格为主，山墙两侧各有西式壁炉烟囱，似有些中西合璧的味道。那后院是中式堂屋，前后菱角檐口，砖雕门牙，木质花窗，是典型的北方民居建筑。堂屋虽为中式两面坡顶，硬山墙，屋面也换成大瓦，却内穿二层阁楼，东、西各置木质楼梯，扶梯拾级可上，有私密暖阁氛围。在堂屋正门上首（东面），发现建有天香庙，这在遗存的新浦老式民居中，实为罕见。天香庙因其形制小，也有叫天香阁的，它在海州、南城、板浦老民居中，多有发现。新浦成镇时间短，西风渐进华洋相糅，在老街背巷还遗存有天香庙，令人称奇。旧时民间新盖堂屋时，会在正门旁上首，留一砖砌方洞，是为天香庙。洞口离地1.5米左右，洞高约2尺、宽约1尺，上端砖雕楼阁檐形，洞口砌条砖边沿。昔日大户人家盖屋，不论院落几进，只能在主屋正门上首，建一座天香庙用于祭祀。逢年过节家中主人，都要焚香敬拜，祈求家人避灾安康，财运如意。何为天香呢？传说有种豆蔻名曰：天香，三十年结果只结一颗，吃了它重症不会恶化，可食者沉睡不醒，直至找到第二颗服下方能复初。或许天香就是种寄托吧？古人也有指月宫旁的桂花树为“天香”的，如宋之问《灵隐寺》中有“桂子月中落，天香云外飘”之句。而用于礼佛的有唐朝沈佺期诗《乐城白鹤寺》：“潮声迎法鼓，雨气湿天香。”宋有吴自牧《梦粱录·元旦大朝

作者 摄

会》:“元旦侵晨,禁中景阳钟罢,主上精虔柱天香,为苍生祈百谷于上穹。”可见天香与祭神祈拜有关,那院中天井焚香是为天香,天香庙置于室外,主院正屋上首,私家祭祀方便简捷,天香庙就是缩小版的私家庙宇。

天香庙供奉的是三元大帝,也即三官老爷。每逢过年,各家各户都要把天香庙装饰一新,门旁贴上对联,上联:一门清泰蒙神佑,四序安康托圣扶。下联:无物可酬两大德,虔诚惟进一炉香。檐口贴有:天官赐福。天香庙洞里贴有红纸,上书:三元大帝之位。也有人家对联为:三元赐福,殄九厄以消三灾;九府留玄,赦八难而降九祥。三官乃天官、地官、水官总称,上元一品九气赐福天官,中元二品七气赦罪地官,下元三品五气解厄水官。三官是道教中掌握着天堂、地府、水面三界的神,南方有称三界公、三界爷,北方则称为三元大帝,是民间尊崇的神祇。道教认为天官为尧,地官是舜,水官即禹。张道陵创立天师道,就祭祀天、地、水三官。海州为道教发源地,有传说三官起源于云台山,早年云台山置于海中,是为神仙之地,那青峰顶上的三元宫就是三官老爷的府邸。因而有套近乎者说,“亲为亲,邻为邻,三官还是海州人。”意指三官祖籍是海州。清代海州有三座三官庙,东、西、北三座城门内各一座。赣榆县有六处,沭阳县有十六处,可见三官祭拜在海属地区之兴盛。每年正月十五日上元节是天官生日,七月十五日是地官生日,十月十五日是水官生日。各地三官庙都要举办祭祀活动,各三官庙热闹异常,香火鼎盛。新浦的商会、保甲、行业及大的宗族都有烧香会,各有会号。烧香会有会长、副会长及执事若干,会有大小人员不等,烧香会多时达十八家。各烧香会活动,搭棚锣鼓宣演,多时达13班锣鼓棚,还有高跷、舞龙、耍狮、旱船、花挑等一系列表演。各烧香会信奉神灵不同,但正月十五日上元节,朝山进香祭拜天官,却是无约定而俗成的。在正月十一、十二两天便开始准备,会友背插小彩旗,手敲铜锣,咣!咣!走街串巷催会,告知集会时间。天还没有亮,朝山进香队伍便出发了,号灯开路灯笼高挑,上书会号朝山进香。敲锣的伴着锣响,拉长声腔高喊:“朝山进香啰!”咣!咣!咣!“朝山进香啰!”浩浩荡荡的队伍,门旗两路五颜六色,接着是打着龙凤旗、扛着万民伞的队伍。队伍里有吹鼓手、念经队、击磬敲木鱼,边走边唱。队伍中心是灵官老爷,上罩黄罗伞,端坐香案上,由四个壮汉抬着,威风八面。沿街店铺、富家,在门前设案焚香恭迎接驾,每到一家队伍便会停下,灵官接受祭拜,商家献上礼金。队伍后面是庞大的烧香队伍,男女老少身背香袋,踩着锣声排成长队,踢踢踏踏朝山进香。穷人家为着企盼三官保佑,改变穷苦命运,又无钱置香祭拜,只得甘为富家挑担背香,是为“烧苦香”,也算是尽一份虔诚。

云台山青峰顶三元宫是苏北鲁南的祭拜中心,百里范围的人们朝山敬香,敬神的船队一个接一个,进山河流被称作“烧香河”。苏北盐阜、淮扬,苏南镇江的广大信众,大年初一发过五更纸，便不辞辛劳徒步往云台山，赶烧头炉香。正月十四日各路烧香队伍齐聚三元宫，山上殿前道旁尽是烧香的人，正月十五日子时，三元宫起第一炉香。各地烧香队伍，各保号烧香会都想烧第一炉香，于是各队各会推出会头，循按惯例商量先后。有的早就给和尚送去香火钱，争取和尚方便自己，有的偷偷翻墙入庙，心想能抢烧头炷香。有的来得早，有的香火钱厚实，第一炉香总是会有人先烧的。正月十四是个不眠之夜，山中灯笼火红，锣鼓喧天，唱孝的诵经的，跳马匹娱神的，一片沸腾，说是为三官暖寿。烧香是有讲究，也有说法，大香系上等檀香木，由整块香木劈成，叫“老贡”；柏木段算作中等，是为“冲贡”；普通的油松木，则叫“油贡”，称为高香。各香价位不同，何况敬香不问几许，虔诚不论价格，大家心照不宣。至于用松柏籽粉末做的柱形香，只能称为“线香”，16支或24支裹成一束，五束包成一封，供烧香者请香。看来庙宇烧大香、烧高香古来有之，演变成今天丈把长拳头粗也不足为奇。人们期盼更大的回报，花点钱便能如愿，何乐而不为呢？倒是原本清净的山中，烟火缭绕锣鼓喧天。大香檀木架成井字形燃烧，长香线香插入炉内香灰中，香雾飘绕浮尘袅袅。庙里和尚是忙里忙外，院中支起大锅，煮了满满一锅饭，据说够上千人吃的。这是一年中的大事，马虎不得，何况晚上还要办灯会，给三官老爷暖寿哩。那些不能进山入庙的，在家立于院中天香庙前，焚香祭拜诵念三官经，再将线香插入庙阁香炉中。三官祭拜是那时人们的大事，这也是天香庙一年中接受香火最多的时候。天香庙民间还另有故事，说是商朝末年，姜子牙助周武王打天下，凯旋后在封神台封神，每路神仙都已分封完毕，安排庙宇接受香火去了。此时东岳大帝黄飞虎突然跑来，说是神号封了，这庙宇在哪里呢？看来这黄飞虎也是够粗的，领了封号不问庙处，高兴之余方知没落蹲。姜子牙先是一头雾水，细想是自己给忘了，可庙宇已经分完，无奈只得将自己的庙让给了黄飞虎。姜太公无处安身，只能栖于这墙上的小小天香庙了。至于那小说《红楼梦》中的天香楼，则是用了国色天香之雅意，演绎出公公贾珍逼奸秦可卿，淫丧天香楼的一段风流韵事。

民主路东街的女儿墙

来源《记忆中的海州》中国文史出版社，第178页

女儿墙顾名思义“女儿”之墙，是一种古老的建筑形式，为什么叫“女儿墙”？它与女儿有关系吗？东汉刘熙的《释名》宫室篇中有“城上垣，曰睥睨……亦曰女墙，言其卑小比之于城”。“睥睨”，是指斜着眼看，古代的女子没有地位，斜眼看指卑小，所以就用来形容城墙上面呈凹凸形的小墙。

始编于1905年的《辞源》直接解释说：女儿墙即“城墙上面呈凹凸形的小墙”，所以女儿墙又称“睥睨”。古代城墙顶上的小墙，比垛口低，位于城墙顶的内侧，起到拦护作用，这种城墙壁上的另一道墙，好似城墙壁的女儿。睥睨有窥人之意，似有不雅，不如“女儿墙”意美含蓄，故流行甚广，以致今天已成为建筑术语。

古往今来有关女儿墙的描述甚多，早在汉朝以前，就有称为“女墙”的专业建筑术语。很多典籍中均把城墙上的马道和雉堞中间的那道短墙称作女儿墙。宋代李诫在《营造法式》中说女儿墙“言其卑小，比之于城若女子之于丈夫”，形容其比起城墙来甚是卑小。

《三国演义》第五十一回写道：“只见女墙边虚搠旌旗，无人守护。”用来防守的凹凸齿形矮墙，虚掩旗帜，竟无人把守。女儿墙筑于城墙顶部外侧，在反击敌人来犯时，掩护守城士兵之用。有的垛口上部还设有观敌瞭望孔，下方有通风孔，便于瞭望来犯之敌。

对于女儿墙，民间却另有解释，传说古代有一瓦匠，妻子离去，每天外出干活，不得不把年幼的女儿带在身边。顽皮的女孩常跟着父亲爬高上低的[1]，一日瓦匠砌筑屋顶时，不知何时小女儿竟然爬了上来，滑落坠下屋顶，当即身亡。女儿的不幸，令瓦匠伤心欲绝，善良的父亲为防止悲剧再发生至别家女儿身上，想出一个方法，以后在砌筑屋顶时，沿着檐口砌一堵矮墙，以做护栏。人们为了纪念这位父亲，就给这种建筑形式，起了个美丽的名字“女儿墙”。

今天房屋檐口的矮墙，形式多样，有直线形、三角形、弧形，女儿墙的护栏作用，已逐渐被用作装饰，成为建筑物不可或缺的立面艺术。女儿墙在工艺上当作施工的防水压砖，作为收头用，女儿墙还留有出水口，用来排泄屋面雨水。根据相关的建筑技术规则规定，女儿墙作为维护安全设施，要求建筑物在10层楼以上的，高度不得小于1.2米，最高不得超过1.5米。

新浦成镇不足200年，近代建筑多，华洋结合中西合璧。民主路上的女儿墙，丰富多彩，花式异样，有传统式的，也有西洋式的，不过以西洋式的为多。改建后的生庆公小楼，上立面的女儿墙，呈直线形，即为中国传统形式，单纯起到护栏作用。原大华药房的女儿墙，做了改动，虽为直线式，但中间凸起，两叠式布置，是在中国传统基础上做了美化设计。公大商店楼上，采用平顶，四周围以护栏，花瓶式的柱子，虽为直线布置，已具现代风格。

民主路东街上的女儿墙，多数为巴洛克式风格，弧形边沿，或插以三角形布置，配以立柱，上置球形装饰。巴洛克式女儿墙，在东街比比皆是，漫步在民主路上，虽然民国建筑大多拆除，但剩下来的大华百货店、恒茂杂货店、陇海公寓等建筑，还能看到多彩的巴洛克风格。只不过这种西式风格，在进入中国后，经国内设计师之手加入了中国元素，如大华商店女儿墙，曾经的福禄寿浮雕布置，即是这种西为中用的表现。

巴洛克是一种代表欧洲文化的典型艺术风格，起源于罗马，于16世纪末至17世纪初盛行，18世纪中叶扩展到整个欧洲及其所有海外殖民地。巴洛克的特点是追求不规则的形式，起伏的线条以及情感热烈，以浪漫主义的精神作为形式设计的出发点，赋予更为亲切和柔性的效果。民主路东街上的女儿墙，追求建筑物立面的装饰效果，围栏的防护作用已退入次要地位。

为什么女儿墙多集中于民主路东街呢？这与新浦的形成历史有关。新浦是海水东退形成的陆地，西高东低，西段标高3.5米，东段低处仅2.5米。这让西艞里最先脱离水面，海水东退是个渐进过程，西街最先成陆较早迎来海属移民，在此搭棚建舍，形成新浦

① 连云港方言，表示孩子顽皮，一会儿往高处爬，一会儿又往低处去。

庄。老新浦是前河(市化路)与后河(人民路)之间的高地,河运催生了新浦商贸的流通,沈云沛开发洋桥巷,带动海州五大姓在新浦经营粮油土产,新浦开始成为市镇。

天后宫的建立标志着新浦之兴的开始,白宝山1919年在天后宫东面荒地上建设东亚旅社,接着第一池、第一饭庄等建成,是为新市街。1924年鸦片商人郭海山在海昌路北首河滩,建造中央旅社和海昌书寓,命名"海昌里",民主路东街渐有楼房出现。尤以1925年沈云沛倡导的陇海铁路通达新浦,引来众多外地客商前来开店,在街东的荒地或当地人的草棚上建造楼房,因而东街楼宇林立,鳞次栉比。

从三和兴、生庆公、华中裕,到万康祥、志成、大华、公大,还有德康、长生泰、四海春、陇海公寓等数十座楼房拔地而起。西街因早期移民多,已为居民区,沿街以本地小型商户为主。东街楼房多为外来客商,资本金足,楼房中西合璧,不断增多的东街楼房,带动了新浦商贸的繁荣,因而被称作"苏北的小上海"。

新浦是海淤地基,挖地三尺就是淤泥,东街地段海淤多在6米向上,中间层亚黏土,10米以下方可见硬土。民国时期还没有打桩技术,盖楼时要挖出上层土质,清除下层淤泥,再用木桩排着打入,阻隔四周淤泥,叫作排桩施工法。然后回填泥土,夯实才能做基础建楼。那时建楼因基础局限,至多仅能盖上两层小楼,这也就是新浦街上,老楼房只有二层之缘故。

为了解决只能盖两层楼的问题,在楼顶建造女儿墙便成了最佳选择,二层以上的女儿墙拔高了楼层,老街上的建筑似有高耸的感觉,巍然楼宇挺拔了高楼。在东街中西合璧的楼房中,巴洛克式女儿墙蔚然成风,成为民主路上一道风景线。

为什么富家嫁女用青砖、土坯做嫁妆

海属地处苏北鲁南，风俗与山东相近，新浦因盐而起，因河而兴，开埠虽不足200年，随着大浦码头日盛，板浦盐商集聚，风俗也在逐渐演化。那“穿海州、吃板浦”之俗也在改变，当有钱人增多，谈婚论嫁讲起排场来。

老海州男女定亲，通常6—12岁。旧时迷信，到了这个年龄还未定亲的男孩人家，要在腊月二十四的晚上，用烧火叉戳锅腔，口中念叨：“戳锅腔，捣锅洞，明年婚姻动。说个花媳妇，灶老爷前来上供。”要说上7遍，希望开动儿女婚姻。姑娘人家则把“花媳妇”改成“好女婿”，祈求婚姻。

每年的三月初三，有的人家女孩子，用梭子蟹的盖壳或大乌贼的脊骨，做成小船，放上鱼骨、螺壳等作为信物，写上姓氏、生辰。天不亮上山放到山涧沟里漂流。男孩子则在山涧下游，这一天男女不见面，男不上山，哪家守到了船，便请媒人上门提亲。有的人家几年守不到船，也没有人来提媒，都认为是“老天命定”。

新浦老街人家，嫁娶与海属民风同俗，婚事程序冗长，从12岁聘媒订婚到18岁结婚，要六七年的漫长时间。什么按生肖八字“合婚”、定亲“传柬子”、附柬“压柬礼”、结婚前的“开生庚”，到“过大礼”“合年命”、写“时书”定“送日子”到“办喜事”，要好几个月甚至更长。

旧时待嫁新娘都用的是花轿，吹吹打打，到了民国开始出现用轿车，用汽车迎娶是新鲜之事，都是街上的有钱人家。新浦三新镇镇长周亚夫，老婆去世后，续娶了街西陈佃学女儿，当时人说“是坐小包车的”，在新浦街上是一件很大新闻。

老街办喜事约定是三天，即“催妆”“正日子”到“分三”开始正常生活。富家嫁女除去丰厚嫁妆外，还有“青砖”“土金”，盖房用的青砖用红绳系着，一块青砖代表一份盐滩；土金是垒墙用的土坯，用红布或红纸包着，一块土金表示一顷田地，也即100亩地。

富人家多的青砖，土金十多块，用盐滩作陪嫁，是盐商富家的风气，也是海属之盐文化的另一特色。

民国时期淮北四大盐场多集中在海属地区，淮盐销售地区为：湖北、湖南、江西、安徽以及江苏、上海、浙江、山东、河南、贵州等地，270多个县市，2亿余人口。1915年，北洋政府在海州设淮北五岸监销局，新浦成为盐业运输枢纽，盐河上民船约有2000余艘，后河上有民船500艘左右。淮北盐业成为财政支柱，因而也富了盐商人家，讲排场摆阔气自然成为风尚。

穷人家陪嫁只是“围裙打包袱”，包些日常用品，一个包袱，迎到婆家。男方收礼：中上人家只收半礼，即只收姑、姨、舅及五服内的近房头，远房及亲朋好友则一律“壁回”；中下家庭不收礼，办两桌酒席，一桌全家团圆，一桌私塾先生、媒人、亲家；穷苦人家，两人“推到一起”过日子算是完婚。

陈巷的蘑菇状墙盏脚

何谓“盏脚”呢？“盏”通常指器皿，或是酒杯，因而有了把盏言欢。或作计量单位，《水浒传》中有“那妇人拿起一盏茶来，把帕子去茶盅口边一抹，双手递与和尚”。盏从皿，戋声，本义是浅而小。海属之地盏脚指的是墙基，相对于整栋房子而言，墙基乃是浅而小，海州民俗语言既形象，又别具一格，实是妙不可言。

海属民众建房，先要垫墙基，在选好的房屋基地上，用重物砸实。农村用碌磙绑上绳子，4个人或6人，沿墙基夯实。新浦老街有专用的夯，石头的，也有木头的，根据情况用多少人，拉起绳子，呼喊着号子打夯，民间就叫夯地基。

新浦附近多山，采用石头砌墙基，叫“下盏脚”。盖房子对民众来讲，是百年大计，故下盏脚是挺有讲究的。下盏脚前主家要请石匠师徒喝上一顿，所谓房子坚固如何，下盏脚是关键。石匠师徒酒足饭饱，主家要在屋基上燃放鞭炮，以示“壮喜”，庆祝新房开工大吉。石匠师徒用石头砌成的墙基，就叫盏脚。

民主中路267号殷家楼院，位于陈巷东首，为三合院，坐北朝南，沿街是门面房，东面有外廊及楼梯，西、北、南是楼，砖石到顶，呈现左实右虚之感。西侧墙基盏脚为石头砌成，沿着陈巷由南向北延伸，那蘑菇状凸出的石块，在腰线下整齐又不规则地排列，具有典型的巴洛克式风格。

殷家西楼盏脚，以变形和不协调的夸张方式，自由奔放的格调，离经叛道的建筑手法，与传统中规中矩的盏脚形成了巨大的差异，给人以丰富的想象。这种情感热烈的凸起，与不规则的形式，正是欧洲文化的典型体现，反映出那一时期西式建筑艺术对老街的影响。

小楼腰线也采用蘑菇石砌就，与盏脚保持同一风格，腰线以上用砖垒墙。海州地区用砖石垒墙，叫砌墙，用泥土垒墙叫“打墙”，为什么叫打墙呢？就是用泥巴打击垒出墙来。打土墙分为两种，一种叫“水墙”，顾名思义带水的墙，和好的湿泥巴，拌上软草，用来垒墙，待泥巴半干后，再用缠上绳子的木棍，捶打泥墙，也叫捶墙。

另一种就是“夹板墙”，两面夹上木板，充填调好的泥巴，用木槌砸实，再继续夹板加高。打墙虽然是泥巴打成，但非常结实不裂缝。甘肃金塔县附近的汉长城，就是用沙土夹杂红柳、芦苇、砂砾等夯筑而成，一直留存至今。打墙材料就地可取，无须成本，减少了建房费用，多为平民百姓人家采用。

砖石垒墙也有两种施工方法，纯用砖、石砌成的墙，俗称“砖石到顶”。另外一种是表面砖石，内墙敷以泥巴，墙体宽厚，这种墙叫“里生外熟”。新浦老街不少人家用这种方法砌墙，墙体坚固，房子冬暖夏凉，民主路103号，朱少亭故居的堂屋就是这种建筑方式。

砌墙的时候，主家要在四个墙角放上铜钱，意为“太平”“四平八稳”。不论用什么方法砌墙，两面山墙都不能砌地与地面90度垂直，要垒得向里稍倾斜一点，俗语叫“勾”，也就是收风的意思。这样盖起来的房子，才能坚固使用寿命长，民间有“勾山笔檐，多住三年”的说法。

老街上的民宅后墙是不留窗户的，再大的开间，每间房子只在前墙留有一扇窗户的位置，这种讲究称“聚气”，所谓聚人气，聚财气。实则昔日海属之地的人，还是从安全考虑，认为偷盗、偷窥极易在窗户口发生，少一扇窗户，也就少了一个不安全的入口。

窗户放在前墙，就在眼前，心里踏实，似乎就有了安全感。后墙没有窗户，减少了冬天寒风的侵入，在那没有保暖设施的年代，窗户愈少愈保暖，也就是所谓的“聚气”吧。

通常堂屋三间，两个窗户一个门，门洞上置“过门子”，也就是门楣。正门上方门框上部的横梁，一般都是粗重实木制就。木头做的称“过门棒”，条石做的就叫“过门石”，再两边放上铜钱，进出门洞就太平了。海州地区富户人家“过门子”大多用“过门石”，现存的新市路上顾东石祖宅小楼，门楣上的条石宽厚整齐，海州沈云沛旧居残存老屋也都采用过门条石。平民小户就用木棒置于门楣。

作者 摄

不论哪种“过门子”，往上放置时，众人是要说喜话，道好的，只见师傅说：“四大金刚托玉板。”众人应道：“好！”那人再说：“八仙安好太极图。”众人边抬上过门子，边答道：“好！”当安好过门子，领头的又说：“四平八稳向阳门。”众人齐声喊道：“好！”这就是海州的民俗，说了喜话，主人家高兴，师傅们也表达了美好的祝贺。

打 箩 柜

在没有机器面粉之前，老新浦人吃面主要依靠家庭磨坊，遍布大街小巷的家庭磨坊，就是早年的面粉加工厂。磨坊磨面靠的是石磨，磨盘直径有一尺九寸、二尺、二尺四寸不等，大磨盘须用两头牲口拉磨，小磨盘只用一头驴子。普通家庭也都是自家有盘石磨，自磨自吃，也有时多家合用一盘石磨的，或者磨粮食时借用别家石磨。

老新浦四面环水，河运便利，粮食通过前河（原址在市化路）、后河（原址在人民路）运抵老街。由于地处苏北紧邻鲁南，饮食习惯受山东影响很大，粮食以小麦为主，辅以玉米，高粱，难见稻米。前河因紧靠老街民主路，自清末起便是老街的粮食集散地，从洋桥巷（现市化路与南极路交会口）到西艞，沿前河岸边尽是卖粮的小市行，加之摆粮匾的零售摊位一字排开，买粮的卖粮的，人头攒动，前河岸边是那时老街的粮食大市场。

前河的粮食集市催生了众多磨坊的产生，那时的前河小市行卖的大都是原粮，需要加工才能食用，每天下午三四点钟是拐磨花开的时候，那像牵牛花一样的拐磨花，胭脂一般红遍了山墙。这时也是各家各户忙晚饭的时候，因而拐磨花又叫晚饭花。院中磨前成了热闹场所，各家拿出泡好的粮食准备推磨，大人们在一起总是家长里短的，孩子们可不一样，追逐着嬉戏着。邻家奶奶手拉着小小孩，念着儿歌："太阳出来亮沙沙，照见大姐一身花，什么花？拐磨花，拐磨的媳妇想娘家。"小小孩也跟着一句一句地念着。不过家庭用的磨是湿磨，一个磨眼，磨的是泡好带水的粮食，推出来是湿糊子，即食即用的。磨坊的磨是干磨，有两个进粮磨眼，磨眼下的凹槽称龙口，一个大一个小，大龙口下粮食快，磨粗粉，小龙口下粮食慢，磨出来的粉就比较细。磨坊磨出来的是干面粉，通常不是给人家加工就是要拿上街去卖的。湿磨边沿是带槽的，以防水流出磨外，干磨则是没有槽的。

周巷里有家磨坊，户主姓杨，南城人，清道光年间祖上来新浦混生活，从当年七世祖一辈算起已经是第七代了。初来时择块空地搭舍落脚，那时前河北岸空地多，搭舍建房也简单，砍点芦苇和点泥巴就成，杨家祖先选了块离前河码头近的地方安下家来。后来临洪滩周姓来的人多了，盖房留出走路的通道形成周巷，杨氏算是周巷早期的住户了。杨家本不是开磨坊的，祖上刚来时候靠割大柴为生，也就是为东家收割芦苇。清末新浦还是荒滩，芦苇丛生，各草荡都有主，芦苇是盖房子材料，每逢收割季节都有雇工，苦几个辛苦钱。前河有盐码头，不割柴时杨家祖先靠抬盐为生。后来前河岸边小市行兴起，又改扛粮包。龙王荡、新坝来的粮食运达前河底，在前河北岸卸粮入行，那前河岸边，商号门面一字摆开，小市行粮栈鳞次栉比。杨氏祖父先是在前河底摆粮匾，做点粮食零售小生意。摆粮匾本少利薄，生活日见捉襟见肘，难以为继。杨氏祖父想到了开个磨坊，全家劳力齐上阵兴许会好点。那年间新浦还没有机器面粉，穷人家吃糊富人家吃面，面粉全靠磨坊加工。杨氏祖父利用跟粮行人熟，找到前河粮行老板，替陈步真、陈步田两家加工面粉。

那时杨家有大小石磨两盘，大磨驴拉磨粉加工粮食，小磨家人推磨糊自家食用。每到忙时男人女人齐上，簸粮拣粮、洗粮淘粮、晒粮翻粮，好几道工序下来，也是忙得坐不下来。洗粮的水要从天池挑来，那院中的几口大缸一口都不能空着。人累了也不能让驴累着，还要指望着驴拉面磨，驴歇了人也不能歇下来，从早到晚忙着累着。孩子们最喜欢的还是“打箩柜”了，什么是打箩柜呢？现在的人很少有知道那是做什么用的了。打箩柜就是筛面粉，普通人家筛面用的是圆形箩子，放在架子上，往复手动将磨过的粗面粉，通过丝网筛下细粉来，这种筛面的方法，效率低产量少。聪明的劳动者制作出木制筛面装置，算是木头筛粉机械了。打箩柜是长方形的大木柜子，有活动脚踏板，长方形箩子里搁上磨好的面粉，放在柜里盖上柜板，脚踩踏板摇晃，往复晃动筛面，民间叫“箩柜子”。

为什么又叫打箩柜呢？磨面的木箩往复运动，撞击柜壁发出有规律的“呱嗒”声，像是木头击打箩柜，因而叫打箩柜，老百姓称磨坊就叫“打柜的”。那时候小孩子也没有什么玩具，打箩柜的“呱嗒”声总会吸引着孩子们，看着女人们踩着箩柜，往复敲打木柜，听那“呱嗒呱嗒”有规律地节奏声，急得小孩子也想上去试一试。由于柜子密封不是很严，总有面粉飘浮在柜房，就是只待上一会儿，头上眉毛上，也会挂满了白色的面粉。柜房里的人，不论大人小孩，银发白眉毛，都像个唱戏似的。西瓣老街流传的：“箩柜改板凳，呱嗒一辈子做（坐）人了。”说的就是磨坊。箩面通常四道工序，第四道工序即第四面箩，剩下的基本上就是麸子了，已无黏性。麸子通常用来拌草料喂驴，也有穷苦人家吃不起面，用麸子包野菜合子吃，做时麸子摊在笼布上，再搁上野菜，笼布对折包好，放进笼里面蒸。

1905年（光绪三十年），海丰面粉公司在前河南岸建成生产，市面上出现了机器面粉。海丰面粉公司的面粉白而精细，产量高价格低，冲击着大小磨坊。海丰面粉公司装有15台美国磨粉机器，年产面粉60万袋，为了扩大生产，公司大肆在周边农村收购小麦，造成粮食价格上扬。杨家的磨坊受到了影响，陈老板的粮行不再委托加工，杨氏祖父只得又拾起老行当，在前河底摆上了粮匾，家中生活陷入了困境。1910年（宣统二年）的大水灾，庄稼歉收，触发了“海丰面粉事件”。3月13日饥民冲到了新浦，围住海丰面粉公司，大家把自己的怨恨都撒到这个洋磨坊，当人群冲击大门翻墙入厂时，枪声响了。流血惨案发生，当场打死9人，伤22人，吓得饥民跳入水中又淹死7人。有人向上海报界呼吁，抗议开枪弹压饥民，要求惩办凶手，解散海丰面粉公司。“海丰”的一蹶不振，给了磨坊机会，一时间新浦有大小磨坊200余家。

日寇侵占期间为了战争需要，投资建设机器面粉厂，供应日本军民。在原海州车站南开设“海州面粉股份有限公司”，日产面粉1700袋。日本商人又在西龘外新华镇灌青路20号，开办的“三大”面粉公司，有电磨9台，两班生产。1944年日本人又在王巷内开办“泰丰”面粉厂。日本人生产的机制面粉，大部分都运往外地，故对当地土磨坊影响不大，杨氏磨坊得以继续生存，周巷里还能听到打箩柜的声音。抗战胜利后，日本面粉厂作为敌产被国民政府接收。原“三大”面粉厂由江苏第八区行政督察员夏鼐文委托王子云接管，改名“胜利”面粉厂，磨粉机由柴油机带动，所产面粉大都由港口运往上海。此时新浦地区面粉供应，相当部分仍由大小磨坊承担。1949年底新海连特区将胜利、泰丰及万昌植记面粉厂合并，成立新海面粉厂，后新海面粉厂职工合并到海州面粉厂，设备调往临沂成立临沂面粉厂。随着海州面粉厂的加大投入，扩大生产，机器面粉逐步取代了磨坊面粉，磨坊这个行当退出了人们的视线，打箩柜这种传统的筛面方式成了历史，人们再也听不到那“呱嗒呱嗒”的打箩柜声音。

给港城菜系起个什么样的名字呢

海州历史悠久，清朝兵部尚书、两江总督赵宏恩等监修的《禹贡》载："海州，'徐州之戒'。春秋为鲁之东境，后属楚。秦置朐县，属郯郡。"海州这块土地上最早的行政建制是秦时所设，东魏武定七年（549）在龙苴置海州，后移至朐山。辛亥革命撤州改县，海州存在了2000余年。在悠久的历史长河中，海州为什么没有形成自己特色的地方菜系之名呢?

海州在中国的版图上地位独特，位于中国大陆沿海脐部，在胶南断裂带、郯庐断裂带、响水断裂带相互作用下，受黄河夺淮入海影响，促使岚山头至灌河口形成一个半开阔大海湾，即以海州命名为海州湾。海州北部是鲁南山区延伸边缘，南接苏北平原，又处海州湾底部，形成了海州特色的山海文化。

海州是不断追逐大海东退的地方，南北朝时龙苴为海港，东魏置州治龙苴，权力中心在龙苴。当海水东去，又置朐山，政权移至朐山，存在了千余年后，板浦盐业兴起。清道光年间板浦成为淮北盐都，海属的经济中心，盐商文化兴起带动板浦饮食文化，因而有了吃在板浦之说。然而几十年后大海继续东退，至嘉庆年间到了新大陆：新浦，当陇海铁路通达大浦，新浦成为大浦港的依托，商贸日盛，逐渐取代海州，成为海属地区政治、经济中心，直至今日连云港市政府所在地。权力与经济中心的飘移不定，让文化难以稳固沉淀，也影响着餐饮文化的发展。随着海州、东海县、新海连到连云港，地名频繁变更，以至于叫什么菜系之名也就难以统一。

连云港受山东影响，饮食文化南北兼之，东海、赣榆偏北地区受鲁菜影响较甚，口味重颜色深，喜好红烧。板浦位于海州东南，南北菜系在此交汇，盐业兴起后，盐商依山海之势，乘鱼盐之利，故在餐饮上下功夫，形成与其他地方不同，别有风味的地方特色。板浦盐商对饮食的精益求精，那"一碟一头牛、一席一座楼"的奢华消费，催生众多名厨、名店、名吃，各有特长各，各显神通。李汝珍在他的《镜花缘》书中写道，那些盐商们“想着方儿，变着样儿，只在饮食上用功”。

板浦菜有淮扬菜的元素，又有别于淮扬菜，那豆丹、那凉粉，还有汪絮有滴醋都是淮、扬所没有的。淮扬菜是淮安人在扬州菜的基础上再传承，淮扬菜的支撑是盐商富户，每个盐商家中都有自己的宴席厨房，聘有烹饪高手，每饭备菜数十种。食者只以菜的鲜泽选其食用，无人食者则被淘汰。

淮扬菜盛于明清，有“东南第一佳味，天下之至美”之美誉，此时也正是淮北盐兴起，淮南盐渐衰之时，淮盐集散地由扬州转淮安之时。清时海州盐已占淮北大半，盐商们在海州整滩制盐，加之海州人丁永发明日晒法，盐产猛增，盐商们在海州盐田赚的银子，到淮安消费，是海州盐推动了淮扬菜的发展，后期的淮扬菜有了海州元素，可否称“海淮菜”？

连云港的云台山脉、锦屏山脉、马陵山以及大伊山，山珍物产丰富，赣榆的海鲜、东海老淮猪、灌云豆丹，还有那不是动物虾籽的浮游生物“灌南虾籽”，以及沙光鱼、海英菜、过寒菜等，都是山东和淮安、扬州所没有的特有地方食材，是制作连云港菜系特殊材料，在中华菜系中别有风味，完全可以制作出有别其他地方所不同的名菜佳肴。

长期以来连云港没有一个有特点，代表地方的统一菜系名称。连云港菜不是鲁菜，也不是淮扬菜，是连云港地域自己特点的菜。连云港菜系应该叫什么名字合适？有人说是海州菜，有人建议港城菜，还有郁州菜、山海菜等。这应从各地给菜系起名特点来分析。凡是菜名均冠以地名，以示这个地方特色。如川菜、鲁菜、粤菜，淮扬菜则是在菜前加上两个地名。

连云港菜系应是什么样的名称，才能具备连云港的地方特色呢？作者认为叫“海帮菜”合适，它比较全面地涵括了连云港的个性特色。海字代表海属地方、海洋特点，帮字包含了赣榆菜、东海菜、灌云菜、灌南菜及市区菜之内容。我国省级菜系选用省名简称，如川、鲁、粤，各城市的菜系中多采用帮字，像杭帮菜、苏帮菜、京帮菜，宁波因简称甬而叫甬帮菜。

嘉兴市餐饮行业协会副秘书长杨平杰曾说，嘉兴菜虽算作浙菜分支，但有着鲜明的个性风格特征，一般称为禾帮菜。禾帮菜以徽菜为底，又融入了杭帮菜、上海菜和苏州菜的特点，包容性很强。海邦菜既有淮扬菜特点又有鲁菜的影子。海帮菜是连云港的地方菜系，只要认真开发，定能在国内各菜系中独树一帜，发扬光大，成为连云港的名牌。

后记

《海州旧事》是依据历史资料，辅以口述历史，编写而成的历史故事。对于史料引用鉴别做到严谨，史有出处。《海州旧事》是笔者“市桥人家”公众号中一个栏目的名称，在给本书命名时借用过来。海州由清时所辖海赣沭灌到民国时分为东海、灌云，而今乃指原新浦、海州也。历史不断演变，行政建置也随之改动，可海属历史文化却是相通，彼此关联的，本书的海州就是一个地域概念。

“市桥人家”是笔者公众号的名称，时代发展得太快，快节奏生活也在改变人们的阅读习惯，轻松阅读渐渐流行起来。考虑到手机阅读的特点，“市桥人家”每篇文章不长，控制在2000字左右，配以历史照片，笔者希望运用这种简便方法，让更多的人了解家乡历史文化。

公众号是个新事物，在年轻朋友的帮助下，也是用了很长的时间才做到运用自如，第一天便连续发了6篇文章，随后接着开通了头条号、百家号，只不过是又增加了两个窗口。“市桥人家”自2020年4月27日开通以来，点击量不断上升，好多文章阅读量过万，总阅读量58万。有的文章登上头条连云港热榜第1名，这对地方历史性文章来说是罕见的，可见读者对地方历史文化的喜爱。

“市桥人家”的文章也引起了地方媒体的关注，连云港市档案馆与市电台有个“档案时空”节目，看了我的《港城第一家发电厂》公众号文章，辗转托人要求采访，在“档案时空”第十九期节目中播出。接着又在第二十四期中做了《港城一代名医——朱少亭》节目。2020年12月，连镇铁路即将开通，连云港报业集团有《今晚，经典大家读》节目，记者找上门约我做了《历史上的徐清海铁路》节目，讲述百多年前徐清海铁路的历史遭遇。

报社记者在采访时，曾好奇地询问:“为什么叫作市桥人家呢?”笔者答道：海州是一座有着1500余年历史的海滨城市，在其建城历史上，为水源之需，顾及城中交通，曾在州城开凿人工河道，从蔷薇河引水进城，是为“市河”。上修5座石桥，称作“市桥”。“市桥”是州城交通桥梁，显有市镇之特点，“人家”乃是平民百姓，市井布衣也。当笔者如此回答时，记者笑了。其实在公众号注册时，好多名称已经有人注册在先，只是临时想了一下，用“市桥人家”登了个记而已。

“市桥人家”目前粉丝3308人，并有不少粉丝分享或收藏“市桥人家”的文章，在众多的留言中，有读者希望能够成书，便于查阅。

《海州旧事》是“市桥人家”公众号中文章的汇编，全书分为史海钩沉、旧事如烟、地名杂谈、地方人物、民风民俗五个部分，共117篇文章。在此要感谢我的夫人高慧秋，在成文前的字句斟酌，在语句、文字方面给予建议，是本书的第一读者。本书图片除源自公开出版物外，余均获提供者授权，对此表示感谢。

笔者出生在这古老之地，热爱这里的山山水水、大街小巷，对于这个地方过去的历史，今日之变化都有兴趣。今天的发展，是过去历史的延续，觉得把过去的事写下来，让更多的人知道，也是件有意义的事情。这正与市桥人家的传承海州历史文化、弘扬海州人文精神宗旨相符。

马鉴尧　2021年3月

参阅资料

《隆庆海州志》。

《嘉庆海州直隶州志》南京大学出版社1993年版。

《新浦区志》2000年版。

《新浦区新志》2000年版。

《海州区志》方志出版社2013年。

《海州区地名志》连云港市海州区地方志编纂委员会,方志出版社。

《锦屏山志》海州区地方志编委会,方志出版社,2018年。

《中共连云港市地方史》2019年版第12页。

《中共灌云县地方史》2006年版第14—15页。

《连云港市地名录》连云港市地名委员会编,1983年12月。

《连云港市大事记》连云港市档案馆,1988年。

《民国时期海属县市建制区划沿革暨档案文献选编》连云港市档案馆,1996年3月。

《江苏省东海县地名录》东海县地名委员会编,1983年。

《连云港商会百年》上册,连云港市工商联,中国文史出版社。

《国民经济恢复时期的新海连市》中共连云港市委党史工作委员会1996.5。

《建国初期新海连市的工商业》连云港市文史资料第九辑1993年。

《新浦大街经济史略》张传藻,连云港市文史资料第七辑。

《新浦的内河码头》彭云,连云港市文史资料第七辑。

《海州地名考略》韩世泳,海州文史资料第十五辑。

《清末海州最后一次的考试》杨星池,海州文献特刊。

《清季海州进士传略》吴洽民,海州文献特刊。

《民初东灌分治始末》刘洪石。

《新浦史话》韩世泳,陕西旅游出版社。

《市化路地名溯源》韩世泳,海州文史资料第十辑。

《江苏省政府公报》,办理东海县疏浚新浦前河案情形,1930年。

《连云港地理与经济》张传藻,河海大学,1993年出版。

《建国初期新浦地区的篮球运动概况》骆名伟、王世恩,新浦文史资料第四辑。

《我市的自来水事业》于洪吉、刘起俊、季成连，连云港市文史资料第九辑。

《沈云沛传记》刘风光著，中国文化出版社2013年版。

《沈云沛年谱》刘风光著，中国文化出版社2013年版。

《兴盛的照相业》胡敬同，连云港市文史资料第七辑。

《新浦客商商帮》张学裕、闫宗辰，连云港市文史资料第七辑。

《天后宫戏楼》易萍、铁峰，连云港市文史资料第七辑。

《近代连云港市天主堂建筑特色及其流布》张家超、石荣伦。

《养正小学立案经过》徐一德，《新浦文史资料》第四辑1996年。

《建国初期的联合诊所》张彦忠，连云港市文史资料第十三辑。

《父亲张玉峰和他的协和医院》张峦耀，连云港市文史资料第十三辑。

《海州湾渔民俗》张大强等著，中国文史出版社。

《海州乡谭》彭云，中国文化出版社。

《海州民俗志》刘兆元，江苏文艺出版社。

《盐河区人民政府创点试建居民委员会的情形总结报告》连云港市档案馆。

《盐河区人民政府成立居民委员会总结报告》连云港市档案馆1952年。

《新中国成立初期城市居民委员会制度产生的历史进程及启示》王金豹。

《舅父刘一麟生前之点点滴滴》冯同华。

《缅怀先父刘一麟》刘增。

《陶云汀先生奏疏卷七十六》。

《奏明票盐验资挂号章程附片》陶澍，道光十八年二月十三日发折，童濂编:《(增订)淮北票盐志略》卷二《改票》。

《申报》1905年5月12日，海州牧电禀德舰驶入青口情形，南京。

《申报》1905年6月1日，青口又到兵舰，江宁。

《东方杂志》1905年9月23日，德人在江苏海州交涉事件公文·其二。

《申报》1911年11月21日，公电。

《申报》1912年1月16日，商办济南盐圩公司报各股东函。

《申报》1912年2月27日，要闻二，江北军事记。

《申报》1912年3月4日，新闻。

《申报》1912年3月4日，专电。

《申报》1912年9月10日，要闻二，海州民事谈，苏代理都督庄蕴宽。

《申报》1913年4月19日，要件·江苏省议会审查报告书。

《申报》1913年5月29日，专件·江苏省会议决案。
《申报》1916年2月18日，本埠新闻。
《申报》1919年8月29日，国内要闻·《旅京苏人致苏省长公函》。
《南京学生联合会日刊》1919年9月1、2日。
《申报》1920年8月25日。
《申报》1923年1月29日国内要闻·苏议员请罢韩国钧。
《申报》1923年10月17日，地方通信·东海。
《申报》1923年11月22日，国内要闻二·海州设立临时商埠近讯。
《申报》1924年4月5日，本埠新闻，中央汽车厂销路大畅。
《申报》1924年4月19日，汽车增刊，消息中国汽车制造厂试车记。
《申报》1924年4月30日，本埠新闻三，华沪电动汽车审定样车。
《申报》1924年5月10日，国内要闻·南京快信。
《申报》1924年11月23日，本埠新闻·反对代征卷烟税之声浪。
《申报》1924年12月4日，本埠新闻·电汽车厂代表与美领之谈话。
《申报》1925年8月4日，国内要闻二，徐属淫雨成灾。
《申报》1925年11月9日，公电。
《申报》1926年2月23日，国内要闻，皖南大批难民之骚扰。
《申报》1927年6月10日，国内要闻，孙军陆续退青。
《申报》1927年6月22日，本埠新闻，张参谋长与日领谈话。
《申报》1927年8月2日，国内要闻，海州军队与日商船之交涉讯。
《申报》1929年6月26日，地方通信·东海。
《申报》1931年9月10日，国内要电，中意庚款用途。
《申报》1932年9月9日，本埠新闻，宋部长昨由海州返沪。
《申报》1933年1月10日，中国航空公司今日开航沪平线。
《申报》1933年1月15日，本市新闻，沪平机昨抵平。
《申报》1933年1月17日，本市新闻，沪平航空今日二次北飞。
《申报》1933年1月24日，中国航空公司新订三线价目时刻表。
《申报》1933年2月3日，沪平线不过南京。
《申报》1933年7月12日，建设奖券散派第二批飞机传单。
《申报》1933年10月10日，中国航空业之初期历史。
《申报》1933年8月18日，日陆军省计划扩充陆军。